观念读本

RULE OF LAW

法治

秋风 编

生活 · 讀書 · 新知 三联书店

图书在版编目（CIP）数据

法治／秋风编．—北京：生活·读书·新知三联书店，
2017.1

（观念读本）

ISBN 978 – 7 – 108 – 05476 – 0

Ⅰ．①法…　Ⅱ．①秋…　Ⅲ．①法治－研究　Ⅳ．① D902

中国版本图书馆 CIP 数据核字（2015）第 216282 号

责任编辑　詹那达　徐国强
装帧设计　康　健
责任印制　徐　方
出版发行　**生活·讀書·新知** 三联书店
　　　　　（北京市东城区美术馆东街 22 号 100010）
网　　址　www.sdxjpc.com
经　　销　新华书店
印　　刷　北京铭传印刷有限公司
版　　次　2017 年 1 月北京第 1 版
　　　　　2017 年 1 月北京第 1 次印刷
开　　本　635 毫米 × 965 毫米　1/16　印张 24
字　　数　330 千字
印　　数　0,001 – 6,000 册
定　　价　49.00 元
（印装查询：01064002715；邮购查询：01084010542）

总序

何怀宏

　　观念在一个急剧转型的社会中往往起着非常有力的，甚至时常是核心和引领的作用，尤其是一些基本的价值观念，而中国自近代以来，首先是思想观念，其次是社会制度出现了前所未有的激荡和巨变。思想和制度在中国将近两百年的历史中紧密连接，互相影响，古今纠缠，中西碰撞，有一些已凝结成形，还有一些则尚在未定之天。未定的需要审慎选择，而成形的也可能重启辩端。随着中国近年来经济和国家实力的快速发展，人们的心态和期望有了大幅的更新或提升，而曾经一度作为先导和共识的一些基本思想和理论或者趋于空洞化和分歧化，或者与真实的社会生活严重脱节，这就迫切需要我们比较全面地对中国百年来的思想观念予以重新认识和深入解释，以期中华的思想文化在引来活水和充分激荡之后有一较大的复兴。这套"观念读本"就是希望做一点这方面的准备工作。

　　追溯人类文明的历史，拥有语言形式的思想观念是人猿揖别的一个标志，各民族、各文明在自己的发展历程中都对丰富人类的精神宝库做出了自己的贡献，有必要互相参照。当世界进入"现代"之际，

i

甚至在商品、资本的全球大规模流通之前，观念的流动其实就早已经开始，乃至后来引发了世界性的激荡。在这一"现代化"和"全球化"的发轫过程中，西方观念相比于其他文明的观念起了更重要的作用，而我们的母邦中国在最近一百多年中也发生了包括深刻的观念变革在内的一系列变革，故而我们对观念的关注的确是以近代以来舶来的西方观念为主，或更准确地说，是从中西古今思想观念互动的角度来观察西方观念。

对人的"思想"及其产品可分离出三个要素或过程：一是个人思想的主观过程，即思考、判断、分析、反省等；二是已经具有某种客观化形式以至载体的概念与理论；三是成为许多人头脑中的观念。我们这里所理解的"观念"是这样一些关键词，它已经不仅是思想家处理的"概念"，而且是社会上流行的、被许多人支持或反对的东西。对"概念"的处理是需要一些特殊能力或训练的，而"观念"则是人人拥有的，虽然不一定能清楚系统地表达，甚至有时不一定被自身明确地意识到，比方说，每个人都有自己的"人生观""价值观"——不管有没有或有多大的独创性。这种"观念"的源头虽然还是"概念"或者说"思想"，但它已经不是一两个人的思想，而是千百万人的思想。这套读本要处理的"观念"就是这样一些共享而非独享的思想。

凯恩斯在《就业、利息和货币通论》一书中写道："经济学家以及政治哲学家之思想，其力量之大，往往出乎常人意料。事实上统治世界者，就只是这些思想而已。许多实行者自以为不受任何学理之影响，却往往当了某个已故经济学家之奴隶。狂人执政，自以为得天启示，实则其狂想之来，乃得自若干年以前的某个学人。我很确信，既得利益之势力，未免被人过分夸大，实在远不如思想之逐渐侵蚀力之大。"

耐人寻味的是，凯恩斯作为一个主要研究经济或者说物质事物之运动的学者，却对思想观念的力量给予了如此之高的评价。当然，这可能是因为他生活在一个思想转型和社会剧变的历史时期。凯恩斯这里所强调的主要是观念对个人，哪怕是无意识地接受了某种观念的个人的影响，尤其是对政治家的影响；他还强调观念接受中的"时间"因素：观念从提出到接受可能是相当漫长的、隔代传递的一个过程。但无论如何，他还是倾向于思想观念支配着世界的观点。而韦伯的观点可能稍稍折中，他在《宗教与世界》中认为："直接支配人类行为的是物质上与精神上的利益，而不是理念。但是由理念所创造出来的世界图像，常如铁道上的转辙器，决定了轨道的方向，在这轨道上，利益的动力推动着人类的行为。"也就是说，直接的还是"利益"决定着人们的行为，但是，人们如何理解"利益"，或者说，这轨道往什么方向去，却取决于人们的观念，尤其是人们的价值观，取决于他们认为什么是他们最重要的"利益"目标，什么是他们觉得最好的东西、最值得追求的东西。当然，这里对"利益"的理解就必须采取极其宽泛的观点，它不只是物质上、经济上的利益，甚至也包括精神上的"利益"。比方说，西方中世纪人们的主流价值观就并非追求俗世的好处，而是希冀彼岸的"永生"。但这样一来，"利益"与"观念"也就容易混淆不清。我们一般所说的"利益"，还是多指物质和经济上的利益。

影响人类行为、活动和历史的因素可以分为三类：一是自然环境，二是社会制度，三是思想文化。每类又可再分为两种。属于自然的两种：一是人类共居的地球；二是各民族、国家、群体所居的特定地理环境。属于制度的两种：一是经济制度，包括生产、生活、交换、分配等方式；二是政治制度，包括权力、法律、军事等机构。属于思想的两种：一是比较稳定外化，为一个群体共有的文化、风俗和心灵习性；二是比较个人化，经常处在争论和辩驳之中的思想、观念、主义和理论。那么，这三类，或者更往细处说，这六种哪一个对人类的活动和历史有更大的影响呢？或者用通俗的话来说，是地球或者地理环境，还是经济或者政治，抑或是人们的心灵习性或者思想理论更具有"决定性"呢？

"地球决定论"一般不会进入我们的视野，除非整个地球家园面临灾难乃至毁灭，但今天我们在一些生态哲学中已经依稀可以看到这样一种思想。一些面向人类比较广阔和长远的文明和民族进行观察和思考的人们，也曾提出过"地理环境决定论"的思想。在一个以经济为活动主线的时代，比较盛行的是"经济决定论"，而"政治决定论"乃至"军事决定论"则往往在传统书写的历史中占据主导地位。在一个变化激烈的时期，则不时还有"文化决定论""国民性决定论"乃至"思想观念决定论"的出现。但在今天，我们也许首先要审慎地反思"决定"这一概念本身，因为"决定"的含义本身就难以"决定"。也许一切都有赖于具体情况具体分析，以及对范围、时段、条件的规定。不同的观察角度，会发现不同的决定因素，这样，客观上就呈现出一种多元的所谓"决定论"。

人们只有吃饭才能生存，才能从事其他活动，这诚然是颠扑不破的道理，但由此引出"经济决定一切"的结论却必须放到某些条件下才能有效。从更为根本和长远的观点看，地球千百万年来决定着人类生存和发展的基本可能性，地理环境则构成对一个民族的活动，包括经济活动在内的很难逾越的制约。人们如何生存、如何找饭吃要受这些基本条件的限制。而从更高的角度，或者虽然较短但可能更为关键的时段看，吃饭并非一切。政治常常更直接，更有力，并有它自己的逻辑杠杆。文化风俗和国民性常常造成一种政治经济改革的"路径依赖"。至于心态和观念，则无时无刻不在历史活动的主体——人——那里发生作用，尤其重要的是，它们往往在某些"转折"或"革命"时期起着关键的作用。如对于美国革命，白修德甚至认为，美国是由一个观念产生的国家，不是这个地方，而是这个观念缔造了美国政府，这个观念就是《独立宣言》中所揭示的平等、自由以及每个人追求自己所认为的幸福的权利。同样地，拿破仑也谈道，法国大革命是18世纪启蒙观念的结果。

还有一点值得注意的是，当我们说观念起了巨大的作用时，并不是说它起的都是好作用，或者说，起了作用的观念并非都是正确的。推介《进步的观念》一书的比尔德说："世界在很大程度上由观念支配，既有正确的观念，也有错误的观念。英国的一位智者断言，观念对人类生活所具有的支配力量，与其中错误的程度恰好成正比。"而吊诡的是，过度引申和扩张的"单线进步观念"可能也恰好在某种程度上属于这样的观念：它最真实的成分往往不那么引人注意乃至显得苍白，而它最有力的部分却是不那么正确或周全的。

总之，我们不想夸大观念的力量，但观念的确还是起了巨大的作用，尤其在某些剧变时期：这时其他条件都没有什么明显的改变，但由于人们的想法变了，也就酿成了社会之变，虽然这里也可以进一步追溯说，人们的想法改变是其他条件变化累积的结果。

不过，对学者和思想者来说，可能还是会更关注思想观念，就像剑桥大学教授阿克顿1895年在其就职演说中所说的："我们的职责是关注和指导观念的运动；观念不是公共事件的结果而是其原因。"但知识者自然有时也得警惕这种对思想观念的偏爱，警惕自己不要逾越某些界限。观念不仅在接受的个人那里常常是滞后的，它的社会结果是滞后的，对观念及其后果的认识也是滞后的。我们往往要通过一个观念的后果才能比较清楚地认识这观念。而除了时间的"中介"，我们还要注意作为人的"中介"，观念往往通过少数人，尤其是行动着的少数人而对多数人发生作用。指望由自身在当代即实现某种理想观念的"观念人"往往要在实践中碰壁。

所以，在这套观念读本中，我们将特别注重时间和时段，注重历史。我们将进行回顾。柏拉图说一个人的"学习就是回忆"，而一个民族的学习大概要更多地来自回顾，这种回顾也似乎更有可能，更有意义，也更容易着手。但我们将立足于现在来进行回顾，甚至观照未来进行回顾。我们是在一个历史剧变时期之后——但也可能还是在这之中——来进行回顾的。的确，我们只是从一个侧面，即从观念的历史来回顾，但我们也意识到观念在一个历史剧变时期的特殊的、重要的力量。

这套读本就是这样一种试图从观念回顾历史，而又从历史追溯观念的初步尝试。从"五四"时期的"德先生"（民主）、"赛先生"（科学），一直到最近中国共产党十八大报告所提出的二十四个字的"社会主义核心价值观"，其中如富强、民主、自由、平等、公正、法治等，都是一些长期感动或激荡过中华民族的声音。它们有些在这片古老辽阔的大地上掀起过风暴，有些则一直在对众多的人们产生一种"润物细无声"的影响。的确，这些观念的来源虽然可以追溯到久远之前，其思想萌芽或雏形也可以在几乎所有的民族和文明中发现，其意义有待于各民族和文明去补充、修正乃至更改和替代，但是，就像"现代性"是从西方发源一样，本套读本选择的这些颇具现代意义的观念，从源头上来说主要是西方的产品，或者西方人对之有过特别的解释。所以，我们先选择阅读这些观念在西方发展的历史，希望首先尽可能原原本本地厘清这些观念在西方的源流，尤其是那些对中国发生过较大影响的观念和文本。而今后如果可能，我们还希望能有一个更全面的观念的文库，包括中国人对这些观念的介绍和改造，乃至一些观念的新造。

中国自 19 世纪上半叶与西方大规模接触和冲撞以来，对于西方开始还只是注意"利器"和"长技"，继而则更注意制度，最后则相当强调观念与思想理论。20 世纪初，尤其是 1905 年废除科举从而知识人失去体制依托之后，更是纷纷出洋寻求救国的新知识和自己的新出路，哪怕一时不容易去千山万水相阻隔的西洋，也赶到一衣带水的东瀛，因此中国人接触的许多西方观念都通过了"日译"的转手。目前我们所使用的大部分西方观念都是先通过日译，后通过不仅涉及名称更涉及思想内容的俄译。日译提供其名，俄译提供其实，日译阶段尚称多元，俄译阶段已趋一元。作为我们先辈的阅读者和翻译者常常不仅坐而言，而且起而行，不仅自己身体力行，而且动员他人和大众力行。

如上所述，"五四"时期，最著名的"观念先生"当推"德先生"和"赛先生"。很快这些观念又被"革命""阶级"等观念遮蔽。今天人们又反省，还应该有"莫先生"（道德）、"洛先生"（法律）等，类似的重要观念还有多少自可商议，而一个毋庸置疑的事实是，西方观念大举登陆中国已逾百年，深刻地激荡了20世纪的中国。如果不参照西方的观念，一部中国近现代的历史将不知从何说起。这些观念已经深深地积淀在我们的日常生活和各种制度之中。与其他一些民族的观念改变世界的变革例证不同，这里的许多观念并非土生土长的，而是舶来的。今天，这些观念我们已经耳熟能详，有的甚至成为响亮的口号，但是，对于这些已经深深影响着我们生活的观念，我们是否真正了解或了解得足够透彻呢？我们是否真的对这些观念有足够清醒的认识和反省呢？不断兴起的一代代年轻人在享受或忍受这一原动力乃至主轴仍是来自西方的"现代性"或"全球化"的过程中，是否也愿意系统地思考一下打造这些动力和主轴的关键词呢？

总之，中国在近代以来发生了天翻地覆的变化，现在也许可以做一点回顾整理——回首一个多世纪以来我们对这些观念的认识和实践。我们必须离得足够远才能对观念的成果或后果看得比较清楚。而今天，当风暴的尘埃基本落定，我们也许的确有条件可以看得比较清楚了，是故首先有编辑本套读本之议，我们想从西方经典著作里重点选择这样一些主题词编辑成书：它们体现了在中国发生过巨大影响的西方文化的核心或重要价值，但在中国文化中迄今仍有所缺失或需要重新认识，或者本身具有某种普遍意义。

我们希望，未来全套读本包括的观念大致可分为三类：一类是具有实质价值意义的观念，如平等、自由、宪政、法治、民主等，它们相对来说是西方特有的观念；另一类观念是指称某一学科、理论的领域，或者实践、感受的范围，如科学、婚姻、性爱、幸福等，它们自然为各民族所有，但我们这里所关注的是西方人对之特殊的理解和特别的重视；最后还有一类初看不像观念，比如指称某一类人或某一地域的名词，例如知识分子、哲人等，这些名词在西方人那里实际也已经形成独特思想的范畴，常常表现为一种自我或他者的镜像。

另外，这套读本也可视为对一个翻译大国百年成果的回顾和利用。

最早的思想作品的系统"中译"，我们或可以严复的翻译为代表，称之为"严译"。但可能受文言的限制，严复的译名虽然"旬月踟蹰"，相当精审，却大都没能留传下来，而是被"日译"的名称所代替。今天我们不必恢复"严译"的名称与文字，但可以考虑恢复和发扬颇具远见卓识的本土"严译"的严谨态度，包括他在选文方面的精审。无论如何，我们希望这套读本努力从具有经典意义的著作中遴选阅读篇章。

经典中总是凝结了时间，时间使它更有味道，更加醇厚。时间是书籍最好的试金石，甚至是它的"克星"。许多出版物挨不过一年半载，甚至从出世时就无人问津。但经典不害怕时间，它是"陈年老酒"，而不是"明日黄花"。出生伊始，它和其他出版物差不多一样，有时无声无息，遭到冷遇，有时甚至被非议和攻击。当然，也有的一开始就受到好评，但这样的幸运儿并不多见，尤其是具有深刻思想性和超前性的著作。经典要依赖时间来和其他作品分出等级，经典本身也会被时间分出等级：有百年一遇的经典，也有千年一遇的经典。

经典会被一代代人重读，这样文化就有了传承。当然有些也是隔代遗传，甚至经过世纪尘封。但一般来说，还是需要每一代都有人真正喜欢它，哪怕只有很少的人喜欢它。有些经典的命运非常孤独，有些则好一些。经典是时间的造物。在时间中，它又有了自己的历史，一些读者会把自己的生命又加入进来。经典不怎么时髦，经典是安静的，它一旦出生，就不再说话了。经典等待着，它只能等待。它有时寂静无声，但并没有死去。它必须等到一个好的读者才能复活：这个读者有多好，它就能够复活得多好。

这是就经典本身以及文化的传承而言的，从我们个人而言，为什么要读经典？这也许是为了获得或者说加入更广大和更深刻的经验。因为我们每个人的外在和内在的直接经验都是有限的。我们还常常受到时代的限制，尤其是在一个快速变化、追新骛奇的时代。但还是有人会注意更深沉和更广大的东西。比如西方《伟大的书》的作者大卫·丹比就这样总结自己阅读经典的经验："我是在把自己暴露于某种比我的生活更广阔、更强大的东西之中，同时我也是在暴露我自己。"

所以，问我们为什么要读经典，尤其在一个印刷品泛滥的时代里，甚至可以简单地回答说："因为书太多了。"我们读不过来，所以我们不得不尽量读那些最好的书。当然，单纯反映时代的书也是不能不读的。我们要培养对时代的一种感觉，我们也自然而然关心切近的事，另外，我们的本性也自然而然地有喜欢轻松的一面。但我们还是应该努力"摸高"，我们还要通过一种更高的经验获得一种鉴别力和鉴赏力。就像歌德所说的："趣味是靠杰作来培养的……如果你通过阅读这些杰作打好了基础，你对其他作品就会有一个标准。"对于深入准确地理解观念来说更是如此，我们希望读者能够直接阅读阐述这些观念的最有力的原典，而不满足于二手的介绍。

即便强调经典的意义，我们也并不认为阅读经典就一定意味着总是要和艰涩打交道。我们这套读本的定位是希望具有中学及以上文化程度的读者就能基本看懂的、主要是面向大学生和文化人的通识读物，故选文不求思想艰深、学科专精或知识新锐，只求既具有经典意义而又比较好读的作品。在一般读者能读的前提下，我们遴选在西方思想中具有重要性或对社会有影响力的篇章。选文亦不限体裁，包括讲演、对话、书信、论文、论著节选、散文、随笔等，乃至很少量的能鲜明体现这一观念的小说或戏剧的节选。尽管如此，一番阅读的功夫和努力恐怕还是必不可少的。

我们还希望可以借此给读者提供一条通过阅读经典来把握观念的进路。阅读经典有各种方法和进路，我们可以从某个我们喜欢的作者切入，可以围绕着某个领域来阅读，也可以围绕着某个时代来阅读。我们还可以从观念着手，毕竟，所有的经典都是试图提出、阐述和传达某种观念的，而我们由观念入手，也可以集中注意经典中的基本观念，并巡视观念的历史，在一种交相辉映或互相辩驳中察看它们。但是，这套读本毕竟只是一个初步的编选，虽然我们努力挑选重要的观念和上乘的编者以保证质量和水准，但难免还是会有疏漏，会受编选者的视野以至个人见解的影响。但我们深信，它一定还是能够开启好学深思的读者进一步阅读完整的经典，系统把握那些深邃而有力的思想的道路。我还是相信我们的编者有精选的眼光，也相信我们的读者有深入的能力。

2015 年 4 月改定于北京褐石

目录

编者序

秋风

　　人应当服从某个人或某群人的意志，还是服从正义的法律的统治？这是人类自有共同体生活以来，就始终在严肃思考的最为根本的问题。在前一种制度下，人将在被奴役的状态；在后一种制度下，人将享有尊严和自由。

　　因此，历代贤良智者都在探究"法治"，即法律之治（rule of law）的奥秘。本书收录了二十多位圣贤的经典论述，从皋陶、孔子，到希伯来先知、古希腊贤哲、古罗马政治家，经过中世纪经院哲学、英格兰法律家，一直到美国立宪者，以及现代思想家。这些论述系统地阐述了法律之治的基本原理。关注中国法治进程的人，不论是立法者、法律人、政府官员，还是知识分子、普通民众，都会从阅读、思考这些经典论述中受益。

为什么需要法治？

　　讨论法治，首先要回答，为什么要法律之治？

　　一直到晚近都有人主张，君主一人的统治是最优良的。道理很简单，假如这一个人比较圣明，那当然会很有效率地造福于全体民众。但是，人们很快就发现，大概没有什么人能够做到全知全能。更不要说，也没有什么人能够做到完全的大公无私。这一点，必然让人们排除人治而接受法治。

几乎所有具有悠久历史的文明，对此都有清醒认识。孔子说，必须以普遍的规则节制人之情。希伯来先知摩西要希伯来人服从上帝的律法，而不是服从某个君王的意志。亚里士多德论证说：既然君主也可能无知、有私心，那么，君主制就是低效率的，甚至可能是危险的。所以，优良的治理最好是依赖法律之治，而不是寄希望于明主临世。

当然，个人自由、个人自主的观念出现之后，形成了一个拒绝人治的根本论证：让一个人服从一个可能出错、自己也不完美的人的意志，就是不道德的，这让一个人成了另一个人的工具。服从一个人的意志，就意味着本人的不自由、不自主，假如自由是珍贵的，那人就应当接受法律的统治，而不是某个人的意志的统治。关于这一点，哈耶克在其《自由宪章》中进行过论证。

法治意味着法律高于权力

法治，顾名思义，就是法治的治理。法治的治理当然意味着法律高于权力，不论是国王的权力、国会的权力，还是多数人的权力。

任何一个社会的治理，都必须对一个根本问题作出选择、安排：法律与权力，究竟谁居于最高位置？在有些社会，法律只是国王、总统、元首、主席、大元帅，或者国会的命令，他或他们有权随意修改法律。在这里，当然是权力高于法律，法律不过就是掌握权力者进行统治、维护和增进自己利益的工具。

皋陶曾经对舜、禹说，"念哉！率作兴事，慎乃宪，钦哉！屡省乃成，钦哉！"王必须遵守法律。至于现代，法律高于权力的法治制度，是在英国逐渐形成并发育成长的。这是种种历史、文化、政治的偶然因素凑集到一起的结果，而其雏形在 1215 年的《大宪章》中就可以看到了。在这里，贵族们迫使国王承认了他的义务：遵守英格兰的法律，不随意征税，臣民的自由非经正当法律程序，亦即，除非经过陪审团和法院的审理，不得予以剥夺。

此后，英国人不断地重申这一宪章。对于法治制度之形成来说至为重要的一点是，《大宪章》之后，普通法法院体系逐渐形成发展，围绕着法院又形成一个由法官、律师组成的具有凝聚力的法律人共同体。斯密在其法律演讲中简单叙述了英格兰法院演变的历程。

普通法法官不仅审理纠纷，他们还通过对古老的法律规则的解释，创造出新的法律规则。这样，英格兰的法律要么是习惯法，要么是判例，要么是国会的法案，总之，大部分法律不是由国王颁布的，这是法律高于权力的法理基础。据此，生活在 13 世纪的英国法律家布拉克顿说：国王在万人之上，但在上帝与法律之下。

到了 17 世纪前后，英国法治制度处于一个发展的关键时刻：随着现代民族国家形成，君主的权力不断膨胀，随意创制法律，英国人古老的自由和权利遭到侵害。面对这种情形，法律人群体起而抵抗君主的专制主义倾向。其中最为重要的人物是爱德华·库克，他是现代法治演进史中最为重要的人物。

经由库克的论述，法治的基本原则确立下来。19 世纪后期英国法学家戴雪描述法治的基本特征，第一条就是任何权力都由法律授予及界定，不存在任何武断权力。

这其中尤其值得注意的是戴雪对英国普通法与戒严、紧急状态及军法的关系的讨论。事实上，根据库克的说法，只要普通法法院正常运转，则法治秩序就存在。这个时候，不论是军事人员还是警察，都必须服从普通法。军人也必须就其在军队中的活动对普通法承担责任。这样，英格兰全境实际上就只有一种法律，这才是真正的法律至上、法律之治。

法治与违宪审查制度

爱德华·库克还最早提出了司法审查的原则，他在 1610 年的邦汉姆案中说："若一项国会法案有悖于普遍的正当与理性，或自相矛盾，碍难实施，普通法就将控制它，并裁判这样的法案是无效的。"也就是说，法官可以宣告国王与国会共同制定的法律无效。

这一观点在美洲殖民地被某些法官适用。美国制宪者汉密尔顿在《联邦党人文集》第七十八篇中把这一点视为理所当然。不过，只有通过联邦最高法院首席大法官马歇尔为马伯里诉麦迪逊一案所写的裁决意见书，才正式确立了司法审查制度。

英美的司法审查制度将法律高于权力的原则制度化，从而成为法治的基石。18 世纪以来，西方其他国家因为坚持立法至上甚至行政至上的原则，结果经常出现总统或者国会利用立法侵害民众权利、限制民众自由的事情。因而，民主制度十分不稳定。到第二次世界大战之后，各国纷纷效仿美国的司法审查制度，建立起违宪审查制度。

没有违宪审查制度，法治就不是完整的。按照布莱克斯通的说法，法治之下的法律的根本目的是限制政府的任意权力，保障个人的自由与权利。但是，谁也不能保证国王、总统或国会所制定的法律就一定合乎这一标准。人们通过成文宪法写明个人的自由和权利，并让法官据此来审查法律是否损害了个人的自由与权利。违宪审查制度阻止掌握权力的人用法律来侵害个人的自由与权利，从而保证法律本身是正义的，而这是法治的一个前提。

法治要求法律必须正义

法治作为一种制度包含三个要素：正义的法律；执行法律的人——主要是法官——公正地适用法律；法律裁决能够对掌握权力的人和机构生效。

并不是所有的法律都能促成法治的实现。法治所需要的法律必须是正义的。违宪审查制度保证法律合乎正义，但违宪审查所依据的标准很可能并不仅仅是宪法规定，而有很多更一般的法律原则。

苏格兰道德哲学家休谟从形式的角度对正义的法律的特征进行了探讨，他认为，法律应当是"一般规则"。这一观点对哈耶克影响很大。他总结了法治所需要的法律的三项特征，即一般性、平等性和确定性。

还有一些学者努力寻找判断法律的"高级法"。皋陶论说，一切规则都源于天，因而，规则高于权力。董仲舒后来也论述，"《春秋》之法，以人随君，以君随天"。在西方，类似的理念是自然法思想。这是一个十分悠久的思想传统，发源于古希腊，古罗马的思想家西塞罗在其名著《论法律》中有所论及。不过，系统的自然法思想是在基督教传统中发展成熟的，其代表人物是中世纪经院哲学的代表人物托马斯·阿奎那。近代欧洲也有丰富的自然法传统，但这与天主教传统已经存在重大区别。

法治就是法官之治

关于法治与人治，还有一个很有意思的争论。有人说，法律终究是由人制定的，也需要由人来执行，所以，法治也需要依靠人治。

法治确实需要依赖人，但是，法治所依赖的人，不同于人治。根据法治相对健全的国家的经验，法治在很大程度上就是法官之治。尤其是在历史上的英国及当代美国，法官不仅适用法律，而且，在适用法律的过程创制法律，扮演着立法者的角色。

为什么法官之治不是人治？因为，法官是相当独特的一个群体，他们所从事的工作、他们的思考方式及气质，与行政官员、与议员有很大差异。比如，法官更多关注原则，而不是权宜之计。

美国制宪者汉密尔顿在《联邦党人文集》中提出一个著名观点：司法部门既不掌握刀剑，也不掌握钱袋，是危险最小的部门，所以，把解释宪法这一重大权力交给他们，恰好可以对行政与立法权力构成一种微妙的抗衡。

当然要防止法官之治变成人治，也需要很多制度来保障，其中最重要的是法官独立。为保障法官独立，英美逐渐形成了两项重要制度：第一，法官终身任职。只要行为良好，法官即可终身任职，不论是行政机构，还是立法机构，包括上级法院，均不得撤销法官的职务。第二，任何人不得降低法官的薪水。对于这两点，汉密尔顿和美国联邦最高法院大法官斯托里均有详尽而透彻的论证。在他们看来，法官独立乃是法治的根本保证。

通过上面的论述，或许可以对法治下一个比较简明的定义：所谓法治乃是一种治理模式，在这里，法律高于权力。它的具体的实现方式则是，由独立的法官，适用正义的法律，界定权利义务，惩罚恶行，尤其是界定和限制政府的一切权力，以使个人的自由得到尊重，个人的权利得到保障。

法治与民主的关系

如果不算古希腊城邦的民主实践，应当说，作为制度，现代的民主制度之出现晚于法治。民主制度一直到19世纪才开始形成其成熟形态，构成现代宪政制度的支柱。由此也就使人们不得不面对民主与法治的关系问题。

应当说，美国制宪者就意识到了这个问题的严重性，其政体设计始终关注民主与法治的平衡。而法国因为具有较为强烈的平等、民主传统，所以，法国自由主义学者比较敏锐地感受到了民主对法治的负面作用。托克维尔在《论美国的民主》一书中注意到了法治对民主的平衡。同样是法国人，巴斯夏在《法律》一文中指出，缺乏宪政约束的"民主"制度具有一部分人利用法律剥夺另一部分人的倾向。

20世纪60年代，意大利学者布鲁诺·莱奥尼在《自由与法律》一书也阐述了这一主题。晚年的哈耶克也意识到这个问题的严重性。生活在今天，人们已经习惯于认为，法律就是享有立法权的个人或机构自上而下地以成文方式制定、颁布的。但是，莱奥尼、哈耶克指出，这种由立法机构制定法律的模式，其实容易导致法律丧失正义性。

莱奥尼提出的一个替代方法是回归英国的古老传统，依赖法官在案件中制定法律规则。莱奥尼相信，通过这种方式所制定的法律规则更为公正，因为与行政官员、与议员相比，法官更为中立，相对来说独立于各种利益，法官也更适宜于考虑法律的原则，眼光会更为长远。

由此我们可以清楚地看到，优良的宪政制度之关键在于，在法治与民主之间找到一个平衡，让两者既相互支持又相互制约。而在民主观念具有较大吸引力的时代，强调法治的价值乃是十分必要的。

而要理解法治究竟是什么，为什么需要法治，如何得到法治，法治与宪政其他要素之间的关系，最好的途径就是看看圣贤们是如何论述的。这也正是编选本书的用意所在。

至于中国读者，在思考法治在中国的生成之道时，不能不关注法治的中国传统。孟德斯鸠论证了，法律必须与共同体的一般精神相配合。如古人所言，健全的法律必定是则天道、缘民情。归根到底，法律的功能是提升和改进生活，而不是设计生活。如果法学家和立法者不能意识到这一点，法律与生活为敌，那就不可能有法治，而只有法律的暴政。

第一讲　天道与规则

[唐虞] 皋陶

　　皋陶生活在距今四千余年的唐虞时代。据《尚书·舜典》，帝舜策命皋陶为"士"，是中国有史记载的第一位司法官。据《大禹谟》记载，帝舜称赞皋陶担任士之后，"明于五刑，以弼五教。期于予治，刑期于无刑，民协于中"。皋陶也是中国第一位思想家，他对尧舜治理天下之道予以总结阐发，从而形成了天道治理观。

天道与规则

[唐虞] 皋陶

【编者按：人间治理，需要规则，需要强制执行规则之力量，需要相应的制度。然而，这些规则、制度之正当性何在？如何确保其维护正义秩序，而不是破坏秩序？这构成社会治理的根本问题，也是规则之治、法律之治。皋陶于华夏文明与政治共同体起步之时，基于天道信仰，观察、思考尧舜之治，提出了天道治理观：规则、制度的终极正当性渊源都在天。由此确立了规则之客观性，确立了理性在社会治理中的崇高地位，从而让规则能够控制执行规则的人的欲望和意志，法律之治才有可能。】

"……无旷庶官，天工人其代之。旷，空也。位非其人为空官。言人代天理官，不可以天官私非其才。天叙有典，敕我五典五惇哉！天次叙人之常性，各有分义，当敕正我五常之叙，使合于五厚，厚天下。天秩有礼，自我五礼有庸哉！庸，常。自，用也。天次秩有礼，当用我公、侯、伯、子、男五等之礼以接之，使有常。同寅协恭，和衷哉！衷，善也。以五礼正诸侯，使同敬合恭而和善。天命有德，五服五章哉！五服，天子、诸侯、卿、大夫、士之服也。尊卑彩章各异，所以命有德。天讨有罪，五刑五用哉！言天以五刑讨五罪，用五刑宜必当。政事懋哉！懋哉！言叙典秩礼，命德讨罚无非天意者，故人君居天官，听政治事，不可以不自勉。

"天聪明，自我民聪明。言天因民而降之福，民所归者天命之。天视听人君之行，用民为聪明。天明畏，自我民明威。天明可畏，亦用民成其威。民所叛者天讨之，是天明可畏之效。达于上

10

下，敬哉有土！" _{言天所赏罚，惟善恶所在，不避贵贱。有土之君，不可不敬惧。}

　　　　　　　　（选自十三经注疏本《尚书正义·皋陶
　　谟》，孔安国传。）

　　　　*如无特别说明，本书选文篇名均为编
　　者所加。

第二讲　规则之治

[春秋] 孔子

孔子，生于公元前 551 年（庚戌）9 月 28 日，去世于公元前 479 年 4 月 11 日，春秋时鲁国人，但祖先为宋人。孔子生当礼崩乐坏之世，旨在重建秩序，为此删述尧舜禹汤文武周公等先王之政典为诗书礼乐，又作《易传》《春秋》，是为六经。孔子以六经教育弟子，兴起教育，养成庶民为士君子。孔子于传述六经中，阐发思想，创立儒学。孔子是中国文明演进过程中承上启下的圣人。

规则之治

[春秋] 孔子

【编者按：古典时代的中国人用礼统称一切规则。礼可分为两大类：经礼和仪礼。仪礼规定各种具体情景中的仪节，经礼关涉人们的权利、义务，包括今人所说的全部法律，宪法、民法、行政法等等。刑罚规则是依附于礼的。中国人的法律观就包括在礼论中。礼的渊源是什么？为什么需要礼？礼有何功用？如何制礼？礼是如何演进的？《礼记·礼运篇》中，孔子对这些重大问题，予以全面阐述。】

昔者仲尼与于蜡宾，蜡者，索也，岁十二月合聚万物而索飨之，亦祭宗庙，时孔子仕鲁，在助祭之中。事毕，出游于观之上，喟然而叹。观，阙也。孔子见鲁君于祭礼有不备，于此又睹象魏旧章之处，感而叹之。仲尼之叹，盖叹鲁也。言偃在侧，曰："君子何叹？"言偃，孔子弟子子游。孔子曰："大道之行也，与三代之英，丘未之逮也，而有志焉。"大道，谓五帝时也。英，俊选之尤者。逮，及也，言不及见。志，谓识古文。不言鲁事，为其大切广言之。

"大道之行也，天下为公，选贤与能。讲信修睦。公犹共也。禅位授圣，不家之。睦，亲也。故人不独亲其亲，不独子其子。孝慈之道广也。使老有所终，壮有所用，幼有所长，矜寡孤独废疾者，皆有所养。无匮乏也。男有分，分，犹职也。女有归，皆得良奥之家。货恶其弃于地也，不必藏于己，力恶其不出于身也，不必为己。劳事不惮，施无吝心，仁厚之教也。是故谋闭而不兴，盗窃乱贼而不作。尚辞让之故也。故外户而不闭，御风气而已。是谓大同。"同，犹和也，平也。

　　"今大道既隐，隐，犹去也。天下为家。传位于子。各亲其亲，各子其子，货力为己。俗狭啬。大人世及以为礼，城郭沟池以为固。乱贼繁多，为此以服之也。大人，诸侯也。礼义以为纪，以正君臣，以笃父子，以睦兄弟，以和夫妇，以设制度，以立田里，以贤勇知，以功为己。故谋用是作，而兵由此起。以其违大道敦朴之本也。教令之稠，其弊则然。《老子》曰："法令滋章，盗贼多有。"禹、汤、文、武、成王、周公，由此其选也。由，用也，能用礼义以成治。此六君子者，未有不谨于礼者也。以著其义，以考其信，著有过，刑仁、讲让，示民有常。考，成也。刑，犹则也。如有不由此者，在埶者去，众以为殃。埶，执位也。去，罪退之也。殃，犹祸恶也。是谓小康。"康，安也。大道之人以礼，于忠信为薄，言小安者失之，则贼乱将作矣。

　　言偃复问曰："如此乎礼之急也？"孔子曰："夫礼，先王以承天之道，以治人之情，故失之者死，得之者生。《诗》曰：'相鼠有体，人而无礼。人而无礼，胡不遄死？'相，视也。遄，疾也。言鼠之有身体，如人而无礼者矣。人之无礼，可憎贱如鼠，不如疾死之愈。是故夫礼必本于天，殽于地，列于鬼神。圣人则天之明，因地之利，取法度于鬼神以制礼，下教令也。既又祀之，尽其敬也，教民严上也。鬼者，精魂所归，神者，引物而出，谓祖庙山川五祀之属也。达于丧、祭、射、御、冠、昏、朝、聘。民知严上，则此礼达于下也。故圣人以礼示之，故天下国家可得而正也。"民知礼则易教。

　　…………

　　"故圣人耐以天下为一家，以中国为一人者，非意之也，必知其情，辟于其义，明于其利，达于其患，然后能为之。耐，古能字。传书世异，古字时有存者，则亦有今误矣。意，心所无虑也。辟，开也。

　　"何谓人情？喜、怒、哀、惧、爱、恶、欲，七者弗学而能。何谓人义？父慈、子孝，兄良、弟弟，夫义、妇听，长惠、幼顺，君仁、臣忠，十者谓之人义。讲信修睦，谓之人利，争夺相杀，谓之人患。极言人事。故圣人之所以治人七情，修十义，讲信、修睦，尚辞让，去争夺，舍礼何以治之？唯礼可耳。饮食男女，人之大欲存焉。死亡贫苦，人之大恶存焉。故欲恶者，心之大端也。人藏其心，不可测度也。美恶皆在其心，不见其色也。欲一以穷之，舍礼何以哉！"言人情之难知，明礼之重。

　　……

15

　　"故礼义也者，人之大端也。所以讲信修睦，而固人之肌肤之会，筋骸之束也。所以养生送死，事鬼神之大端也。所以达天道顺人情之大窦也。窦，孔穴也。故唯圣人为知礼之不可以已也，故坏国、丧家、亡人，必先去其礼。言愚者之反圣人也。

　　"故礼之于人也，犹酒之有蘖也，君子以厚，小人以薄。皆得以为美味，性善者醇耳。

　　"故圣王修义之柄、礼之序，以治人情。治者，去瑕秽，养菁华也。故人情者，圣王之田也，修礼以耕之，和其刚柔。陈义以种之，树以善道。讲学以耨之，存是去非类也。本仁以聚之，合其所盛。播乐以安之。感动使之坚固。故礼也者，义之实也。协诸义而协。协，合也。合礼于义，则与义合，不乖刺。则礼，虽先王未之有，可以义起也。以其合于义，可以义起作。义者，艺之分，仁之节也。艺，犹才也。协于艺，讲于仁，得之者强。有义则人服之也。仁者，义之本也，顺之体也，得之者尊。有人则人仰之也。

　　"故治国不以礼，犹无耜而耕也。无以入也。为礼不本于义，犹耕而弗种也。嘉谷无由生也。为义而不讲之以学，犹种而弗耨也。苗不殖，草不除。讲之于学，而不合之以仁，犹耨而弗获也。无以知收之丰荒也。合之以仁，而不安之以乐，犹获而弗食也。不知味之甘苦。安之以乐，而不达于顺，犹食而弗肥也。功不见也。四体既正，肤革充盈，人之肥也。父子笃，兄弟睦，夫妇和，家之肥也。大臣法，小臣廉，官职相序，君臣相正，国之肥也。天子以德为车，以乐为御，诸侯以礼相与，大夫以法相序，士以信相考，百姓以睦相守，天下之肥也。是谓大顺。大顺者，所以养生，送死、事鬼神之常也。常谓皆有礼，用无匮乏也。车或为居。故事大积焉而不苑，并行而不缪，细行而不失，深而通，茂而有间，连而不相及也，动而不相害也。此顺之至也。言人皆明于礼，无有蓄乱滞合者，各得其分，理顺其职。故明于顺，然后能守危也。"能守自危之道也。君子居安如危，小人居危如安，《易》曰："危者安其位。"

（选自十三经注疏本《礼记正义》卷二十一、二十二，郑玄注）

第三讲 上帝的律法

[古希伯来] 摩西

摩西（Moses），希伯来先知，生活于公元前 13 世纪到前 12 世纪上半叶。他出生在流亡埃及之希伯来家庭，但被埃及公主收养。长大后获得启示，带领在埃及过着奴隶生活的希伯来人到达迦南，并在途中之西奈山领受神（耶和华）的《十诫》。《律法书》(*The Book of the Law*) 的撰写者据传为摩西。

上帝的律法

[古希伯来] 摩西

【编者按：摩西带领希伯来人离开埃及，经过西奈山，摩西上山，领受《十诫》。同时，他还代神颁布了诸多其他法律、条例，主要涉及敬神、卫生、民事、刑事等等。这些律法被认为出自上帝，由此确立了一个基本原则：所有人，包括掌权者，在上帝之下，在律法之下。这个原则与法治有直接关系。】

以色列人在西奈山

以色列人出埃及地以后，满了三个月的那一天，就来到西奈的旷野。他们离了利非订，来到西奈的旷野，就在那里的山下安营。摩西到 神那里，耶和华从山上呼唤他说："你要这样告诉雅各家，晓谕以色列人说：'我向埃及人所行的事，你们都看见了；且看见我如鹰将你们背在翅膀上，带来归我。如今你们若实在听从我的话，遵守我的约，就要在万民中做属我的子民；因为全地都是我的，你们要归我作祭司的国度，为圣洁的国民。'这些话你要告诉以色列人。"

摩西去召了民间的长老来，将耶和华所吩咐他的话，都在他们面前陈明。百姓都同声回答说："凡耶和华所说的我们都要遵行。"摩西就将百姓的话回复耶和华。耶和华对摩西说："我要在密云中临到你那里，叫百姓在我与你说话的时候可以听见，也可以永远信你了。"

　　于是摩西将百姓的话奏告耶和华。耶和华又对摩西说："你往百姓那里去，叫他们今天明天自洁，又叫他们洗衣服。到第三天要预备好了，因为第三天耶和华要在众百姓眼前降临在西奈山上。你要在山的四围给百姓定界限，说：'你们当谨慎，不可上山去，也不可摸山的边界；凡摸这山的，必要治死他。不可用手摸他，必用石头打死，或用箭射透，无论是人是牲畜，都不得活。到角声拖长的时候，他们才可到山根来。'"摩西下山往百姓那里去，叫他们自洁，他们就洗衣服。他对百姓说："到第三天要预备好了，不可亲近女人。"

　　到了第三天早晨，在山上有雷轰、闪电和密云，并且角声甚大，营中的百姓尽都发颤。摩西率领百姓出营迎接神，都站在山下。西奈全山冒烟，因为耶和华在火中降于山上，山的烟气上腾，如烧窑一般，遍山大大地震动。角声渐渐地高而又高，摩西就说话，神有声音答应他。耶和华降临在西奈山顶上，耶和华召摩西上山顶，摩西就上去。耶和华对摩西说："你下去嘱咐百姓，不可闯过来到我面前观看，恐怕他们有多人死亡；又叫亲近我的祭司自洁，恐怕我忽然出来击杀他们。"摩西对耶和华说："百姓不能上西奈山，因为你已经嘱咐我们说：'要在山的四围定界限，叫山成圣。'"耶和华对他说："下去吧！你要和亚伦一同上来，只是祭司和百姓不可闯过来上到我面前，恐怕我忽然出来击杀他们。"于是摩西下到百姓那里告诉他们。

十诫

　　神吩咐这一切的话，说："我是耶和华你的　神，曾将你从埃及地为奴之家领出来。

　　"除了我以外，你不可有别的神。

　　"不可为自己雕刻偶像；也不可做什么形象仿佛上天、下地和地底下、水中的百物。不可跪拜那些像；也不可侍奉它，因为我耶和华你

的　神，是忌邪的　神。恨我的，我必追讨他的罪，自父及子，直到三四代；爱我、守我诫命的，我必向他们发慈爱，直到千代。

"不可妄称耶和华你　神的名；因为妄称耶和华名的，耶和华必不以他为无罪。

"当记念安息日，守为圣日。六日要劳碌作你一切的工，但第七日是向耶和华你　神当守的安息日。这一日你和你的儿女、仆婢、牲畜，并你城里寄居的客旅，无论何工都不可做，因为六日之内，耶和华造天、地、海和其中的万物，第七日便安息，所以耶和华赐福与安息日，定为圣日。

"当孝敬父母，使你的日子在耶和华你　神所赐你的地上得以长久。

"不可杀人。

"不可奸淫。

"不可偷盗。

"不可作假见证陷害人。

"不可贪恋人的房屋；也不可贪恋人的妻子、仆婢、牛驴，并他一切所有的。"

众百姓恐惧战兢

众百姓见雷轰、闪电、角声、山上冒烟，就都发颤，远远地站立，对摩西说："求你和我们说话，我们必听，不要　神和我们说话，恐怕我们死亡。"摩西对百姓说："不要惧怕，因为　神降临是要试验你们，叫你们时常敬畏他，不至犯罪。"于是百姓远远地站立，摩西就挨近　神所在的幽暗之中。

祭坛的条例

耶和华对摩西说："你要向以色列人这样说：'你们自己看见我从天上和你们说话了。你们不可做什么神像与我相配，不可为自己做金银的神像。'你要为我筑土坛，在上面以牛羊献为燔祭和平安祭，凡记下我名的地方，我必到那里赐福给你。你若为我筑一座石坛，不可用凿成的石头，因你在上头一动家具，就把坛污秽了。你上我的坛，不可用台阶，免得露出你的下体来。"

对待奴仆的条例

"你在百姓面前所要立的典章是这样：你若买希伯来人作奴仆，他必服侍你六年，第七年他可以自由，白白地出去。他若孤身来，就可以孤身去；他若有妻，他的妻就可以同他出去。他主人若给他妻子，妻子给他生了儿子或女儿，妻子和儿女要归主人，他要独自出去。倘或奴仆明说：'我爱我的主人和我的妻子儿女，不愿意自由出去。'他的主人就要带他到审判官那里（"审判官"或作" 神"。下同），又要带他到门前，靠近门框，用锥子穿他的耳朵，他就永远服侍主人。

"人若卖女儿做婢女，婢女不可像男仆那样出去。主人选定她归自己，若不喜欢她，就要许她赎身；主人既然用诡诈待她，就没有权柄卖给外邦人。主人若选定她给自己的儿子，就当待她如同女儿。若另娶一个，那女子的吃食、衣服，并好合的事，仍不可减少。若不向她行这三样，她就可以不用钱赎，白白地出去。"

惩罚暴行的条例

"打人以致打死的，必要把他治死。人若不是埋伏着杀人，乃是神交在他手中，我就设下一个地方，他可以往那里逃跑。人若任意用诡计杀了他的邻舍，就是逃到我的坛那里，也当捉去把他治死。

"打父母的，必要把他治死。

"拐带人口，或是把人卖了，或是留在他手下，必要把他治死。

"咒骂父母的，必要把他治死。

21

"人若彼此相争，这个用石头或是拳头打那个，尚且不至于死，不过躺卧在床，若再能起来扶杖而出，那打他的可算无罪；但要将他耽误的工夫用钱赔补，并要将他全然医好。

"人若用棍子打奴仆或婢女，立时死在他的手下，他必要受刑；若过一两天才死，就可以不受刑，因为是用钱买的。

"人若彼此争斗，伤害有孕的妇人，甚至坠胎，随后却无别害，那伤害她的总要按妇人的丈夫所要的，照审判官所断的受罚。若有别害，就要以命偿命，以眼还眼，以牙还牙，以手还手，以脚还脚，以烙还烙，以伤还伤，以打还打。

"人若打坏了他奴仆或是婢女的一只眼，就要因他的眼放他去得以自由。若打掉了他奴仆或是婢女的一个牙，就要因他的牙放他去得以自由。"

物主的责任

"牛若触死男人或是女人，总要用石头打死那牛，却不可吃它的肉，牛的主人可算无罪。倘若那牛素来是触人的，有人报告了牛主，他竟不把牛拴着，以致把男人或是女人触死，就要用石头打死那牛，牛主也必治死；若罚他赎命的价银，他必照所罚的赎他的命。牛无论触了人的儿子或是女儿，必照这例办理。牛若触了奴仆或是婢女，必将银子三十舍客勒给他们的主人，也要用石头把牛打死。

"人若敞着井口，或挖井不遮盖，有牛或驴掉在里头，井主要拿钱赔还本主人，死牲畜要归自己。

"这人的牛若伤了那人的牛，以至于死，他们要卖了活牛，平分价值，也要平分死牛。人若知道这牛素来是触人的，主人竟不把牛拴着，他必要以牛还牛，死牛要归自己。"

赔偿的条例

"人若偷牛或羊，无论是宰了，是卖了，他就要以五牛赔一牛，四羊赔一羊。人若遇见贼挖窟窿，把贼打了，以至于死，就不能为他有流血的罪；若太阳已经出来，就为他有流血的罪。贼若被拿，总要赔还；若他一无所有，就要被卖，顶他所偷的物；若他所偷的，或牛，或驴，或羊，仍在他手下存活，他就要加倍赔还。

"人若在田间或在葡萄园里放牲畜，任凭牲畜上别人的田里去吃，就必拿自己田间上好的，和葡萄园上好的赔还。

"若点火焚烧荆棘，以致将别人堆积的禾捆，站着的禾稼，或是田园，都烧尽了，那点火的必要赔还。

"人若将银钱或家具交付邻舍看守，这物从那人的家被偷去，若把贼找到了，贼要加倍赔还；若找不到贼，那家主必就近审判官，要看看他拿了原主的物件没有。

"两个人的案件，无论是为什么过犯，或是为牛，为驴，为羊，为衣裳，或是为什么失掉之物，有一人说：'这是我的。'两造就要将案件禀告审判官，审判官定谁有罪，谁就要加倍赔还。

"人若将驴，或牛，或羊，或别的牲畜，交付邻舍看守，牲畜或死，或受伤，或被赶去，无人看见，那看守的人，要凭着耶和华起誓。手里未曾拿邻舍的物，本主就要罢休，看守的人不必赔还。牲畜若从看守的那里被偷去，他就要赔还本主；若被野兽撕碎，看守的要带来当作证据，所撕的不必赔还。

"人若向邻舍借什么，所借的或受伤，或死，本主没有同在一处，借的人总要赔还。若本主同在一处，他就不必赔还；若是雇的，也不必赔还，本是为雇价来的。"

道德和宗教的条例

"人若引诱没有受聘的处女，与她行淫，他总要交出聘礼娶她为妻。若女子的父亲决不肯将女子给他，他就要按处女的聘礼，交出钱来。

"行邪术的女人，不可容她存活。

"凡与兽淫合的，总要把他治死。

"祭祀别神，不单单祭祀耶和华的，那人必要灭绝。

"不可亏负寄居的，也不可欺压他，因为你们在埃及地也作过寄居的。不可苦待寡妇和孤儿。若是苦待他们一点，他们向我一哀求，我总要听他们的哀声，并要发烈怒，用刀杀你们，使你们的妻子为寡妇，儿女为孤儿。

"我民中有贫穷人与你同住，你若借钱给他，不可如放债的向他取利。你即或拿邻舍的衣服做当头，必在日落以先归还他；因他只有这一件当盖头，是他盖身的衣服，若是没有，他拿什么睡觉呢？他哀求我，我就应允，因为我是有恩惠的。

"不可毁谤　神，也不可毁谤你百姓的官长。

"你要从你庄稼中的谷和酒醡中滴出来的酒拿来献上，不可迟延。

"你要将头生的儿子归给我；你牛羊头生的，也要这样，七天当跟着母，第八天要归给我。

"你们要在我面前为圣洁的人，因此，田间被野兽撕裂牲畜的肉，你们不可吃，要丢给狗吃。"

正义和公道

"不可随伙布散谣言，不可与恶人联手妄作见证；不可随众行恶，不可在争讼的事上随众偏行，作见证屈枉正直；也不可在争讼的事上偏护穷人。

"若遇见你仇敌的牛或驴失迷了路，总要牵回来交给他。若看见恨你人的驴压卧在重驮之下，不可走开，务要和驴主一同抬开重驮。

"不可在穷人争讼的事上屈枉正直。当远离虚假的事。不可杀无辜和有义的人，因我必不以恶人为义。不可受贿赂，因为贿赂能叫明眼人变瞎了，又能颠倒义人的话。

"不可欺压寄居的，因为你们在埃及地作过寄居的，知道寄居的心。"

（选自和合本《旧约·出埃及记》第19—23章）

第四讲　人治还是法治？

[古希腊] 亚里士多德

　　亚里士多德（Aristotle, 前384—前322），伟大的古典思想家。出生在古希腊北部，其父是马其顿国王的御医，亚里士多德从小就接受了医学教育。17岁时到雅典进入柏拉图学园，追随柏拉图达二十年之久，广泛地学习了各种知识，并曾担任教师，撰写了一些著作。柏拉图去世后即离开学园，到小亚细亚各国游历，曾在马其顿王腓力的宫廷担任亚历山大的教师八年，这期间进行了大量动物学研究。公元前335年，亚里士多德重返雅典，创立吕克昂学院，从事教学与研究十二三年，撰写了其最重要的著作。离开学院后次年即病逝。亚里士多德是古希腊最多产的学者，目前能看到的著作有47种。其中最为重要的是《形而上学》（*Metaphysica*）《尼各马科伦理学》（*Ethica Nicomacheia*）《政治学》（*Politica*）。亚里士多德是古希腊思想的集大成者，对后世也有极大影响。

人治还是法治？

[古希腊] 亚里士多德

【编者按：一般而言，古典作家普遍倾向于君主统治，他们设想，如果君主是明智的、仁慈的，则对国家十分有利。问题是，君主通常做不到这一点。因此，比较保险的办法还是依赖法治。亚里士多德在这里最早系统地讨论了究竟是人治好还是法治好这个难题，并且得出了法治优于人治的结论。】

我们的研究便以这样的设疑开始：由最好的一人或由最好的法律统治，哪一方面较为有利？[①] 主张君主政体较为有利的人说，法律只能订立一些通则，当国事演变的时候，法律不会发布适应各种事故的号令。任何技术，要是完全照成文的通则办事，当是愚昧的。在埃及，医师依成法处方，如果到第四日而不见疗效，他就可以改变药剂，只是他倘使在第四日以前急于改变成法，这要由他自己负责。从同样的理由来论证，很明显，完全按照成文法律统治的政体不会是最优良的

---

① 这里所提出的疑问"由最好的一人或由最好的法律统治？"相同于拉丁成语"Aut rex aut lex"（王治还是法治）论题。中国旧有"人治还是法治？"亦相似。这个论题先曾屡见于柏拉图的《理想国》和《政治家篇》，《法律篇》亦曾涉及。柏拉图轻视呆板的法律而主张由哲王治理。但他的"哲王"（οἱ φλόσοφοι βασιλεὺ σωσιν）在《理想国》473C-D 中是多数，他立论的重点在明哲（智慧）而不在王权。他的本旨是：尚法不如尚智，尚律不如尚学。亚里士多德本文的结论是，不抹杀个人才智的有利作用而稍稍偏重法律。

政体。但，我们也得注意到一个统治者的心中仍然是存在着通则的。而且［个人的意旨虽说可以有益于城邦］，凡是不凭感情因素治事的统治者总比感情用事的人们较为优良。法律恰正是全没有感情的，人类的本性（灵魂）便谁都难免有感情。这里，主张君主政体的人可以接着强调个人的作用；个人虽然不免有感情用事的毛病，然而一旦遭遇通则所不能解决的特殊事例时，还得让个人较好的理智进行较好的审裁。那么，这就的确应该让最好的（才德最高的）人为立法施令的统治者了，但在这样的一人为治的城邦中，一切政务还得以整部法律为依归，只在法律所不能包括而失其权威的问题上才可让个人运用其理智。法律所未及的问题或法律虽有所涉及而并不周详的问题确实是有的。这时候，即需要运用理智，那么应该求之于最好的一人抑或求之于全体人民？

依我们现行的制度，［凡遇有这样的情况，］人民就集合于公民大会，而尽其议事和审断的职能。人民在这里所审议而裁决的事情都是［法律所未及或未作详密规定的］特殊事例。集会中任何个人可能都不及那才德最高的一人。但城邦原为许多人所合组的团体；许多人出资举办的宴会可以胜过一人独办的酒席；相似的，在许多事例上，群众比任何一人又可能作较好的裁断。又，物多者比较不易腐败。大泽水多则不朽，小池水少则易朽，多数群众也比少数人为不易腐败。单独一人就容易因愤懑或其他任何相似的感情而失去平衡，终致损伤了他的判断力；但全体人民总不会同时发怒，同时错断。我们对于上述的集会，当然假定它的出席者都是自由公民，而所议事件都以法律没有周密规定者为限，所作裁决也从未有违背法律的。辩难的人也许要说，这样人数众多的集会，未必真能强使严守这样的范围吧。① 那么我们也

---

① 公民大会可能逾越法律范围，参看亚里士多德《政治学》卷四，1292ª15、23 等节。包括很多贫民群众的第四种平民政体，其公民大会更易于逾越法度（1293ª1-10）。参看柏拉图《理想国》701 A。

可以另行假设一个既是好人又是好公民的群众集团，试问，这个好人集体和那一个好人相比，究竟谁易于腐败？若干好人的集体一定较不易于腐败，这不是已经很明显了么？可是辩难者还可以提出另一个反对的理由，人多了意见分歧，就易于发生党派之争，一人为治就可以避免内讧。^①对于这个理由，我们实在无须另作解答，既然我们所假设的集团都是好人，同那一个好人一样，许多好人在一起，也不致发生内讧。于是，[我们可以总结这一番论证了。]倘使若干好人所共同组织的政府称为贵族政体，而以一人为治的政府称为君主政体，那么，世间这样多同等贤良的好人要是可以找到，我们宁可采取贵族政体而不采取君主政体了——无论这个一王之治或有侍卫武力或没有侍卫武力为之支持。^②

古代各邦一般都通行王制，王制（君主政体）所以适于古代，由于那时贤哲稀少，而且各邦都地小人稀。另一理由是古代诸王都曾经对人民积有功德，同时少数具有才德的人也未必对世人全无恩泽，但功德特大的一人首先受到了拥戴。随后，有同样才德的人增多了，他们不甘心受制于一人，要求共同参加治理，这样就产生了立宪政体。更后，这些贤良渐趋腐败；他们侵占公共财物，据以自肥——这里就滋生了尚富的渊源，而邦国的名位渐渐以财产为根据，由是兴起了寡头（财阀）政体。随后，寡头政体先变为僭政，跟着，僭政又变为平民（民主）政体。^③追溯这一系列变迁的原因就全在为政者凭借名位，竞尚贪婪，于是减少了参与统治的团体和人数，增强了平民群众的势力，于是发生变乱，而最后建立了平民政体。

---

① 《希罗多德》iii 82，君主以一人独断，可免党派纠纷，为大流士（Darius）在政体辩论中所持"君主制优于民主和寡头"等理由之一。
② 有没有侍卫武力问题见下文。另，本章原题为"王制是否有利于邦国"，论辩至此，两变其归趋：（一）亚氏重申了平民多数的立场；（二）又表明了少数贤良的立场。这些都反衬出君主政体不适宜于现世。
③ 参看亚里士多德《政治学》卷五章十二：寡头变为僭主政体，1316ᵃ34；僭政变为平民政体，1316ᵃ32。该章所述政体的变迁并无此节所述的一定程序。

现在，各邦的版图既日益扩展，其他类型的政体已经不易存在或重行树立①〔君主政体也应该是不适宜的了〕。

〔回到君主政体和贵族政体的比较研究，这里还得提出两个问题，其一：〕即使承认君主政体为城邦最优良的政体，王室的子嗣应处于怎样的地位？王位是否应该属于家族，一登王位，他的后嗣便应相继为王？如果这些子嗣都是庸才，也使登上王位，就会有害于邦国。②对于这种情况，主张君主政体的人将起而辩护说：老王虽有传位于子嗣的法权，他可以不让庸儿继承。但很难保证王室真会这样行事；传贤而不私其子的善德是不易做到的，我就不敢对人类的本性提出过奢的要求。另一个疑难问题是君王的侍卫武力。是否登上王位的人身边就该有保护他的军队，凡遇到有谁抗命，他可用以压服这些不安稳的分子？倘使没有这种武力，他怎能发号施令，进行统治？即使这个处在至尊地位的君王，绝不怀抱私意，毫无法外行动，他的一切措施全都遵循法律，也得有一支侍卫武力，以保障他执行这些法律。就这类依法为政的君王而论，这个问题也许不难解决。他应该备有一定人数的卫队——其人数要少于全邦民军而多于任何个人所蓄有的武力或若干人所共同操纵的武力。在古代，人民拥立一位所谓"民选总裁"或僭主③时，给他组织的卫队就是这样的。当狄欧尼修向叙拉古人民要求设置卫队时，有一位议员就建议给予这样定数的武力。

---

① 结论说广土众民的各城邦只宜于平民政体，参看亚里士多德《政治学》卷四，1293ᵃ1、1297ᵇ22-25。遗憾的是，世事的演变异乎亚氏这一论断：希腊的城邦平民政体在他没世后不久就次第消灭，地中海周围欧亚非三洲间被统治于马其顿亚历山大部属诸将的三分割据王国。

② 参看上引书章十七 1288ᵃ15，如果王室子孙属贤能，就应该世代继承王位。

③ 原文 άισυμνήτην ἤ τύραννον（"民选总裁或僭主"）都在宾格，似乎两词同义，有些译本译成"作为僭主的民选总裁"。卷四章十述僭政品种曾说民选总裁作君主政体之一，亦可作僭政之一。民选总裁同僭主所异者：僭主都由政变或强权自立，不经民选，不遵成法，不定任期（章十四 1285ᵃ31）。

　　[方才说过为政遵循法律、不以私意兴作的君王。] 但对那些欢喜凭个人智虑多所作为的君王还得进行一番考查。① 所谓"依法为政的君王"②，如上面曾经说及，本身实际上不能算是政体的一式。这种王室一般只是一个常任将军，在任何政体——例如一个平民政体或一个贵族政体——之中，都可以设置这样的军事领袖。在内务方面若干政体类型不同的城邦也曾设有权力特高 [不逾法律范围] 的个人职位：譬如在爱庇丹诺就有这一级的执政官，又如在奥布斯，也有这样的职位，不过权力较小一些。③ 但所谓"全权君主"却是政体的一式，在这种政体中，君主用个人的智虑执行全邦一切公务。有些人认为在平等人民所组成的城邦中，以一人高高凌驾于全邦人民之上是不合乎自然的 [也是不相宜的]，按照这些见解，凡自然而平等的人，既然人人具有同等价值，应当分配给同等权利。所以，对平等的人给予不平等的——或者相反，对不平等的人给予平等的——名位，有如对体质不等的人们分配给同量的——或对同等的给予不同量的——衣食一样，这在大家想来总是有害（恶劣）的。依此见解所得的结论，名位便应该轮番，同等的人交互做统治者也做被统治者，这才合乎正义。可是，这样的结论就是主张以法律为治了。建立[轮番]制度就是法律。那么，法治应当优于一人之治。遵循这种法治的主张，这里还需辨明，即便有时国政仍需依仗某些人的智虑（人治），这总得限制这些人们只能在应用法律上运用其智虑，让这种高级权力成为法律监护官④的权力。应该承认邦国必须设置若干职官，必须有人执政，但当大家都具有平等而同样的

---

① 假定了在应该尊重法治的情况下，如法律有所未周而需依仗人治时，提出了另一论旨：应由一人的智虑还是由若干人的智虑来裁决这些案件。亚氏的结论偏向于集团智虑，即君主政体不如贵族政体，亦不如平民政体。亚氏又回转到"人治、王治还是法治"的问题，其总结仍趋重于法治。亚氏表明绝对君主制（全权君主），在某种社会中，仍有作用而可以存在。

② "依法为政的君王"（κατὰ νόμον βασιλεύς），或译"有限君王"，或译"立宪君主"。

③ 爱庇丹诺和奥布斯都是寡头城邦（参看吉耳伯特《希腊政制典实》第二卷，39.236）。奥布斯内务职权最高的官位为"执政"。

④ "法律监护官"（νομοφύλαξ）原为雅典政制中职官名称，这里亚氏应用原来字义说明执政人员只应遵守法律，不应君临于法律之上。雅典法律监护官共 7 人，公民大会或议事会开会时坐主席之旁，如有提案或决议违反成法和政制的，监护官即席加以否定。

人格时，要是把全邦的权力寄托于任何一个个人，这总是不合乎正义的。[①]

　　或者说，对若干事例，法律可能规定得并不周详，无法作断，但遇到这些事例，个人的智虑是否一定能够作出判断，也是未能肯定的。法律训练（教导）执法者根据法意解释并应用一切条例，对于法律所没有周详的地方，让他们遵从法律的原来精神，公正地加以处理和裁决。[②] 法律也允许人们根据积累的经验，修订或补充现行各种规章，以求日臻美备。[③] 谁说应该由法律遂行其统治，这就有如说，唯独神祇和理智[④] 可以行使统治。至于谁说应该让一个个人来统治，这就在政治中混入了兽性的因素。常人既不能完全消除兽欲，虽最好的人们（贤良）也未免有热忱，[⑤] 这就往往在执政的时候引起偏向。法律恰恰正是免除一切情欲影响的神祇和理智的体现。

　　在这里技术的譬喻，前曾说及的［例如医药］并不确切。当然，按照药书擅自处理方剂是轻妄的，病人总以求助于具备医疗技术的医师为宜。［但医师究竟不同于政治家。］医师不会对病人有所偏私而丧失理智。他们诊治各个病人，各收一份诊费。在职位上的政治家就不同，他们的许多措施就不能免于爱憎，或竟借以挫折他们的敌派而加惠于他们的友好。

----

① 本文作为论辩的一方行文，主张法治而非议全权君主。作为亚氏本人的申说行文，所持的宗旨仍旧在法治方面。此段结句总称这些是反对王制的人们的论旨。

② 《普吕克斯》viii122，记有雅典陪审员在投票决狱前的誓言说："有法可据者当依法投票；法律所未详者，当本法意，尽我诚心，作合乎正义的投票。"雅典法意崇尚"高尚公平"。参看赫尔曼《希腊掌故》第一卷，134；希克斯《希腊历史碑志》125 号（第 211 页），累斯博的埃勒苏城（Eressus）碑文。亚氏此句造语和立论都根据这类政法誓言（参看《纽校》第一卷，"诠疏"第 273 页，第三卷，"文义注释"第 294 页）。

③ 这里所说法治进步也是以雅典情况为根据的。伯里克利时代曾有法典增修的规定：每年由执政院中后辈六执政为"法典审议委员"（thesmothetai），所拟修订意见或补充规章，提交公民大会。公民大会有所决议后，该法案交由法院中推定若干立法委员，草制正式的新条例。

④ 以"理智"归属"神祇"为希腊人的习尚。赖契和希那得文合编《希腊古谚》（*Leutsch und Schneidewin*，Pareom. Gr.）第一卷，281："遵循理智的人，通于神明。"

⑤ 参看柏拉图《理想国》588C—E。柏拉图设谓：一只庞大的由多种禽兽合成一体的怪物、一个稍稍小些的狮像，又一个更小些的人像，三者综合而成人性。故人性善恶混杂，其中具有（一）低级生物的"低劣性情"，（二）狮性或高级动物的"高贵性情"、（三）"包含理智的人性"。这里的"热忱"（θυμός）就指第二项的"狮性"。

病人要是怀疑医师受贿于他的仇敌而将有所不利于他时，他也尽可查考药书的疗法和方剂。又，当医师们自身患有疾病，他们常请别的医师为之诊治。体育教师们自己在进行锻炼，也常常求教于别的体育教师。他们唯恐自己受到情绪［不正常］的影响，对自己的疾病作出错误的判断［所以请助于中立而无所偏私的名家］。要使事物合于正义（公平），须有毫无偏私的权衡①，法律恰恰正是这样一个中道的权衡。［以上我们只说到了成文法律。］但积习所成的"不成文法"②比"成文法"实际上还更有权威，所涉及的事情也更为重要。由此，对于一人之治可以这样推想，这个人的智虑虽然可能比成文法为周详，却未必比所有不成文法还更广博。

　　［除了不能无所偏私以外，］一人之治还有一个困难，他实际上不能独理万机。他还得任命若干官员，帮助处理各项政务。然而，到后来由这个人继续挑选并任命这些共治的职官，为什么不在当初就把这些官员和这个君王一起安排好呢？我们还可以重提一些旧论来支持这里的论辩：倘使说一人因为他比众人优良而执掌政权，是合乎正义的，那么两个好人合起来执掌政权就更合乎正义了。古诗有云：

　　　　二人同行。③

---

① 参看《尼伦》卷五，1132ᵃ22。
② vóμos（"诺谟"），字根 νεμ- 的意义为"区分"，由 νεμ- 衍生的字繁殖有两个系列的词汇。其一作为地域区分的名词，如牧场，以及鸟兽生活的区域，都可称为诺谟。人类生活的区域，如巴比伦和埃及古代的州郡也有"诺谟"这样的名称。另一用于是非功罪的区分，则成礼法上一系列的名词。本文中，"诺谟"主要是解作"法律"，而各种"制度"也叫"诺谟"。凡为城邦创立制度的名贤或拟订法律的专家就统称"诺谟赛忒"（νομοθέτης，"法治作者"）。古时有些或行或禁的日常事例，经若干世代许多人们仿效流传而成"习俗"，便是"习惯法"，也称为"不成文诺谟"，即未经立法程序而业已通行于世的法律。又，初民祭神的某些仪式有时传布为社会共同遵循的礼节，各族先贤因大众的常情而为之节度，"礼仪"也可说是古代的生活规范。这些在希腊语中，全都说是"诺谟"。在近代已经高度分化的文字中实际上再没有那么广泛的名词可概括"法律""制度""礼仪""习俗"四项内容，但在中国经典时代"礼法"这类字样恰也常常是这四者的浑称。
③ 荷马《伊利亚特》x 224，"二人同行，必有一人较另一人率先见到有利的途径"，意思是：二人必较一人的见识更为周详而敏捷。

还有阿伽门农的祈祷词:

愿得十士,惠我忠谋。①

在我们今日,谁都承认法律是最优良的统治者,法律能尽其本旨作出最适当的判决,可是,这里也得设置若干职官——例如法官——他们在法律所没有周详的事例上,可以作出他们的判决。就因为法律必难完备无遗,于是,从这些缺漏的地方着想,引起了这个严重争执的问题:"应该力求一个[完备的]最好的法律,还是让那最好的一个人来统治?"法律确实不能完备无遗,不能写定一切细节,这些原可留待人们去审议。主张法治的人并不想抹杀人们的智虑,他们就认为这种审议与其寄托一人,毋宁交给众人。参与公务的全体人们既然都受过法律的训练,都能具有优良的判断,要是说仅仅有两眼、两耳、两手、两足的一人,其视听、其行动一定胜过众人的多眼、多耳、多手足者,这未免荒谬。实际上,君主都用心罗致自己的朋友和拥护王政的人们担任职官,把他们作为自己的耳目和手足,同他共治邦国。参与君主统治的职官们都是君主的朋友,如果不是朋友,他们的作为就一定不能符合君主的心意,如果是朋友,则应该[跟君主]是同样而平等的人。② 君主们既认为朋友们应该同他们共治邦国,则一邦之内所有同样而平等的人们也就应该一样地参与公务。

这些就是不赞成君主政体(王制)的人们所持的主张。

(选自 [古希腊] 亚里士多德《政治学》
卷三章十五、十六,吴寿彭译)

_____

① 《伊利亚特》ii 372,阿伽门农力图攻破普里亚姆(Priamus)王的特洛伊城,说:"愿得十士,惠我忠谋。共奋智勇,克彼坚垒。"
② 参看《尼伦》第八卷第六章。又,柏拉图《法律篇》837 A。

第五讲　教化与刑罚

[西汉] 董仲舒

　　董仲舒，生当西汉文、景、武帝之时，广川郡（今属河北省）人，汉代大儒。景帝时，董仲舒已为博士，以春秋公羊学著称，著《春秋繁露》。董仲舒综合战国以来思想，发明《春秋》大义，接续汉初儒家努力，主张汉当改制立法。武帝初年应武帝之册问而对策，形成"天人三策"，系统论证汉当去秦之刑罚迷信，以仁义治国；当兴办教育，改变官员结构；当尊崇五经，更化国家精神。在董仲舒推动下，汉武帝更化改制，从根本上改造了当时政治体制。

教化与刑罚

[西汉] 董仲舒

【编者按：社会治理离不开刑罚。但是，仅靠刑罚是否可行？汉代儒家基于秦不二世而亡的教训普遍认为，不可行。下面的文字选自董仲舒"天人三策"之第一策，在这里，董仲舒指出，治国当以教化为本，所谓教化就是通过兴学、通过修饬礼乐、通过精英以身作则等方式，让民众具有道德感，明白伦理义务，知晓正当行为模式。由此，民众自我约束，积极向上提升。惟有在此基础上，刑罚才是有效的。董仲舒的论说对现代的启示是：法律与道德、伦理是相辅相成的关系，且后者更为基础。】

陛下发德音，下明诏，求天命与情性，皆非愚臣之所能及也。臣谨案《春秋》之中，视前世已行之事，以观天人相与之际，甚可畏也。国家将有失道之败，而天乃先出灾害以谴告之；①不知自省，又出怪异以警惧之；②尚不知变，而伤败乃至。以此见天心之仁爱人君而欲止其乱也。自非大亡道之世者，天尽欲扶持而全安之，事在强勉而已矣。③强勉学问，则闻见博而知益明；强勉行道，则德日起而大有功：此皆可使还至而(立)有效者也。④《诗》曰"夙夜匪解"，⑤《书》云"茂哉茂哉！"⑥皆强勉之谓也。

①师古曰："谴，责也。"

②师古曰："省，视也。"

③师古曰："强音其两反。此下并同。"

④师古曰："还读曰旋。旋，速也。"

⑤师古曰："《大雅·烝人》之诗也。夙，早也。解读曰懈。懈，怠也。其下亦同。"

⑥师古曰："《虞书·咎繇谟》之辞也。茂，勉也。"

道者，所繇适于治之路也，①仁义礼乐皆其具也。故圣王已没，而子孙长久安宁数百岁，此皆礼乐教化之功也。王者未作乐之时，乃用先王之乐宜于世者，而以深入教化于民。教化之情不得，雅颂之乐不成，故王者功成作乐，乐其德也。乐者，所以变民风，化民俗也；其变民也易，其化人也著。②故声发于和而本于情，接于肌肤，臧于骨髓。故王道虽微缺，而筦弦之声未衰也。夫虞氏之不为政久矣，然而乐颂遗风犹有存者，是以孔子在齐而闻《韶》也。夫人君莫不欲安存而恶危亡，然而政乱国危者甚众，所任者非其人，而所繇者非其道，③是以政日以仆灭也。夫周道衰于幽厉，非道亡也，幽厉不繇。至于宣王，思昔先王之德，兴滞补弊，明文武之功业，周道粲然复兴，诗人美之而作，上天祐之，为生贤佐，后世称诵，至今不绝。此夙夜不解行善之所致也。孔子曰"人能弘道，非道弘人"也。④故治乱废兴在于己，非天降命不可得反，其所操持悖谬失其统也。

①师古曰："繇读与由同。由，从也。适，往也。"

②师古曰："著，明也。易音弋豉反。著音竹筯反。"

③师古曰："繇读与由同。下亦类此。"

④师古曰："《论语》载孔子之言也。言明智之人则能行道。内无其质，非道所化。"

臣闻天之所大奉使之王者，必有非人力所能致而自至者，此受命之符也。天下之人同心归之，若归父母，故天瑞应诚而至。《书》曰"白鱼入于王舟，有火复于王屋，流为乌"，①此盖受命之符也。周公曰"复哉复哉"，②孔子曰"德不孤，必有邻"，③皆积善絫德之效也。④及至后世，淫佚衰微，⑤不能统理群生，诸侯背畔，残贼良民以争壤土，废德教而任刑罚。刑罚不中，则生邪气；⑥邪气积于下，怨恶畜于上。⑦上下不和，则阴阳缪盭而妖孽生矣。⑧此灾异所缘而起也。

①师古曰："《今文尚书·泰誓》之辞也。谓伐纣之时有此瑞也。复，归也，音扶目反。"

②师古曰："周公视火乌之瑞，乃曰：'复哉复哉！'复，报也，言周有盛德，故天报以此瑞也。亦见《今文·泰誓》也。"

③师古曰："《论语》载孔子之言也。邻，近也。言修德者不独空为之而已，必有近助也。"

④师古曰："纍，古累字。"

⑤师古曰："佚与逸同。"

⑥师古曰："中音竹仲反。"

⑦师古曰："畜读曰蓄。蓄，聚也。"

⑧师古曰："盭，古戾字。孽，灾也。"

臣闻命者天之令也，性者生之质也，情者人之欲也。或夭或寿，或仁或鄙，陶冶而成之，不能粹美，①有治乱之所生，故不齐也。孔子曰："君子之德风（也），小人之德中（也），中上之风必偃。"②故尧舜行德则民仁寿，桀纣行暴则民鄙夭。夫上之化下，下之从上，犹泥之在钧，唯甄者之所为；③犹金之在镕，唯冶者之所铸。④"绥之斯俫，动之斯和"，此之谓也。⑤

①师古曰："陶以喻造瓦，冶以喻铸金也。言天之生人有似于此也。粹，纯也。"

②师古曰："《论语》载孔子之言也。言人之从化，若中遇风则偃仆也。"

④师古曰："甄，作瓦之人也。钧，造瓦之法其中旋转者。甄音吉延反。"

④师古曰："镕谓铸器之模范也。镕音容。"

⑤师古曰："《论语》载子贡对陈子禽之言也。绥，安也。言治国家者，安之则竞来，动之则和悦耳。"

臣谨案《春秋》之文，求王道之端，得之于正。①正次王，王次春。②春者，天之所为也；正者，王之所为也。其意曰，上承天之所为，而下以正其所为，正王道之端云尔。然则王者欲有所为，宜求其端于天。天道之大者在阴阳。阳为德，阴为刑；刑主杀而德主生。是故阳常居大夏，而以生育养长为事；阴常居大冬，而积于空虚不用之处。以此见天之任德不任刑。天使阳出布施于上而主岁功，使阴入伏于下而时出佐阳；阳不得阴之助，亦不能独成岁。终阳以成岁为名，③此天意也。王者承天意以从事，故任德教而不任刑。刑者不可任以治世，犹阴之不可任以成岁也。为政而任刑，不顺于天，故先王莫之肯为也。今废先王德教之官，而独任执法之吏治民，毋乃任刑之意与！④孔子曰："不教而诛谓之虐。"⑤虐政用于下，而欲德教之被四海，故难成也。

①师古曰："谓正月也，音之成反。"

②师古曰："解《春秋》书'春王正月'之一句也。"

③苏林曰："卒以阳名岁，尚德不尚刑也。"师古曰："谓年首称春也。即上文所云'王次春'者是也。"

④师古曰："与读曰欤。"

⑤师古曰："《论语》载孔子之言。"

　　臣谨案《春秋》谓一元之意，①一者万物之所从始也，元者辞之所谓大也。②谓一为元者，视大始而欲正本也。③《春秋》深探其本，而反自贵者始。故为人君者，正心以正朝廷，正朝廷以正百官，正百官以正万民，正万民以正四方。四方正，远近莫敢不壹于正，而亡有邪气奸其间者。④是以阴阳调而风雨时，群生和而万民殖，五谷孰而屮木茂，天地之间被润泽而大丰美，四海之内闻盛德而皆徕臣，诸福之物，可致之祥，莫不毕至，而王道终矣。

①师古曰："释公始即位何不称一年而言元年也。"

②师古曰："《易》称'元者善之长也'，故曰辞之所谓大也。"

③师古曰："视读曰示。"

④师古曰："奸，犯也，音干。"

　　孔子曰："凤鸟不至，河不出图，吾已矣夫！"①自悲可致此物，而身卑贱不得致也。②今陛下贵为天子，富有四海，居得致之位，操可致之势，③又有能致之资，④行高而恩厚，知明而意美，爱民而好士，可谓谊主矣。然而天地未应而美祥莫至者，何也？凡以教化不立而万民不正也。夫万民之从利也，如水之走下，⑤不以教化堤防之，不能止也。是故教化立而奸邪皆止者，其堤防完也；教化废而奸邪并出，刑罚不能胜者，其堤防坏也。古之王者明于此，是故南面而治天下，莫不以教化为大务。立大学以教于国，设庠序以化于邑，⑥渐民以仁，摩民以谊，⑦节民以礼，故其刑罚甚轻而禁不犯者，教化行而习俗美也。

①师古曰："《论语》载孔子之言。"

②师古曰："凤鸟河图，皆王者之瑞。仲尼自叹有德无位，故不至也。"

③师古曰："操，执持也，音千高反。"

④师古曰："资，材质也。"

⑤师古曰："走音奏。"

⑥师古曰："庠序，教学之处也，所以养老而行礼焉。《礼·学记》曰'古之教者，家有塾，党有庠，术有序，国有学'也。"

⑦师古曰："渐谓浸润之，摩谓砥砺之也。"

圣王之继乱世也，埽除其迹而悉去之，①复修教化而崇起之。教化已明，习俗已成，子孙循之，②行五六百岁尚未败也。至周之末世，大为亡道，以失天下。秦继其后，独不能改，又益甚之，重禁文学，不得挟书，弃捐礼谊而恶闻之，其心欲尽灭先王之道，而颛为自恣苟简之治，③故立为天子十四岁而国破亡矣。自古以来，未尝有以乱济乱，大败天下之民如秦者也。④其遗毒余烈，至今未灭，使习俗薄恶，人民嚚顽，抵冒殊扞，⑤孰烂如此之甚者也。孔子曰："腐朽之木不可雕也，粪土之墙不可圬也。"⑥今汉继秦之后，如朽木粪墙矣，虽欲善治之，亡可奈何。法出而奸生，令下而诈起，⑦如以汤止沸，抱薪救火，愈甚亡益也。窃譬之琴瑟不调，甚者必解而更张之，乃可鼓也；为政而不行，甚者必变而更化之，乃可理也。当更张而不更张，虽有良工不能善调也；当更化而不更化，虽有大贤不能善治也。故汉得天下以来，常欲善治而至今不可善治者，失之于当更化而不更化也。古人有言曰："临渊羡鱼，不如 (蛛)〔退〕而结网。"⑧今临政而愿治七十余岁矣，不如退而更化；更化则可善治，善治则灾害日去，福禄日来。《诗》云："宜民宜人，受禄于天。"⑨为政而宜于民者，固当受禄于天。夫仁谊礼知信五常之道，王者所当修饬也；五者修饬，故受天之祐，而享鬼神之灵，德施于方外，延及群生也。

①师古曰："去亦除也，音丘吕反。"

②师古曰："循，顺也，顺而行之。"

③苏林曰："苟为简易之治也。"师古曰："此说非也。苟谓苟于权利也，简谓简于仁义也。简易《乾》《坤》之德，岂秦所行乎？颛与专同。"

④师古曰："济，益也。"

⑤文颖曰："扞，突也。"师古曰："口不道忠信之言为嚚。心不则德义之经为顽。抵，触也。冒，犯也。殊，绝也。扞，距也。冒读如字，又音莫克反。"

⑥师古曰："《论语》载孔子之言也。圬，镘也，所以泥饰墙也。言内质败坏不 (能)〔可〕修治也。圬音一胡反。镘音莫干反。"

⑦师古曰："下音胡亚反。"

⑧师古曰："言当自求之。"

⑨师古曰："《大雅·假乐》之诗也。"

（选自《汉书·董仲舒传》，班固撰，
颜师古注）

第六讲　理性、自然与法律

[古罗马] 西塞罗

马尔库斯·图利乌斯·西塞罗（Marcus Tullius Cicero，公元前106—前43），古罗马国务活动家，最杰出的律师、演说家和政治理论家。他出生在新兴贵族家庭，接受了良好的希腊式教育，尤其是演说、修辞造诣很深。20多岁即因为对若干案件的辩护而声名大振。从公元前75年起开始担任一系列官职，努力维护罗马共和制。最杰出的功勋是公元前63年当选执政官，粉碎了"喀提林阴谋"，被尊称为"国父"。但此后，罗马党争日趋激烈，西塞罗遭到排挤，便退隐庄园，从事写作，撰写了《论演说家》（De Oratore）《论共和国》（De Republica）《论法律》（De Legibus）等伟大著作，系统地阐述了混合政体的理论。

理性、自然与法律

[古罗马] 西塞罗

【编者按：法律是一个人的意志或命令，还是理性？这是一个最根本的法律理论问题。如果是前者，那法律不过就是掌握最高权力者的工具而已。而真正的法治，意味着必须有一个高级标准，来审查世间的法律本身是否正当。西塞罗在其《论法律》中较早地系统阐述了一套法律哲学，把法律置于"自然"和"理性"之下。据此他断定，国家法律如果违背了自然、理性，就是无效的。】

（编按：阿指阿提库斯，昆指昆图斯①，马指西塞罗。）

……

阿：那么你认为，法律科学不应如同现在多数人所认为的那样从司法官颁布的法令中推演出来，或如同人们习惯认为的那样从十二铜表法中推演出来，而是从哲学的最深层秘密中推演出来的，是吗？

马：很正确；因为在我们现在的谈话中，庞波尼乌斯，我们并非在学习如何依靠法律保护我们自己，或是学习如何回答客户们的提问。这类问题也许是——事实上也是——重要的；因为先前有许多杰出人物以

---

① 昆图斯·慕迪乌斯·斯凯沃拉（Quintus Mutius Scaevola，？—前82），古罗马著名法学家，曾任罗马执政官、亚细亚省总督、大祭司，是对罗马法进行科学研究的创始人。——编者

解决问题为他们的专长，当今也有一个人①以最大的权威和技术在完成这一工作。但在我们现在的探讨中，我们的方式是打算包容全部普遍适用的正义和法律的领域，这样一来，我们自己所谓的市民法就将被限定于一个狭小的角落。因为我们必须解释正义的本质，而这必须在人的本质中寻求；我们还必须考虑各个国家应当如此统治的法律；然后我们必须着手各民族(nations)②已制定并形成文字的立法和法令；而在这其中，罗马民族所谓的市民法将不会找不到一个位置的。

昆：兄弟，就请按你愿做的那样，深入探求、寻找那真正的源泉，发现我们所追寻的目标。那些以任何其他方式教授市民法的人所教的不过是诉讼的途径，而不是正义的途径。

马：这你就错了，昆图斯，因为只是对法律的无知而不是有知才导致了诉讼。但这一点后面再谈，现在让我们来探索正义之本源。

最博学的人们决定从法律开始，而且如果根据他们的界定——法律是植根于自然的、指挥应然行为并禁止相反行为的最高理性（reason），那么看来他们是正确的。这一理性，当它在人类的意识中牢固确定并完全展开后，就是法律。因此，他们认为法律就是智识，其自然功能就是指挥（command）正确行为并禁止错误行为。他们认为这一特性的名称在希腊来源于使每人各得其所的观念，而在我们的语言中，我认为它是根据选择这一观念而得名的。③因为当他们将公平的观念归于法律这个词时，我们也就给了法律以选择的观念，尽管这两种观念都恰当地属于法律。如果这是正确的——因为我认为一般来说是正确的——那么正义的来源就应在法律中发现，因为法律是一种自然力；它是聪明人的理

_____

① 显然是指塞尔维乌斯·苏尔皮西乌斯·鲁夫斯，西塞罗的朋友和职业上的对手，公元前51年的执政官。他曾写下大量法律论文（Cicero, *Brutus*, 152）。
② 英文的 nation、state 和 country 三个词中文通常都可译为国家，但三个词的含义有所不同，nation 着重民族国家，state 侧重国家机器，country 偏重地域。现根据上下文分别翻译。——中译者
③ 西塞罗从希腊文 νέμω（分配）引申出 nómos（公平），从 lego（选择）引申出 lex（法律）。

智和理性，是衡量正义和非正义的标准。但由于我们的全部讨论都必定与民众的推理有关，有时它就必须以民众的方式来谈论，并将以成文形式颁布——命令或禁止——的任何其所希望的东西称之为法律。因为这就是老百姓对法律的界定。但在确定正义是什么的时候，让我们从最高的法律开始，这种法律的产生远远早于任何曾存在过的成文法和任何曾建立过的国家。

昆：对于我们已经开始的这一对话的特点来说，这确实将更为可取和更为合适。

马：那么，我们应当在其源头寻求正义自身的起因吗？因为当发现起因后，我们无疑就有了一个标准，我们所寻求的万物都可以据此加以检验。

昆：我认为这正是我们所必须做的。

阿：请记下，我也同意您兄弟的意见。

马：那么，既然我们必须保留和维持国家的政体——西庇阿曾在那专门讨论这一主题的六卷著作[①]中证明它是最好的政体，而且我们的所有法律都必须适应这种国家；既然我们还必须反复灌输优良道德，而且不是以文字规定一切事情，那么我就将在大自然中寻求正义的根源，我们的全部讨论必须在大自然的指导下进行。

阿：很正确。有它作指导，我们就肯定不可能走错路。

马：庞波尼乌斯，你是否同意（因为我知道昆图斯是如何想的）只是由于不朽的众神之威力，或者是由于他们的性质、理性、力量、思想、意志，或任何其他可能使我的意思更为清楚的术语，整个大自然才得以治理？因为假如你不承认这一点，那么在讨论任何其他事之前，我们就必须就此问题开始辩论。

阿：我当然同意这一点，如果你坚持这一点的话，因为我们周围鸟儿的歌唱和溪流的絮语已使我不再害怕与我同一学派的人可能偷听到我

---

① 《国家篇》。

们的谈话。①

马：但你还是必须小心；因为他们有时会很容易变得非常愤怒，如同其他正直的人一样；如果他们听到这话，他们将不会容忍你背叛那本卓越的书的开篇，在那书中，作者②写道，"神自己不为任何事费心，无论是他自己的事还是他人的事。"

阿：如果你愿意，请继续，因为我急于知道，我的承认会导致什么结论。

马：我将不作长篇论证。你的承认使我们走到这一点：我们称之为人的那种动物，被赋予了远见和敏锐的智力，他复杂、敏锐、具有记忆力、充满理性和谨慎，创造他的至高无上的神给了他某种突出的地位；因为在如此众多的不同种类的生物中，他是唯一分享理性和思想的。而又有什么——我并不是说只是人心中的，而是天空和大地中的——比理性更神圣呢？而理性，当其得以完全成长并完善时，就被正确地称为智慧。因此，既然没有比理性更好的东西，而且它在人心和神心之中都存在，人和神的第一个共有就是理性。但那些共同拥有理性的还必须共同拥有正确的理性。而且既然正确的理性就是法，我们就必须相信人也与神共同拥有法。进一步说，那些分享法的也一定分享正义；而所有分享这些的都应视为同一共同体的成员。如果他们真的服从同样的一些权威和权力，那么这一点就更加真实；事实是，他们的确服从着这一神圣制度、神圣心灵和具有超越一切的力量的神。因此，我们此刻就必须将这整个宇宙理解为一个共同体，神和人都是这个共同体的成员。

正如在国家内法律地位的区分是由于家庭的血缘关系一样，根据我将在适当地方③探讨的一个体系，在宇宙中也是如此，然而规模更大、

---

① 阿提库斯是伊壁鸠鲁学派的人。
② 伊壁鸠鲁。参见 Diogenes Laertius, X. 139：Τò μακαριου καὶ ἄφθαρτου οὐί αὐτò πράγμαί ἔχα οὔτ'ἀλλφ παρέχει.（"幸福和不朽者自身没有麻烦，也不给他人惹麻烦。"）参见 *Lucretius*, II, 646—648；Horace, *Sat.* I, 5, 101。
③ 这里所提到的论述遗失了。

更壮观；因此，人类是根据血缘关系和世系而与神联为一体的。

因为，当考察了人的本质时，通常就提出了这样的理论（并且从各种方面看，可能是正确的）：经过上天不断的变化和革命，出现了适合播撒人类种子的时刻。当这种子散落并播遍地球时，种子得到了灵魂这一神的惠赠。因为，尽管构成人的其他成分都来自会死亡的物体，因此是脆弱的并会消逝的，而灵魂却是由神在我们体内造成的。因此我们有理由说，在我们和神之间有一种血缘关系；或者，我们可以称其为共同祖先或共同起源。因此，在所有各种生物中，除了人之外，没有一种创造物具有任何对神的知识，而在人类之中，没有任何种族——无论是何等文明或何等野蛮——还不知道这一点：他们必须相信一个神，即使他们不懂他们应当相信什么样的神。因此，很清楚，人类承认神，是因为人类以一种方式记得和承认他产生的来源。

再者，美德同样地存在于人类和神之中，却不存在于其他任何创造物之中；然而，美德只不过是得以完善和发展到其最高点的自然；因此，在人类和神之间是类似的。由于这是真的，那么还有什么关系能比这一关系更为紧密和更为清楚呢？由于这个原因，大自然慷慨地生产出如此丰富的物品适合人类的便利和使用，她所生产的似乎就是要给予我们的馈赠，而不是偶然产生的；这不仅适用于丰饶的土地以粮食和水果形式的馈赠，而且表现在以牲畜形式的慷慨馈赠；很明显，一些牲畜的创造就是为了充当人类的奴隶，一些为人类提供它们的产品，而其他则作为人类的食物。更甚的是，由于大自然的教诲，无数的艺术被发现了；因为只是对自然的精巧模仿，理性才获得了这些生活的必需。

同样，大自然不仅为人类装备了思想的敏锐，可以说，她还给人类以各种感觉作为人的随从和信使；她展现出许多事物的模糊且并不太 [明显的] 意义，以此作为我们可以称之为知识的基础；她给予我们的身体这样一个外形，既便利又非常适合人类的心灵。因为她在让其他创造物都低身向下求食时，却造就唯一直立的人，而且还激励他向上天寻求——

可以这样说——作为与人相近的存在和人的第一家园。此外，大自然还这样塑造了人类的面容以便表现出人的深层特点，因为不仅明亮异常的眼睛宣示了我们心中最内在的情感，而且我们罗马人所说的面容——除了人类外，这是不可见之于其他生命的——显露出人的性格。① （希腊人对"面容"这个词所传达的意思很熟悉，尽管他们没有表述它的词。）我将不讨论身体其他部分特殊的功能和才能，诸如人声的各种音调以及说话的能力，这是人类交流的最有效的促进者；因为所有这一切与我们现在的讨论或可供我们支配的时间有冲突；此外，在我看来，在你们读过的著作中西庇阿已就这个专题作了充分讨论。② 但是，尽管神创造并造就了人，渴望人成为所有创造物中的首领，有一点现在就应当清楚（无须考虑全部细节）：大自然独自而无助地迈进了一步，因为在没有道路指南的条件下，大自然从她以最初始智力了解其特点的那些事物开始，独自而无助地强化和完善了理性的作用。

阿：不朽的众神呵，为寻找正义的起源，你追溯得何等深远！你的对话是如此雄辩，我现在不仅不想赶快讨论市民法（我原先期待你讲述的是与市民法有关的问题），甚至你为目前这一题目花费上这一整天，我也不反对；因为你现在着手的这些问题无疑只是在为另一个题目作铺垫，它们比这个题目本身更为重要，并构成这一题目的引论。

马：我现在简单触及的要点当然很重要；但在哲学家们讨论的全部材料中，与其他事物相比，肯定地说，没有什么比完全理解我们为正义而生以及理解权利不基于人们看法而基于大自然更有价值。只要你对人的伙伴关系或他与同胞的联系有一个清楚的理解，这个问题就立刻清楚了。因为，没有一物与他物的相像，与其对应物的酷似，有如我们所有人相互间那么相像。不仅如此，如果坏习惯和错误信仰还没有扭曲那些较弱的心灵，还没有使他们转向他们易于趋向的任何方向的话，那么，

---

① 西塞罗似乎视面部表情为一时情绪的反映，同时也视面容（*vultus*）为性格的显示。
② 《国家篇》。

没有一个人与其自我的相像会赶上所有人之间的相互相像。① 因此，无论我们会怎样界定人，一个定义就足以运用于全体。这就充分证明，人与人之间没有类的差别；因为如果有，一个定义就不能用于所有的人；而理性，唯一使我们超越野兽并使我们能够推断、证明和反证、讨论和解决问题并获得结论的理性，对我们肯定是共同的，并且，尽管人的所学有不同，但至少在具有学习能力这点上没有区别。因为感官对一些相同事物的感受是不变的，这些刺激感官的事物以同样的方式刺激所有人的感官；而我前面提到的那些被赋于我们心灵的原初智力也同样被赋于所有的心灵，作为思想之翻译者的话语，尽管语词选择会有不同，其所表现的感觉却一致。事实上，如果找到指南，没有任何种族的任何人不能获得美德。

　　人类的相似性清楚地表现在人类的善良倾向上，也表现在邪恶倾向上。因为愉悦吸引所有的人；尽管这是一种会导致邪恶的诱惑，然而它也有某些导向自然之善的可能。因为它以它的光明和惬意使我们欢乐；并且由于这一原因，由于一种错误的观念，愉悦被作为一种有益的东西而被全盘接受了。也是由于一种类似的错误观念，我们逃避死亡，似乎死亡是自然的终结，我们抓紧生命因为它使我们继续存在于我们出生的那个世界之中；我们视疼痛为最大的邪恶之一，不仅是因为疼痛的残忍，还因为它似乎会导致自然的毁灭。同样，因为道德价值和名望之间有相似之处，人们认为那些得到公开表彰的人是幸福的，而认为那些未获得名声的人是悲惨的。麻烦、欢乐、欲望和畏惧不加区分地纠缠着所有的人的心灵，而且即使不同的人有不同的信仰，那也不证明——比如说——困扰着那些以狗猫为神的种族的迷信与折磨着其他种族的迷信有质的不同。但是，有哪一个民族不喜欢礼貌、和蔼、感激和不忘恩惠呢？什么民族不痛恨和蔑视傲慢者、邪恶者、残忍者和不知感恩者呢？仅仅

---

① 显然这是一个悖论，特意以强调来强化一个根本性的真理。看上去，这只是说："人们是完全相同的。"

这些思考就向我们证明，整个人类是联结一体的，最后，由此得到的结论就是，了解正确生活的原则能使人类变得更好。

如果你们同意我刚才所说的，我就将继续下去。但如果你们有什么要得到解释，我们就首先作出解释。

阿：我们没有问题，如果我可以代表我们两人说话的话。

马：那么，下一个要谈的就是，大自然如此地构造了我们，因此我们可以同他人共享正义感并将之传播给所有的人。在这全部的讨论中，我希望你们懂得我所称之为大自然的是什么〔那就是大自然注入我们的那些东西〕；然而，由坏习惯引起的腐败如此重大，以至于自然在我们中间——可以这么说——点燃的火花，也被这腐败扑灭了，而与其对立的邪恶却冒出来并确定下来了。但如果人的判断与大自然一致，即如同那位诗人所说的，他们认为"与人类有关的一切都与他们并不相异"[①]，那么正义也将为所有的人所同样地观察到。因为那些接受了大自然理性馈赠的创造物也接受了正确的理性，因此他们也接受了法律这一馈赠，即运用于指令和禁令的正确理性。而如果他们接受了法律，他们也就接受了正义。现在所有的人都接受了理性；因此所有的人都接受了正义。由此来说，当苏格拉底如同他经常所为的那样，诅咒那第一位将功利与正义分离的人时，他是正确的；因为他控告这种分离是一切危害之起因。[②] 是什么引出毕达哥拉斯关于友谊的著名言词呢？[③] ……根据这一点就很清楚，当一位智者对具有同样美德的他人表现出人间如此广泛传布的仁爱时，那么这种意志就会传播开来，尽管这在某些人看来是不可置信的，却毕竟是不可避免的结果——也就是说，他爱自己一点儿也不胜

---

① Terence, *Heaut. Timor.* 77.
② 亚历山大的克雷芒（*Stromata* II，21，3）告诉我们，关于苏格拉底的这一断言是斯多葛学派的第二任领袖克莱安西斯作出的。
③ 我们不清楚这段毕达哥拉斯的引文是否是西塞罗提出的，我们也不清楚这"著名言词"指的是什么。那些众所周知的警句。κοινὰ τὰ τῶν φίλων（"朋友的财产是共有的"），和 τὸν φίλον ἄλλον ἑάεvγόv（"朋友是第二自我"），以及其他几句有关这一题目的格言都被归功于毕氏。（见 Porphyrius, *De Vita Pythag*, 33 节。）

过他爱他人。因为在那些同等的事物之间又能有什么差别呢？如果在友谊中作了最细微的区分，那么这友谊之名就会即刻消失；因为友谊的本质就在于此，只要两个朋友中的任何一方为了自己而偏好任何东西，那么友谊就不再存在了。

现在所有这些都还只是我们尚未讨论的问题的一个序言，其目的是使正义为大自然所固有这一点更易于理解。待我再就此题目说几句话后，我就将转向讨论引起这一对话的专题——市民法。

昆：你当然不需要就这标题再多说什么了，因为根据你所说的，阿提库斯已被说服，当然我也是如此，大自然是正义的来源。

阿：既然这已经向我们证明了：首先，我们一直得到我们也许可以称其为众神之礼赠这样的供给和配备；其次，只有一个人们可能据以共同生活的原则，该原则对所有的人都是相同的，并平等地为所有的人所拥有；以及最后，所有人都为某种仁慈和亲善的自然情感而联结在一起，也为正义的合作联结在一起，我怎么可能不信服呢？现在我们承认这些结论都是真的，而且我认为很正确，我们怎能将法律和正义与大自然分离呢？

马：很对，正是这种情形。但我们正遵循着哲学家们的方法，但并非先前的哲学家，而是那些建立了生产智慧的作坊（打个比方说）的哲学家。昔日那些松散而又非常细致地辩论过的问题，现在哲学家们在系统地、一点接着一点地讨论着；① 他们不会认为我们现在思考的对这一问题的处理已经完全了，除非单独有一个讨论来致力于这一特殊问题：正义出自大自然。

阿：当然，在讨论中你已失去了你的独立，要么你是这样的一种人——辩论中不遵循自己的判断，而只是接受他人的权威！

马：我并非总是如此，提图斯。但你要明白这一对话将指向的方向；我们全部对话的目的就在于增强国家的坚实基础，巩固城市以及治疗各民族的疾病。为此缘故，我想格外小心，我不想阐述那些尚未

① 特别是斯多葛派，他们非常强调对哲学问题的精确再划分，并分别对每一点作系统讨论。

经过理智思考和彻底考察的最早的原则。当然，我不能指望这类原则将被普遍接受，因为这是不可能的；但我寻求这样一些人的赞同，他们认为凡是正确和光荣的东西都应当因其正确和光荣而渴求，认为任何东西如果不是其本身值得赞美就不能算作善，或至少是，除非因其自身而应当得到赞美之外，任何东西都不能视为大善。我要说，我期望来自所有人的赞同，而无论他们是否仍和斯珀西波斯、色诺克拉底和波勒芒一起留在老学园；或是否追随亚里士多德和泰奥弗拉斯托斯（他们原则上同意上述这一学派，尽管在表达方式上略有不同）；或是否赞同芝诺，变换了术语却没有改变观念；甚或是否追随现已破裂并已被驳倒的、相信除美德和邪恶外一切都绝对平等的阿里斯托严格派。① 然而，仅就某些实践自我放纵的哲学家② 来说，他们只是他们自己躯体的奴隶，他们以快乐和痛苦为标准测定每一件东西值得或不值得追求，即使他们是正确的（因为没有必要与他们在此争论），也让我们请他们在自己的庭园③ 继续他们的讨论，甚至请他们暂时不参与任何影响国家的事物，他们对那些事物既不懂也不想懂。并且让我们恳求学园——由阿凯西劳斯和卡涅阿德斯组成的新学园④ ——保持沉默，因为它对这些问题除了增加混乱外无所贡献；因为如果它要抨击我们认为我们构建和安排得如此精美的东西的话，它就会对之造成浩劫；与此同时，我很想战胜这一学派，因此不敢将它拒斥于这讨论之外……

……即使在这些问题上，我们没有用他的焚香就进行了赎罪⑤，然而

---

① 斯珀西波斯、色诺克拉底和波勒芒继柏拉图之后任该学院的领袖。亚里士多德和泰奥弗拉斯托斯分别是逍遥学派的创始人和第二任领袖。芝诺是斯多葛学派的创始人。奇奥的阿里斯托是一位非正统的斯多葛学人。

② 指伊壁鸠鲁学派。

③ 伊壁鸠鲁的学生聚会在伊氏在雅典的庭园。

④ 阿凯西劳斯和卡涅阿德斯被认为是"新学园"的创始人，因为他们在学园的教学中引入了怀疑论。西塞罗这里所提到的就是这种怀疑论。

⑤ 如果是指什么人的话，我们无法了解指的是谁。在这里的一段文字缺失之后，西塞罗看来是对一些轻微违法的赎罪问题作结束性评论。随后他立刻继续论述真正严重的恶行无法赎罪。

对人的犯罪或对神的亵渎实在是无法赎罪的。因此，人服刑并非是由于法院的决定（因为任何地方都曾一度没有法院，而今天许多地方仍没有法院；而在那些即使是存在法院的地方，法院的活动也经常是完全不正义的），而是复仇女神折磨和追逐着有罪者（不是如同悲剧中那样①以燃烧的火炬，而是以忏悔的极度痛苦和犯罪者良心的拷问）。

如果，只是因为一种刑罚而不是自然才使人不做不义之事，那么当惩罚的威胁已不存在时，又是什么样的焦虑使那恶人坐卧不宁？事实上，从来也没有哪个恶棍是如此厚颜无耻而不抵赖他进行了犯罪，或者不编造一些有正当愤怒的故事来为犯罪找借口，并从一些正当的自然原则中为他的犯罪寻找正当理由。现在，如果甚至恶人也敢诉诸这些原则，假如他们也居然受到善的保护，这会是何等令人不平！但如果只是刑罚，只是对惩罚的恐惧，而不是邪恶本身，才使得人们躲避不道德的生活和犯罪的话，那么就没有人可以称之为不公正的人，而且更应视恶人为不谨慎的人；进一步说，我们当中的那些并非由于美德的影响，而是出于一些功利和收益的考虑而成为善者的人，就只不过是胆小鬼，而并非好人。因为，对那些除了害怕证人和法官外无所畏惧的人来说，如果无人知晓，他又会走上什么极端呢？如果他在一个荒凉的地方，遇到了一个孤立无援也无人照看的人，抢劫此人他可以得到一笔财产，他又会干出什么呢？我们有美德的人，天性公正和善良的人，会与这位路人谈话，帮助他，还给他指路；而另一种人，从不为他人做任何事的人，只以自己利益为标准来决定每一行为的人，我想，他会做些什么是非常清楚的！然而，如果后者真的否认他想杀死路人并抢走路人的钱财，他的否认也并非因为他认为这种行为是一种自然发生的邪恶，而是因为他害怕自己的罪行可能为他人知道，这也就是说，他可能有麻烦。呵，这是什么样的动机！这不仅完全会使哲学家感到羞耻，就是最普通的庄稼

---

① 例如，在埃斯库罗斯的《复仇三女神》中复仇女神追逐奥雷斯特斯。所提到的火炬可能是在该剧的 1005—1021 行。

人也会感到脸红！

　　但是，愚蠢至极的观念是这样的一种确信，即任何事物都是公正的，这种确信可见之于各民族的习惯和法律中。即使僭主颁布了这样的法律，难道就真是这样吗？如果那著名的三十僭主[①]曾想在雅典颁布一套法律，或者如果雅典人无一例外地都喜欢这些僭主的法律，那也不可能使这些法律被认为是正义的，有这样的可能吗？一位罗马的临时执政[②]提出一项法律，大致是一位独裁官可以不受惩罚地任意将任何公民——甚至不经审判——处死；在我看来，这项法律就不再应被视为正义。正义只有一个；它对所有的人类社会都有约束力，并且它是基于一个大写的法，这个法是运用于指令和禁令的正确理性。无论谁，不了解这个大写的法——无论这个法律是否以文字形式记录在什么地方——就是没有正义。

　　而如果正义只是符合成文法和民族习惯，并且如同这些人所声称的那样，如果万物都以功利的标准来衡量，那么只要有可能，任何人如果认为对他有利就会无视和违反法律。如果大自然中不存在正义，而且那种基于功利的正义形式可以为功利本身所倾覆的话，那么由此而来的就是，正义根本不存在。如果不是把大自然视为正义之基础，那就意味着摧毁［人类社会所依赖的美德］。那么慷慨、爱国、忠诚，或者是为他人服务，以及对所受恩惠表示感激的自然倾向还有丝毫立足之地吗？这些美德都起源于我们热爱同胞的自然倾向，并且这是正义的基础。否则的话，不仅对人的关怀而且对众神的礼仪和虔诚敬奉也会被废除；因为我认为这些都应当由于人和神之间存在的密切关系，而不是由于畏惧，而得到维护。

　　但如果正义的原则只是建立在各民族的法令、君王的敕令或法官的决定之上，那么正义就会支持抢劫、通奸和伪造遗嘱，只要这些行为得到大

---

① 见《国家篇》1.44。

② 这显然是指 L. 瓦勒里乌斯·弗拉库斯于公元前 82 年所提出的关于苏拉独裁官职的法律。参看 Cicero, *De Lege Agraria* III, 4；*Act* II *in Verrem* III, 82。

众投票和法令的赞同。如果这样重要的权力只附属于傻瓜的决定和法令，大自然的法律可以为他们的投票所改变，那么他们为什么不颁布法令规定那些恶害应当视为善益呢？或者，如果法律能让不正义变成正义，难道它不能让恶变成善吗？而事实上，我们只要按照大自然的标准就可以感受到善法和恶法的差异；不仅正义和非正义，而且光荣和耻辱的事物也毫无例外地由大自然区分开来了。因为，一种为我们所共有的智力使我们了解了各个事物，并将之清楚地显现在我们的心智中，由此我们才将光荣的行为归于美德，将耻辱的行为归于邪恶；并且只有疯子才会推论说这些判断都只是一些看法的问题，而不是自然规定的。因为即使我们乱用美德这个术语，谈论什么树或马的美德①，这也不是看法的问题，而是基于自然的。而如果这是真的，光荣和耻辱的行为也就必须由大自然来区分。因为，如果一般的美德要由看法来测定，那么它的组成部分也必须这样来加以检验；因此，谁不是根据他自己的性格而是根据某些外在环境来判断一个慎重和（如果我可以这样说的话）有很强判断力的人呢？因为美德就是得以完全发展的理性；而这肯定是自然的，因此任何光荣的事物都同样是自然的。

正如同真理和谬误一样，合乎逻辑和不合逻辑的事物都是由它们自身判断的，而不是由其他事物判断的，因此，在生活行为中坚定、持续地运用理性，这就是美德，而前后不一致，这就是邪恶，这些都是由其自身的性质②［判断的］。

（选自［古罗马］西塞罗《国家篇　法律篇》
法律篇第一卷第 5—17 节，沈叔平、苏力译）

---

① 即任何物的出色之处（ἀρετή）。
② 英文中，性质与自然为同一词。——中译者

第七讲　神法、自然法、人法

[意] 托马斯·阿奎那

　　托马斯·阿奎那（Thomas Aquinas，约 1225—1274），出生于意大利南部一个贵族家庭，5 岁进入进修院学习，16 岁时负笈那不勒斯大学. 期间加入天主教多明我会。20 岁到巴黎，受教于亚里士多德主义者阿尔伯特。毕业后，到欧洲各大城市讲学、从事神职活动。自 1257 年开始在巴黎大学教授神学，用十年时间专心从事教学和著作活动。一生著有 18 部巨著，其中包括集基督教思想之大成的《神学大全》，以及《哲学大全》《论存在和本质》《论正统信仰和真理、异教徒议论大全》等。他成功地将基督教的神学思想和亚里士多德的哲学融合在一起，建立起了庞大的经院哲学体系。文艺复兴以来，罗马教廷开始以托马斯·阿奎那的神学和哲学维护基督教，他所创立的托马斯主义在教会及世俗哲学思想界影响十分巨大。

神法、自然法、人法

[意] 托马斯·阿奎那

【编者按：中世纪与近代宪政之间有直接的联系，这一点，从托马斯的法律理论中就可以看出。托马斯的核心论点是：君主的权力必须服从法律，尤其是神法、自然法。而这些也构成了审查君主颁布的法律是否正当的标准，违反神法、自然法的世俗法，就不是法律。也就是说，法律之上还有高级法，法律的效力不是来自君权的强制，而是来自其内在的理性。这种观念乃是宪政的基础。】

一、一般的法

法的性质

法是人们赖以导致某些行动和不做其他一些行动的行动准则或尺度。"法"这个名词 [在语源上] 由"拘束"一词而来，因为人们受法的拘束而不得不采取某种行径。但人类行动的准则和尺度是理性，因为理性是人类行动的第一原理；这一点根据我们在别处的阐述可以看得很清楚。正是理性在指导着行动以达到它的适当的目的，而按照亚里士多德的说法，这就是一切活动的第一原理。

理性和体现为法的意志

像我们已经指出的，理性有从意志发展到行动的能力；因为理性可以依靠某种目的之被希求这一事实，指挥一切必要的力量去达到那个目的。可是，如果意志要想具有法的权能，它就必须在理性发号施令时受理性的节制。正是在这个意义上，我们应当理解所谓君主的意志具有法的力量这句话[①]的真实涵义。在其他的意义上，君主的意志成为一种祸害而不是法。

法的目的是公共幸福

既然每一部分与其整体的关系同不完整的东西与完整的东西的关系一样，既然一个人是那被称为社会的完整整体的一部分，因此法就必须以整个社会的福利为其真正的目标。所以亚里士多德在他的有关法的定义中，既提到幸福也提到政治上的一致。他说（《伦理学》，第五篇，第一章）："任何力量，只要它能通过共同的政治行动以促进和维护社会福利，我们就说它是合法的和合乎正义的"；而完整的社会就是城市，像《政治学》第一篇（第一章）中所指出的。

谁有颁布法律的权力

严格说来，法律的首要和主要的目的是公共幸福的安排。但是，安排有利于公共幸福的事务，乃是整个社会或代表整个社会的某一个个人的任务。因此，法律的公布乃是整个社会或负有保护公共幸福之责的政治人的事情。这里像其他任何的情况一样，公布目的的人也就是公布用以达到目的的手段的人。

一个私人无权强迫别人过正当的生活。他只可以提出劝告；但如果

---

① 参阅《罗马法典》，第一篇，第四章，第一节。

他的劝告不被接受，他就无权强迫。可是为了卓有成效地促进正当的生活，法律必须具有这种强迫的力量，像亚里士多德所说的那样（《伦理学》，第十篇，第九章）。可是，我们在下文就会看到，强迫的力量不是属于整个社会，便是属于代表社会的负惩罚之责的官吏。所以，只是他才有制订法律的权力。

正如一个人是一个家庭的成员那样，一个家庭成为一个城市的要素，但一个城市是一个完整的社会，像《政治学》第一篇所指出的那样。同样，正如一个人的幸福并不是最后目的，而是从属于公共福利一样，任何家庭的幸福也必须从属于作为一个完整社会的城市的利益。所以一个家庭的家长可以订立某些规章，但是老实说，它们并不具有法律的力量。

法律的定义

根据上文，我们可以得出正确的法律定义。它不外乎是对于种种有关公共幸福的事项的合理安排，由任何负有管理社会之责的人予以公布。

二、各种类型的法

永恒法

有如上文所述，法律不外乎是由那统治一个完整社会的"君王所体现的"实践理性的某项命令。然而，显然可以看出，如果世界是像我们在第一篇中所论证的那样由神治理的话，宇宙的整个社会就是由神的理性支配的。所以上帝对于创造物的合理领导，就像宇宙的君王那样具有法律的性质……这种法律我们称之为永恒法。

自然法

既然像我们已经指出的那样，所有受神意支配的东西都是由永恒法来判断和管理的，那么显而易见，一切事物在某种程度上都与永恒法有关，只要它们从永恒法产生某些意向，以从事它们所特有的行动和目的。但是，与其他一切动物不同，理性的动物以一种非常特殊的方式受着神意的支配；他们既然支配着自己的行动和其他动物的行动，就变成神意本身的参与者。所以他们在某种程度上分享神的智慧，并由此产生一种自然的倾向以从事适当的行动和目的。这种理性动物之参与永恒法，就叫作自然法。所以，在大卫说（《诗篇》，第四篇，第六节）"当献上公义之祭"时，他像碰到有人提出问题似的补充说明了何谓公义之祭，"有许多人说，谁能指示我们什么好处？"然后回答说："耶和华啊，求你仰起脸来，光照我们。"这仿佛是说，我们赖以辨别善恶的自然理性之光，即自然法，不外乎是神的荣光在我们身上留下的痕迹。所以，显然可以看出，自然法不外乎是永恒法对理性动物的关系。

人法

在推理时，我们从天然懂得的不言自明的原理出发，达到各种科学的结论，这类结论不是固有的，是运用推理的功夫得出的；同样地，人类的推理也必须从自然法的箴规出发，仿佛从某些普通的、不言自明的原理出发似的，达到其他比较特殊的安排。这种靠推理的力量得出的特殊的安排就叫作人法，如果我们已经提到的为一切法律所必具的其他条件被遵守的话。所以西塞罗说（《论修辞学》，第二篇，第五十三章）："法律最初是从自然产生的；接着，被断定为有用的标准就相因成习地确定下来；最后，尊敬和神圣又对这一从自然产生的并为习惯所确定的东西加以认可。"

神法的必要性

除自然法和人法以外，还必须有一项神法来指导人类的生活。这有四层理由。首先，因为人在关于最终目的的行动方面是受法律的支配的，所以，如果人注定要追求一个恰好和他的天然才能相称的目的，那么除自然法和由此而产生的人所规定的法律之外，他就毋需获得任何理性方面的命令。可是，因为人注定要追求一个永恒福祉的目的，并且像我们已经指出的那样，这超过了与人类天然才能相称的目标，因此他为了达到这个目的，就必须不但接受自然法和人法的指导，而且接受神所赋予的法律的指导。第二，由于人类判断的不可靠，特别在偶然的、特殊的问题上是如此，因此各种各样的人对于人类的活动往往作出极不相同的判断；并且从这些判断产生不同的甚或相反的法律。所以，为了使人确凿无疑地知道他应该做什么和不应该做什么，就有必要让他的行动受神所赋予的法律的指导，因为大家知道神的法律是不可能发生错误的。第三，法律是就能够加以判断的事项制定的。但人的判断达不到隐蔽的内心动作，它只能涉及显而易见的外表的活动。虽然如此，完美的德行却要求一个人在两类活动中都保持正直。人类的法律既不足以指挥和规定内心的动作，因而就有必要再加上一种神的法律。第四，像奥古斯丁所说的（《论自由意志》，第一篇），人类的法律既不能惩罚又甚至不能禁止一切恶行。这是因为，在力图防止一切恶行的时候，会使很多善行没有机会贯彻，从而也会妨碍很多有益于公共福利，因此为人类交往所不可或缺的事项，使它们不得实现。所以，为了不让任何罪恶不遭禁止和不受惩罚，那就必须有一种可以防止各式各样罪恶的神法。

三、法的效果

法律的道德目的

显而易见，法律的真正目的是诱导那些受法律支配的人求得他们自己的德行。既然德行是"使有德之士享受幸福的行为"，那么由此可以推断，法律的真正效果是全面地或在某一方面为之颁布法律的那些人的福利。如果立法者的目的在于求得真正的幸福，即求得由神法所规定的公共幸福，那么人就一定会由于受到这样一种法律的影响而变得绝对的慈祥恺恻。反之，如果立法者的目的并不在于求得真正的幸福，而只在于取得眼前的助力——因为这是他本人所喜欢的或违反神法的——那么这样的法律就并不会使人绝对地优良，而只会在某一方面是如此；即就其有关某一政治制度而言。从这个意义来说，即使在真正有害的事情上也能发现优点：一个人因为善于达到他预定的目标而被称为有本领的盗贼时就是如此。

任何部分的优点都必须参照它所形成的整体来考虑。所以奥古斯丁说（《忏悔录》，第三篇，第八章）："所有并不能适当地适应其整体的部分都是卑劣的。"所以，既然所有的人都是城市的一部分，他们非适应公共福利就不能具有真正良好的品德。如果整体的各部分不能真正对它适应，那么整体也就不会有健全的组织。所以，除非公民们都敦品励行，或至少是被任命担负领导之职的人能如此，否则社会的福利就不可能在一个健全的国家里获得实现。如果其余的人在德行上能做到服从统治者的命令，那对公共幸福来说也就很够了。所以亚里士多德说（《政治学》，第三篇，第二章）："一个统治者必须具有一个真正正直的人的品德，但并不是每一个公民都非达到同等程度的正直不可。"

暴戾的法律既然不以健全的论断为依据，严格地和真正地说来就根本不是法律，而宁可说是法律的一种滥用。然而，只要它考虑到公民的福利，它就具有法律的性质。因此，只要它是某一位当权者对他的臣民下达的命令，只要它的目的在于使那些臣民充分服从法律，它就和法律发生关系。这种服从对于那些臣民是有好处的，但这并不是绝对的，只有就他们生活于其下的那个政权来说是如此。

四、永恒法

它起源于神的智慧

在每一个艺术家的心中，已经存在着他将凭其艺术加以创造的那件东西的概念；同样地，在每一个统治者的心中，也一定已经存在着规定那些臣民应该对他的统治采取何种行动的理想。对于那些尚待由任何艺术加以创造的事物的理想，一般称为应该如此创造的事物的范本或实际艺术；同样地，就治理那些受其支配的人们的行动的统治者来说，他的心中的理想具有法律的性质——如果我们上文已经提到的条件也具备的话。上帝仗其智慧成为万物的创造者，他对万物的关系正如艺术家对他的艺术产品的关系一样；这一点我们第一篇中已经指出过。并且，像我们也已经指出过的那样，他支配着每一个别创造物的一切行动和动作。所以，就万物都由神的智慧所创造这一点来说，神的智慧所抱有的理想就具有一个范本、艺术或理念的性质；同样地，被认为是推动万物以达到它们的适当目标的神的智慧所抱有的理想，就具有法律的性质。因此，永恒法不外乎是被认为指导一切行动和动作的神的智慧所抱有的理想。

一切法律毕竟是从永恒法产生的

在每一个实行统治的实例中，我们都看到施政规划由政府的首脑交给他手下的地方长官；正如一个城市的设施计划由国王拟订而用法令的形式交给他手下的大臣那样，又如在艺术的建筑方面，施工计划由建筑师交给助理人员。因此，既然永恒法是最高统治者的施政计划，那些以部属身份进行管理的人的一切施政计划，就必须从永恒法产生。所以，一切法律只要与真正的理性相一致，就总是从永恒法产生的。由于这个缘故，奥古斯丁说（《论自由意志》，第一篇）："如果人法不是人们从永恒法得来，那么在人法里就没有一条条文是公正的或合理的。"

只要人法按照真正的理性办理，它便具有法的性质；在这方面，显然可以看出它是从永恒法产生的。只要它违背理性，它就被称为非正义的法律，并且不是具有法的性质而是具有暴力的性质。然而，即使是一种非正义的法律，只要它通过它同立法者的权威的关系而保持着法的外貌，在这方面就是从永恒法产生的。"因为没有权柄不是出于神的"（《罗马人书》，第十三章，第一节）。

五、自然法

自然法的箴规

自然法箴规的条理同我们自然倾向的条理相一致。这是因为在人的身上总存在着一种与一切实体共有的趋吉向善的自然而自发的倾向；只要每一个实体按照它的本性力求自存，情况就是如此。与这种倾向相一致，自然法包含着一切有利于保全人类生命的东西，也包含着一切反对其毁灭的东西。第二，在人的身上有一种根据人与其他动物所共有的天性而进一步追求某些比较特殊的目的的倾向。由于这种倾向，就有"自然教给一切动物的"[①] 所有那些本能，如性关系、抚养后代等等，与自然法有关。第三，在人的身上有某一种和他的理性相一致的向善的倾向；而这种倾向是人所特有的。所以人天然希望知道有关上帝的事实并希望过社会的生活。在这方面，受自然法影响的是与这种倾向有关的一切行动，即一个人应当避免愚昧，他不应得罪他必须与其交往的人们，以及所有性质相类似的行动。

自然法的普遍性

正如刚才我们已经说过的，人所天然爱好的一切行动都与自然法有

---

① 这是厄尔比安在《罗马法典》第一篇第一章第一节中的定义。

关；而在这类行动中，力求按理性行事乃是人所特有的。然而，像《物理学》（第一篇，第一章）已经证明的那样，理性是从一般原理出发以达到琐细的事项的。不过实践理性和思辨理性进行这一过程的方法各有不同。思辨理性是用于非如此不可的必然的事实方面的；因此在其各个结论中和一般原理本身中都可以同样肯定地发现真理。但实践理性则用于人类行动所涉及的偶然发生的问题上；因此，虽然在其一般原理中存在着某种必然性，但你离开一般性愈远，则结论便愈加容易发生例外。

显然可见，就理性的一般原理而论，不论那是思辨理性还是实践理性，对于每一个人来说都存在着一个真理或正义的标准，并且这是同样为人人所熟悉的。至于说到思辨理性的个别结论，也存在着对于所有的人都是共同的真理标准；但在这方面，真理的标准就不是同样为人人所熟悉的了。例如，一个三角形的三内角等于两直角，这是普遍的真理；但这个结论并不是每一个人都知道的。然而，当我们得出实践理性的个别结论时，对于每一个人并没有同一的真理或正义的标准，并且这些结论也不是人人所同样熟悉的。的确，所有的人都了解，按照理性办事是正当的和正确的。从这个原理我们可以推断出一个直接的结论，即有债必还。这个结论在绝大多数情况下是适用的。但在某种个别的情况下，还债也可能是有害的，因而是不合理的；例如，如果偿还的款项被用来对祖国作战，就产生这种情况。我们愈是继续考察个别的事例，这类例外的可能性就愈大；比方说，债务同某种担保品一起偿还或以某种特殊的方式偿还的问题，可以作为一个例子。所采用的条件越是专门化，使偿还债务成为正当办法与否的例外情况就越有可能发生。

所以我们必须得出结论：就一般的第一原理来说，自然法对于所有的人都是一样的，正如一个正当行为的标准是同样为大家所熟知那样。至于说到作为这类一般原理的结论的较为个别的事例，则自然法只有在大多数的情况下才仍然是对所有的人都一样的，无论作为一种标准或就其为人所熟知的范围而言，都是如此。因此在个别情况下，自然法可以容许例外：无论关于正义（由于某些阻碍，正如在自然中物体的产生和变革受某种阻碍所造成的偶然事件支配一样）或关于它的可知性。这是可能发生的，因为在某些人身上，理性为情欲或某种天生的恶习所败坏；像恺撒在《高卢战记》（第六篇，第二十三章）中讲到日耳曼人时所说的：有一个时期他们并不认为盗窃是不对的，虽然这种行为显然违反了自然法。

自然法的不变性

有两种方法可以知道自然法发生改变。一方面，自然法已经有了某些附加的内容。从这个意义上说，没有理由认为它不应当改变。事实上，神法和人法确给自然法增加了很多有利于人类活动的内容。

另一方面，由于自然法删除了某些内容，它的发生改变是可以理解的。比方说，假如以前作为自然法的一部分的条例不再属于自然法时，便有这种情况。在这方面，就第一原理而论，乃是完全不可改变的。至于说到我们提起过的作为第一原理的直接结论而随之俱来的次要箴规，自然法也是并不改变的；这就是说，自然法规定为正确的东西仍然是大多数事例的通则。不过，我们可以说，它在某一个别事例中或数目有限的实例中有所改变；这是因为某些特殊的原因使人们不可能绝对遵守自然法的缘故，像我们已经指出的那样。

我们有两层理由可以说事物是与自然法有关的。第一，如果存在着对于事物的自然倾向；例如，认为伤害邻人是不对的。第二，如果自然并不诱导我们去做相反的行动。所以我们可以说，人有赤身露体的天然权利，因为，既然自然没有供给他衣着，他就不得不为自己裁制衣服。在这个意义上，"所有的人得共同占有一切物品并享有同等的自由权"[①] 这句话，可以说是属于自然法的。这是因为，无论私有权或

[①] 这个定义引自塞维尔的圣伊西多尔：《语源学》，第五篇，第四章。

地役权都不是自然所规定的；它们是人类的理性为了人类的生活而采用的办法。在这些情况下，自然法不是有所改变，而是有所增益。

六、人法

人法的必要性

从上文显然可以看出，在人的身上存在着一种倾向为善的自然习性。但人们只有实行"某种锻炼"才能使这种德行臻于完善。……而能够不靠别人的帮助从事这种锻炼的人确实是少有的。……所以我们必须互相帮助以获得那种能够导致盛德的锻炼。固然，有些青年由于善良的禀性或教养，或者特别是由于神的帮助，自愿想过有德行的生活；对于这样的青年，只要有父亲的指导和劝告就行了。但还有另外一些青年，他们性情乖戾，易于作恶，就很难为忠言所感动。必须用压力和恐吓手段使这些人不做坏事。如果用这种方法防止他们作恶，就能保证社会上其余的人享受太平生活；他们自身也终于会受习惯的力量的诱导，自愿去做他们过去只是由于畏惧才做的事情，从而以行善为常事。这种迫使人们畏惧处罚的纪律就是法纪。所以，法律的制定是为人们享受和平的、有德行的生活所必需的。亚里士多德说（《政治学》，第一篇，第二章）："人在达到德行的完备时是一切动物中最出色的动物；但如果他一意孤行，目无法律和正义，他就成为一切禽兽中最恶劣的禽兽。"这是因为人和其他动物不同，他拥有可以用来抑制卑鄙欲念和残暴行为的理性这一武器。

人法的从属于自然法

圣·奥古斯丁说（《论自由意志》，第一篇，第五章）："如果法律是非正义的，它就不能存在。"所以法律是否有效，取决于它的正义性。但在人类事务中，当一件事情能够正确地符合理性的法则时，它才可以说是合乎正义的；并且，像我们所已经知道的那样，理性的第一个法则就是自然法。由此可见，一切由人所制定的法律只要来自自然法，就都和理性相一致。如果一种人法在任何一点与自然法相矛盾，它就不再是合法的，而宁可说是法律的一种污损了。

可是我们应当注意，任何法律可以通过两种方法由自然法产生出来。第一，作为从比较一般的原理得出的结论。第二，作为某些一般特征的规定。前者类似赖以从第一原理得出论证性结论的科学方法。第二种方法类似规定某种普通形式用于一项个别实例的艺术方法；例如，当一位建筑师从一所房屋的一般概念出发，接着进而设计某一所房屋的特殊图样时，就有这样的情形。所以，有些规定是作为正式的结论从自然法得出的，如"不得杀人"这一结论是从"不要害人"这一箴言而来。其他的结论也是作为个别事项的规定而得出的。所以自然法规定应对任何犯罪的人实施惩罚。但是，一个人应当给以某种处罚，乃是自然法的一项特殊的规定。

两种类型的起源都可以在人法中找到。不过，用第一种方法得出的结论是不但由人法而且还由自然法所认可的；而用第二种方法得出的那些结论则只有人法的效力。

人法的区分

有许多可以被看作人法分类根据的因素成为人法概念的一部分。首先，从上文所述，我们可以清楚地看出，人法的基本特点在于人法是由自然法得来的。根据这个观点，实在法可以分为万民法（ius gentium）和市民法（ius civile）；这就符合于我们已经探讨过的从自然法得来的双重来源。属于万民法的，是所有那些作为直接结论而直接从自然法得出的结论。这种结论是支配买卖以及为社交所必需的其他类似活动的标准；它们来自自然法，因为人天然是个社会动物，正如亚里士多德在《政治学》第一篇（第一章）中所证明的那样。另一方面，那些从自然法产生的作为个别应用的标准，构成任何城市根据其特殊需要而规定的市民法。

人法的第二个基本特点在于它以城市的公共福利为目标。根据这个观点，人法可以按照那些对于公共福利负有专责的人的不同职务加以区分：有为人民向上帝祈祷的祭司，有治理社会的统治者，有为社会的安全而作战的军人。对于这些类别的每一种，都有某种法规与之相适应。

人法的第三个特点，像我们已经指出的那样，在于它应该由市民社会的统治者来加以颁布。根据这个观点，人法可以按照不同的政治制度分类。像亚里士多德在《政治学》（第三篇，第五章）中所说的，其中一种政治制度是君主制度，即在城市由一人治理的时候出现的那种制度；对于这种制度，就有"君王的律令"与之相适应。另一种政治形式是贵族政治，即由一些最优秀的人物和贵族当政的政治制度；与此相适应的，就有"智者的意见"和"元老院的建议"。另一种是寡头政治，即由有财有势的人当政的政治制度；与此相适应的，有"执政官法"，或称为"荣誉法"（ius honorarium）。其次有全民政治或民主政治；与此相适应的，有"平民法"。最后有暴君制度，因为它腐败透顶，所以没有相应的法律。此外还有另一种混合政治的形式，由刚才提起的各种成分所组成，这是最好的政治形式。在这种形式下，法律是按照伊西多尔的界说（《语源学》，第五篇，第十章），"经贵族和平民一致认可后"制定的。

法律的第四个基本特点在于它是支配人类行动的法则。根据这个观点，法律可以按照其不同的对象分类，并且有时候就以它们的制定者命名；所以我们谈到"关于通奸罪的朱理安法"和"关于暗杀罪的科尼利安法"，等等。这里所说的不是制定者，而是这些法律所处理的问题。

七、人法的效能

它的通则

任何为了某种目的而存在的东西必须与那个目的相称。法律的目的是公共福利，因为，像伊西多尔所说的（《语源学》，第二篇，第十章），

"法律的制定不应当只是为了某种个别的利益，而是应当以公民的普遍利益为着目点。"所以人法必须与公共福利有关。但公共福利是由许多不同的因素构成的。因此，无论就人就事，法律都必须考虑到这些不同的因素，并且还要注意到不同的时代。这是因为，政治社会是由许多人组成的；它的福利需要有大量的各种各样的规定；这种规定不限于任何一个时期，而是应该继续对公民的以后若干代都发挥效力，正如奥古斯丁在《天城论》（第二十二篇，第六章）中所说的那样。

它的范围

在通过法律的时候，应当考虑到将来要服从法律的人们的情况；因为，像伊西多尔所说（《语源学》，第二篇，第十章），法律应该"无论对于自然或者对于当地的习惯都是适用的"。但行动的能力起源于习惯或内在的意向；一个有德之士能够做到的每一件事，对于一个没有向善习惯的人来说就并不同样是能够做到的，正如一个孩童没有办法去做成年人所能做到的一切事情那样。由于这个缘故，支配儿童的法律就和支配成年人的法律有所不同。有许多事情是准许儿童做的，但如果出在成年人身上，就要受法律的惩罚，甚至为法理所不容。同样，有许多事情出在一个君子身上是不能容忍的，但对于那些德行不很高的人来说是可以准许的。

人法是为了广大的群众制订的，而其中大多数人的德行离完美的程度尚远。由于这个缘故，人法并不禁止有德之士所戒绝的每一种恶习，而只是禁止大多数人所能慎戒不犯的较为严重的恶行，特别是那些损害别人的不道德的行为。因为，如果这些行为不加禁止，就会使人类社会不能继续存在。谋杀、盗窃等等是人法所禁止的。

各种不同德行的目的可以被认为是与个人的私利有关，或与社会的一般福利有关。例如，一个人可能为了保护城市或保卫朋友的权利而发挥刚毅不屈的美德；关于其他的德行，也有类似的情况。然而，像我们已经说过的，法律关心公共福利。所以任何德行的实施都是可以由法律规定下来的。同时，并不是一切德行的每一种行动都是由法律安排的，而是只有那些以公共福利为目标的行动才是如此；这种目标或者是直接的，如某件事情明白地为公共利益作出时那样；或者是间接的，如立法者制定某些有关风纪的规定，使公民们惯于尊重社会上对正义与和平的需要时那样。

人法的责任

人们所制定的法律不是正义的便是非正义的。如果法律是合乎正义的，它们就从作为其根源的永恒法汲取使人内心感到满意的力量；正如《箴言》中所说的（第八章，第十五节）："帝王借我坐国位，君王借我定公平。"法律就以下几点来说可以被认为是合乎正义的：就它们的目的来说，即当它们以公共福利为目标时；或者就它们的制订者来说，即当所制订的法律并不超出制定者的权力时；或者就其形式来说，即当它们使公民所承担的义务是按促进公共幸福的程度实行分配时。这是因为，既然每一个人是社会的一部分，则任何人的本身或其身外之物就都与社会有关；正如任何一个部分就其本身而言都属于整体一样。由于这个缘故，我们看到自然往往为了保全整体而牺牲一部分。根据这个原则，那些在分配义务时能注意适当比例的法律是合乎正义的，并能使人内心感到满意；它们是正当的法律。

反之，法律也可以由于两种缘故而成为非正义的。首先，当它们由于违反我们刚确定的标准而于人类幸福不利时。或者是关于它们的目标，例如一个统治者所制定的法律成为臣民的沉重负担，无补于公共利益，而是旨在助长他自己的贪婪和虚荣。或者是关于它们的制订者，如果一个立法者所制定的法律竟然超过他受权的范围。或者，最后是关于它们的形式；如果所规定的负担即使与公共福利有关，却在全社会分配得很不平均。这种法律与暴力无异，而与合法性并无共同之处；因为，像圣奥古斯丁在《论自由意志》（第一篇，第五章）中所说的："不公道的法律不能称之为法律。"因此，这种法律并不使人在良心上感到非遵守不可，除非偶然为了避免诽谤或纷扰。在这种情况下，一个人也许甚至不得不放弃他的种种权利，像圣马太所教导的(《马太福音》，第五章，第四十至四十一节)："有人强逼你走一里路，你就同他走二里；有人要拿你的里衣，连外衣也由他拿去。"

其次，法律可以由于与神的善性相抵触而成为非正义的。例如，横暴的法律强迫人们崇拜偶像或做其他任何违反神法的行动。这种法律在任何情况下也不可服从；因为，《使徒行传》中说(第五章，第二十九节)："顺从神而不顺从人，是应当的。"

它的强制力量

我们从上文可以看出，法律有两个基本的特点：第一个是指导人类行动的规则的特点；第二个是强制力量的特点。所以一个人有两种方式可以受法律的支配。或者是，凡是听从指导的行动都受规章的支配。从这方面说，所有服从某种权力的人也就受那种权力所颁布的法律的支配。这种服从在两个情况下不能推行。第一，当一个人完全免除这种服从时。所以一个城市或王国的公民就不受另一城市或王国的统治者的法律的约束，正如他们并不受他统辖一样。第二，当有些人受一种较高的法律的支配时。所以，例如，一个受地方总督支配的人必须服从他的命令，但他在皇帝所派定的事情上就可不受此限；因为在这些事情上，他既然服从于较高的指挥，就不再受其部下的命令的约束。在这种情况下，一个人在原则上虽然受某种法律的支配，却由于在某些事情方面听命于一种较高的法律而在这些事情上可以不必遵从他原来应该遵从的那种法律。

一个人可以说是从而受法律支配的第二种方式是，他所处的地位像一个不得不去做那对他有拘束力的事情的人一样。按这个意义来说，有德行的和正直的人士不受法律的支配，只有坏人才受它的约束。这是因为，凡与强制和暴力有关的事情都是违反意志的。但好人的意志同法律相一致，而在坏人身上意志则是与法律背道而驰的。所以，在这个意义上，好人不受法律支配，只有坏人才受它支配。

据说，就法律的约束力而言，一个君主的地位是超过法律的。[①] 这是因为谁也不能为其自身所拘束，并且法律的约束力只能起源于君主的权力。所以，据说君主的地位就超过法律，因为如果他违犯法律，谁也无法对他宣告有罪的判决。所以《圣经》的注释在注解《诗篇》第五十篇（第六节）"我只有对你犯罪"等等的原文时说明，"没有人能够审判一个君王的行动"。但是，就法律的支配能力来说，一个君主自愿服从法律，是与规定相符合的［见《教皇教令》第一编，第二章，第六节］："无论何人，如为他人制定法律，应将同一法律应用于自己身上。我们根据贤哲的意见了解到，你应当使自己受你所颁布的同一法律的支配。"在《法典》里，罗马皇帝狄奥多西和瓦仑蒂尼安写信给地方长官沃鲁西亚努斯说："如果君王自愿承受法律的拘束，这是与一个统治者的尊严相称的说法，因为甚至我们的权威都以法律的权威为依据。事实上，权力服从法律的支配，乃是政治管理上最重要的事情。"[②] 神也斥责那些"能说不能行"和"把难挑的重担捆起来搁在别人的肩上，但自己一个指头也不肯动"的人们（《马太福音》，第二十三章，第四、五节）。所以，按照上帝的判断，一个君王不能不受法律的指导力量的约束，应当自愿地、毫不勉强地满足法律的要求。所谓君王的地位高于法律，也可以从这样的意义来理解：如果必要的话他可以变更法律，或者根据时间和地点免于实施法律的某些规定。

人法的解释。例外的情况

有如上述，全部法律都以人们的公共福利为目标，并且仅仅由于这个缘故，它才获得法律的权力和效力；因此只要它缺乏这种目标，它就没有责成人们担负义务的力量。所以法学家莫台斯蒂努斯说："无论正义和公平都不容许为了人们的利益而有效地订立的法律，由于过分生硬

---

① 这一原理也起源于罗马法，见《罗马法典》，第一篇，第三章，第三十一节。
② 《法典》，第一篇，第十四章，第四节。

的解释而变得苛刻和有害于社会。"① 现在往往发生这样的情况：遵守某项规定，虽然一般说来是于社会有益的，但在其他某些情况下，却是极端有害的。这是因为，既然立法者无法预料一切个别的情况，他在制定法律时便力求使它适合一般的情形，以期普遍适用。所以，万一遵守这种法律会损害公共福利，那就不应当加以遵守。例如，一个城市在被围期间可能颁布一项法令，命令将各个城门严加锁闭，而这种规定一般说来是有利于公共幸福的。但是，万一敌人正在追击一些能对城市安危起决定作用的公民，那么，如果不开城把他们接进城来，那将是该城的极大不幸。在这种情况下，显然应当打开城门，这虽然违反法律的条文，却照顾到那个立法者所注意的公共幸福。

然而，我们必须记住，如果对于法律条文的判断并不是一个关于需要立即采取行动的迫在眉睫的危险的问题，那么，什么事情于公众有利，什么事情于公众不利，就不是任何人有权解释的了。这种判断理应属于统治者，他们正是为了应付这样的情况才有权不去执行法律的。不过，当危险迫近，来不及把问题向当局提出时，需要本身可以允许权宜行事；因为需要临头无法律。

八、人法的易变性

这种易变性的缘由

上文已经说过，人法是借以调节人类行动的理性的某种命令。根据这个观点，有两个原因可以证明人法的改变是正当的。第一个原因是在理性方面，第二个原因是在其行动受法律限制的人们方面。说它在理性方面，因为人类理性之逐渐从不完全阶段趋于较为完全的阶段，看来是很自然的。所以我们在思辨科学中看到，那些最初开始用哲学推究事理

———————————

① 《罗马法典》，第一篇，第三章，第二十五节。

的人们得出了一种不完全的学说，由他们的后继者苦心构成一种比较完整的理论。在实际问题上情况也是如此。那些立志要研讨何者对人类公共幸福有利的问题的人们，由于本身无法解决整个的问题，只是规定了某些在很多方面有缺陷的不完全的条例；这些条例后来由他们的后继者加以修改，保留了那些从公共利益的观点来看缺点最少的部分。

在其行动受法律控制的人的方面，法律的改变可以由于变动了的情况而获得它们的理论根据；这是因为，不同的标准是按照人们所处的不同情况得出的。圣奥古斯丁在《论自由意志》第一篇第六章里举了这方面的一个例子："如果一个国家的公民奉公守法，严肃认真，并小心谨慎地尊重公共的利益，那么法律就有理由使他们享有选举自己的地方长官以管理公共事务的特权。但如果那些公民逐渐不老实起来，选举发生舞弊，因而政府落入坏人和奸诈之徒的手中，那就应当剥夺他们的选举公职的权利，恢复仅由少数诚实君子能够享受的有限的选举权。"

这种易变性的范围

我们已经说过，人法的改变只有在它达到有利于一般福利的程度时才是正当的。可是，法律发生改变这一事实本身在某种意义上讲是于公共幸福有害的。这是因为在遵守法律的方面惯例十分重要，以致任何违反一般惯例的行动即使本身无足轻重，也似乎总是比较严重的。所以当法律发生改变的时候，只要抛开惯例，法律的强制力就会减少。由此可见，除非对公共福利所产生的利益足以补偿所造成的损害，否则人法就永远不应加以改变。如果新的法规包含明显的巨大好处，或者，如果由于旧的法律内容显然不很公正或在遵守旧的法律时必然产生有害的后果，因而存在着迫切的需要，可能就是利多弊少。所以那位法学家说："在通过新的宪法时，它们的效用必须在废除那些一向被认为公正的法律以前是众目昭彰的。"[①]

———————————

① 厄尔比安：《罗马法典》，第一篇，第四章，第二节。

习惯的价值

一切法律都是从立法者的理性和意志中产生的：神法和自然法从上帝的合理意志中产生，人法则从受理性支配的人的意志中产生。人的理性和意志通过言行而在行动上表现出来，因为人们认为善良的行动的判断标准可以在一个人的行径中找到。言论是人类理性的内在活动和概念的表达，显而易见，法律是可以通过言论而加以改变和解释的。同样，法律的改变和解释可以通过重复多次的行动，例如归结为习惯的行动；因此往往会有具有法律效力的新的习惯产生，就是说，这种往往经过证实的内在动作清楚地表明了理性的概念和意志的内心活动。因为不论做什么事情，往往可以看出那是理性的审慎判断的结果。按这个意义来说，习惯具有法律的力量，它可以取消法律，也可以作为法律的解释者。

习惯和法律的关系

一种习惯在其中变成常规的社会可以有两种情况。如果所说的是一个有权制定它自己的法律的自由社会，则全社会之同意遵守某种习惯，就比君主的权威更有价值，因为君主制定法律的权力是从他代表社会这一事实产生的。在这种情况下，整个社会——虽然不是单独的个人——可以制定一项法律。反之，如果所说的社会无权制定它自己的法律，也无权废除由某一位高级权威发布的一项法令，那么在这种社会中已经确定的一个习惯就可以取得法律的资格，如果它继续被那些负责为社会立法的人们所宽容的话。这是因为，从那习惯深受宽容这一点可以推断，立法者是赞成习惯所作出的规定的。

（选自　［意］托马斯·阿奎那《阿奎那
政治著作选》第二部分《神学大全》第四节
至第十一节，马清槐译）

第八讲　国王与法律

[英] 约翰·福蒂斯丘

约翰·福蒂斯丘（John Fortescue，约 1395—约 1477），英格兰法律家、政治家。他毕业于律师公会，担任过郡守。后被册封为王家高级律师，1442 年担任王座法院首席法官，并受封为爵士。玫瑰战争期间，他跟随亨利六世和王后玛格丽特逃亡，在流亡法国期间撰写了《英格兰法律礼赞》，大约在此期间也完成了《论政制》。这两本著作阐述了英格兰的普通法法律理念，以及国王的统治应当是"政治的且王权的统治"（dominium politicum et regale）之说。

国王与法律

[英] 约翰·福蒂斯丘

【编者按：下面收录的文字，是司法大臣劝谏王子的对话，应当就是福蒂斯丘劝谏爱德华王子之语。在这里，福蒂斯丘对王子指出，国王的主要责任是实施正义，而这需求通过执行法律来实现。因此，王子必须学习法律，而不能只是训练武技。而通过敬畏法律，公正地执行法律，国王将可获得最高尚的幸福。】

国王与法律

事情的起因

不久以前，英格兰王国境内爆发了一场野蛮而最可厌恶的内战，亨利六世（Henry the Sixth）、最为虔诚的王和他的王后玛格丽特（Margaret）、耶路撒冷和西西里王的女儿，还有他们唯一的儿子、威尔士亲王爱德华（Edward），被驱逐到王国之外，并且，亨利王最终为他的臣民所拘絷，并经历了很长时间的牢狱之恐怖。当此之时，王后和她的孩子流亡国外，寄居在那位耶路撒冷王管辖内的巴尔公爵的领地（duchy of Bar）内。①

① 此系指 1463—1471 年间的流亡。

这位王子殿下，从他长大成人的那一天起，就全副身心投入到军事训练中来。他的坐骑暴烈不驯，他更用马刺来激励它们；为寻开心，他常常向他年轻的扈从发动攻击[1]，有的时候使矛，有的时候用剑，有的时候拿别的武器，而这又俨然一副作战的姿态，并且合乎军事训练的规则。有一位年老的骑士[2]，也就是刚说到的那位英格兰王的司法大臣，他也因为那一场灾难而流亡在外，明察于此，他如此这般向这位王子殿下劝谏。

第一章　这位司法大臣在此开始勉励王子学习法律

"最为公正的王子殿下，能在您尊贵的驱使之列，这弥足让我快乐，见到您投身于军事训练的热忱，我更是满心欢喜；那是适合您意气风发的乐趣之所在，不单因为您是一个骑士，而更是因为您将是做王的人。'因为一位王的职责就是为他的人民征战，并用公义给他们裁判。'您可以从《列王记上》第八章清楚地知道这一点。[3] 为这道理，我希望我看到您，像投身战事那样，带着一样的热忱献身于法律研习之中，因为，就像征战的结果要由战事决定，裁判要由法律决定。这一真理铭记在优士丁尼皇帝（Emperor Justinian）的心底。在他的《法学阶梯》（*Institutes*）一书中，在前言的开头处，他说：'帝国之君不单应当佩戴武器，还要佩戴法律，如此，他就可以公义地统治，不论在和平时期还是在战争时期。'[4]

---

[1] 根据 William Worcester，在巴尔约有 200 人跟随王后，*Liber Niger Scaccarii*, *necnon William Worcesterii annales rarum Anglicarum*, II. ii. ed. T. Hearne，(2 vols., London, 1774)。这些人包括 dukes of Exeter and Somerset, Edmund Mundford, Edmund Hamden, Henry Roos, John Morton, William Vanx and Robert Whityngham。

[2] 福蒂斯丘可能于 1461 年成为司法大臣，但该官职保持的时间不超过两周。但是，亨利六世仍然称呼他为司法大臣。

[3] I Samuel 8:20《列王记》四书是《撒母耳记》上、下书和《列王记》上、下书。

[4] *CIC*, *Institutes*, proemium. 布雷克顿在其著作《论英格兰的法律和习惯》（约 1256 年）中也这样开头："要实施良好统治，王需要两件事，武器和法律，借此，不论是战时还是享受和平，便都有正义的秩序。"（Woodbine, edn (trans. Thorne), 19）。关于布雷克顿对罗马法学家阿佐（Azo）就此以及别的相关论述的解释，参见 F. W. Maitland, *Select Passages from the works of Bracton and Azo* (London, x895)。

"再要说，摩西，那位伟大的立法之人，过去时间里众人的领袖，也邀请您怀着一腔热忱来研习法律。他的话甚至比恺撒的话更为有力，他凭借神圣的权柄，命令以色列的王，要他们有生之年日复一日地研习法律，他说：'王登上他的王国的宝座之后，他要从利未人的祭司那里接受一份《申命记》的律法，并为他自己把律法抄写在一个本子上，他要随身保有它，并在有生之年日复一日地研读它，如此，他就知道敬畏神，他的主，就知信守他的话语，和他的仪礼，这些都写在了律法之中。'（《申命记》第十七章）① 赫勒男都斯（Helynandus）对这些话做了解释，他说：'如此说来，君主不应当对法律愚昧无知，也不允许以军事义务为借口而忽视法律。'并且他又稍稍进了一步说：'他被命令要获得一份律法，从利未人的祭司那里，也就是从宽容而博学的人那里。'②他就是这样说的。

"事实上，《申命记》正是这样的一部律法书，以色列王治理他们的臣民，就是凭借这律法。摩西命令这些王们要读这书，如此，他们就知道敬畏神，并信守他的诫命，这诫命就书写在这律法中。③ 看啊！敬畏神乃是法律的结果，只有首先明了神的意愿，人才能得到这一结果：这意愿就书写在法律（law）④ 中。因为所有服侍的开头，都是去明了你所服侍的神的意愿。虽然如此，摩西，作出律法的人，在他的号召中最先提到的乃是法律的结果，也就是敬畏神，然后就劝谕要信守那一结果的起因，也就是神的诫命；因为在劝谕者的心底里，结果乃是先于起因的。

"但是，对那些信守律法的人，律法应允给他们的是什么样的敬畏

---

① Deuteronomy 17：18—19.

② Helynandus（卒于 1219 年），*De Bono Regimine Principis,* printed in J. P. Migne, *Patrologia Cursus Completus* ccxii, Series Latina（Paris, 1857—1866），735-746. 这些引自《申命记》和赫勒男都斯的语句出现在 Vincent of Beauvais. *On the Moral Education of a prince,* 其复制品出现在福蒂斯丘自己的作品集，Bodleian Rawlinson MS C. 398，fo. 106r。

③ 转述《申命记》中的摩西律法，对理解福蒂斯丘的正义概念至关重要，法兰西和英格兰的不同政制形式所导致的"邪恶之事"和"良善之事"就是神的诅咒和福佑。

④ 笼统而言都是 law，我们的习惯说法却要分为"律法"和"法律"。后文同此。——译者

呢？ 实实在在，它不是那种惧怕，如'爱既完全，就把惧怕除去'[1] 所说的惧怕[2]。虽然那种惧怕，性虽卑贱，却也常常激励王们研读这律法，但是那惧怕本身不从律法产生。摩西这里说的敬畏，也就是律法生出的敬畏，乃是先知所传扬的那敬畏：'对主的敬畏，存到永远。'[3] 这敬畏，当如儿子对父亲的敬畏，它不沾染那种靠爱来除去的恐惧的痛苦。因为这敬畏乃是从律法生出，这律法教导人们神的意愿所在，我们借此而无由遇见痛苦。'但主的荣耀在于敬畏主的那人，主也给那人荣耀。'[4] 再说，这敬畏也就是约伯所说过的，他在经历了寻找智慧的各条道路后，这样说：'看啊！敬畏主就是智慧，远离恶便是聪明。'（《约伯记》，第28章）[5] 律法教导说，远离恶就是懂得敬畏神，律法也正是借此来产生那敬畏的。"

第二章 王子对司法大臣之劝谕的回答

当王子听完这番话，他正面朝着这位老人，这样说："我知道，大法官，《申命记》如您所说，是一种神圣典章，它记下的律法和习惯也是神圣的，是主颁布的，由摩西申明的。为这道理，用虔诚的心来阅读它们是一件善行。虽然如此，法律，就您勉励我的说法来看，却是人的，由人来颁布，并治理这个世界。并且，虽然摩西要求以色列的王研读《申命记》[6]，但是，他要是借此来要求别的王，对他们的法律也要抱有那样的心思，那道理就叫人不能明白了，因为，研读这两种法律的目的是不一样的。"

---

① I John4:18.

② fear，在不同情景中分别意指"敬畏"和"惧怕"。——译者

③ Psalms 19: 9.

④ Psalms14. 4.

⑤ Job 28: 28.

⑥ Deuteronomy 17: 18-19.

第三章 司法大臣在此加强他的劝谕

"我知道，"司法大臣说，"从您刚刚反驳的看，王子殿下，您是怀着何等认真的心思来看待我的劝谏的，您这样就让我信心大长，我要和您在一定的程度上，讨论那已经提出来的诸端事宜，不单要更明白，还要更入理。既然这样，我要让您知道，不单《申命记》的律法，还有所有的人的法律，都归于神圣，因为法律的定义是用这些字眼来说出的："法律乃是一个神圣的命令，它命令正直之物，而禁止相反之物。'① 这道理是，凭定义就神圣的物一定是神圣的。法律也可以说成是，它乃是善与公正的艺术，人们因此就称呼我们是僧侣。② 因为，从这称呼的起源看，僧侣据说就是那个提供或教导神圣之物的人，又因为人的法律被说成是神圣的，如此说来，管理和教导这法律的人就被称呼为僧侣。

"再要说，所有靠人施行的法律都是神定的。因为使徒说'所有权柄③是从神来的'④，那由人确立的法律，那人在这里的权柄也是来自神，那法律也就是神颁的；这一说法，《原因论》(Causes) 一书的作者有过暗示了，他说道：'不管第二原因带来什么样结果，在一个更为优越和更为高超的意义上，第一原因也是这样。'⑤ 有鉴于此，犹大王约沙法 (Jehoshaphat, King of Judah) 对他的审判官说：'你们给的判断乃是神

---

① 摘自 Accursian 的注释，CIC *Institutes*，1，2，3，v. Lex. 它也出现在 Bracton, Woodbine edn，22，taken from Azo, *Summa Institutionum*，I. I，no. 4.

② *CIC*, *Digest*, I. I. I. 它也出现在 Bracton, Woodbine edn, 24, from Azo, *Summa Instit.*, I. I. no. 3.

③ power，在意涵神授之意时，在本译本译为"权柄"，其他场合或就译为"权力"。——译者

④ Romans 13：1.

⑤ 此处援引了 13 世纪伪亚里士多德的 *Liber de Causis* (ed. O. Bardenhewer (Freiburg, 1882))。但是，福蒂斯丘好像利用了流行的 *Auctoritates Aristotelis* 作为参考，他在引用亚里士多德时几乎都是这样做的。*Auctoritales* 一书可能由 Marsilius of Padua at Paris (See Hamesse edn) 汇编而成，包括约 3000 条选自亚里士多德著作（包括伪亚里士多德的 *Liber de Causis* 和 *Secreta Secretorum*）的语录，真伪混杂，并辅以 Averroes 和 Aquinas 重要评论的节选文字。它还包括 Plato, Seneca 和 Boethius 著作的一些节选。本语录来自 *Liber de Causis* I.l 14，49—52，并出现在 *Auctoritates*，231。

的判断.'(《历代志》下，第十九章）[1]据此，您接受的教导是，研习法律，即使是人的法律，就是研习那神圣的法律，也是神定的法律；研习这法律，不会缺少神圣信心的福佑。

"虽然这样，如您知道，这福佑也不是摩西命令以色列王阅读《申命记》的道理。因为，那样的话，他如何规劝王研读，就要如何规劝平民研读；并且，他如何勉励研读《申命记》这书，就要如何勉励研读《摩西五经》，因为那些书和圣灵的关系，如同《申命记》一样多，研读它们乃是虔敬之举。如此说来，那命令的道理，不是别的，而是以色列王统治人的律法就写在这《申命记》上，而不是《旧约》别的书上，那发命令的场合明明白白说给我们这道理。[2]如此说来，王子殿下，这道理也要求您，如同要求以色列王那样，专心研读法律，未来您将用这法律来统治人民。因为，对以色列王说的话，乃是说给每一个赞美神的人的王听，这比喻要这样听懂。

"如此说来，我是不是已得体又圆满地向您说出了那命令？以色列王就是依那命令吩咐来学习他们的律法的。这道理是，在神的恩允之下，您将继承一个王国，如何对待这王国的法律，不单是它的事例，用比喻说，还有那命令的权柄，都在教导并敦促您用同样的做法行事。"

第四章　司法大臣在此证明王子可以通过法律获得快乐和福佑

"最可尊敬的王子殿下，这法律不只是敦促您敬畏神，并借此而更有智慧，用先知的话说：'众弟子啊，你们当来听我的话，我要将敬畏神的道教训你们'[3]，还敦促您研习它们；您会获得快乐和福佑，正如

---

① H. Chronicles 19:6.

② 福蒂斯丘在此强调，与摩西类比乃是一个比喻性的，而非字面如实性的，仅仅结合于王子自己特有的场合，即它所针对的乃是王子将要用以统治其人民的英格兰法律，福蒂斯丘所做的比拟（如后文与古罗马的类比）没有一处可以做字面性的直接理解，而是要针对当下讨论的特殊事宜的环境来理解。

③ Psalms 34：11.

这生命中能够获得的那般快乐和福佑。这道理是，所有的智者，他们为什么是快乐而争论不休，在这事上却有一致的看法，就是说，快乐或福佑乃是所有人之愿望的最高处。为这道理，有智者就称它是'最高善'（Summum Bonum）。虽然这样，逍遥派的弟子仅仅视它为美德，斯多葛派视它为正直，伊壁鸠鲁派视它为享乐。[①] 但这道理是，斯多葛派把正直定义成已经圆满之事，它值得赞赏，并且实乃出于美德；伊壁鸠鲁派坚持说，丢掉美德就不能得享乐。所有那些流派在这看法上是一致的：美德本身产生快乐，利奥纳德乌斯·阿雷丁诺（Leonardus Aretinus）在他的《道德哲学导论》中说出这事了。[②] 如此说来，那被称呼"哲人"[③]的人，在他的《政治学》（*Politics*）第七卷中，在定义快乐时，说道'那乃是美德的圆满实践'。[④]

"论述的门径已经敞开，我想您要知道接下来的事。人的法不是别的，正是教导圆满正义的规则。但是，可以确定的是，法律所指示的正义却不是那种被称作交换正义或分配正义的事，或是任何别的什么特别正义，它本身乃是圆满正义，人称它的名字是法律正义，前面的利奥纳德乌斯就为此说它是完美的，因为它驱除了全部的恶，教导每一种美德，如此，它本身被正当地称呼为美德。[⑤] 荷马（Homer）称呼它，如同亚里士多德在《伦理学》（*Ethics*）第五卷中那样称呼它，称'它乃是美德中

---

① 所谓的逍遥派（peripatetics）就是亚里士多德（公元前 384—前 322 年）的追随者，斯多葛派由芝诺（公元前 335—前 263 年）创立，伊壁鸠鲁派则信守伊壁鸠鲁（公元前 341—前 270 年）的教导，see J. H. Burns (ed.), *The Cambridge History of Medieval Political Thought* c. 350—c. 1450. ch. 2。

② 格洛斯特公爵汉弗雷（Humphrey, duke of Gloucester）于 1443 年向牛津大学提供了利奥纳多·布鲁尼（Leonardo Bruni）的 *Isagogue of Moral Philosophy*（约 1422 年）的复制品。它印刷在 H. Baron (ed.), *Leonardo Bruni Aretin Humanistish-Philosophische Schriften*, 20-41, 英文版本印刷在 G. Griffiths, J. Hankins and D. Thompson(eds.), *The Humanism of Leonardo Bruni*, 267-282。福蒂斯丘所援引部分在 Baron edn 27—28 和 Criffith *et al* edn. 273。

③ 哲人在本书里特指亚里士多德，下同。——译者

④ *Auctoritates Aristotelis*, 261, 来自 Aristotle *Politics*, vii.viii. 5。

⑤ Bruni、*lsogogue of Moral Philosophy*, Baron edn 36 and Grifliths et al edn 279. 这是对 Aristotle. *Ethics*. v 的评论。

最为优异者，并且，路西法（Lucifer）① 和赫斯毗卢斯（Hesperus）② 皆不如它完美。③ 这正义，实实在在，乃是王室所有统治的目的，因为它不在时，王的判决就不公正，他也不能作出正义的战争。这正义如若得实现，实实在在被遵守，王的全部职责也就得到公平实现了。

"如此说来，快乐乃是美德的圆满践行，人的正义只有用法律才能得到完美揭示，这正义不单是美德的结果，它更是全部的美德，这就要我们知道，那赞美正义的人，靠着法律得享快乐。他这样就得到福佑，因为，在短暂的生命里，福佑和快乐乃是同一个事，并且，他靠着正义得到最高的善。这样说，实实在在，不等于说不必靠着神的恩典就能实现这法律的正义，也不等于说，不必靠着神的恩典您就能掌握或是践行法律或美德。这道理是，如帕里安西斯（Pariensis）在他的书《神为何化身为人》（Cur Deus Homo）上说，'人对美德的热望，是这样被原罪损害，以至在他看来，恶行的味道是甜的，德行的味道是苦的。'④ 有鉴于此，人要自己爱美德，追求美德，乃是出于神圣至善的赐予，而不是出于人自己的东西。神的恩典指示给人的法律，人应当用全副心思来研读的所有要义便都在这法律之中，因为，研读法律的人将得享快乐，如那哲人所说，这快乐就是人的愿望之顶尖，也是愿望之实现；如此说来，这法律不是具有它'最高善'么？

"实实在在，如若这些说辞还没有叫有朝一日要统治王国的殿下动心，那么先知的话应打动您，促您研读法律；先知说：'你们世上的审判官将接受管教。'⑤ 这道理是，先知在此没有要求琢磨什么形而下的或器物的技能，因为他没有说'你们犁田的人将要接受管教'；先知也

---

① 堕落天使，又译启明星，原有"光辉晨星，荣耀之子"之称。——译者

② 又译长庚星，与启明星同是金星的分别称谓。——译者

③ Auctoritates，238，来自 Aristotle, *Ethics*, v. i.1129b27—30。

④ 帕里安西斯（Pariensis）就是巴黎主教威廉（William of Auvergne, Bishop of Paris）（卒于1429年）。

⑤ Psalms 2：10.

没有要求琢磨那大而无当的玄学知识，不管那知识如何适于这地上居住的人，因为他没有用笼统的话说'你们居住在这地上的人要接受管教'。先知单单要请做王的人，仅仅研读法律，那是审判官判决的依据，当时先知用这些特别的字眼说：'你们世上的审判官，将接受管教。'接下来说：'恐怕主发怒，你们便在道中灭亡。'[①] 不，殿下，那圣经没有命令您仅仅接受您追求正义所依靠之法律的管教，而是还命令您，在别的场合，要求您热爱正义本身，当时它是这样说：'你们世上的审判官，应爱正义。'（《智慧篇》，第一章。）"[②]

第五章　他在此证明对法律的无知导致对法律的轻蔑

"虽然这样，假使您没有首先想办法掌握那通往正义之境的法律知识，您如何能爱正义呢？亚里士多德说，'先有理解，后有热爱。'[③] 有鉴于此，那雄辩家法比乌斯（Fabius）[④] 就说，'单要艺术家来评判艺术，那艺术就交好运'。[⑤] 实实在在，那不被理解的，不单是不被爱，还要被糟蹋掉；一个诗人就是这样观察的：'凡他无知的，那乡下人说，就当踩到地上。'[⑥] 这看法不单是乡下人的，也同是博闻学者的。这道理是，有一个从未研究过数学的自然哲学家，一个形而上学者对他说，他的学问乃是研究那些根据事实和理性，无关乎物体和运动的事物；或是一个数学家对他说，他的学问乃是研究那事实上与物体和运动有关联，而根据理性却没有关联的事物。这自然哲学家，他从未研究过事实上或是理

---

① Psalms 2：12.
② Wisdom 1：1.
③ 这并没有出现在 *Auctoritates Aristotels* 中。它或许来自福蒂斯丘的另一个渊源，即奥古斯丁（Augustine）的 *On the Trinity, x*. ii.4.
④ 就是我们常说的昆体良，Marcus Fabius Quintilianus。——译者
⑤ 这并没有出现在昆体良（Quintilian）的著作中。
⑥ 出处不详。

性上无关乎物体和运动的任何事物①，就要拒绝那二人的学问，嘲弄那二人，虽然那学问比他的更为高贵，那二人也是哲学家。这道理不是别的，正是这人自己对那二人的学问完全无知。

"如此说来，王子殿下，假使一个精通英格兰法律的人对您说，在一桩父系继承中，一个兄弟不应继承他异母的兄弟，而要这桩继承传给一个有完全血缘的姐妹，或是将这世袭土地交还他的大领主②，您就会对那人感到诧异，因为您不摸这法律的门道。但是，这个事例中的奥妙，在一个精通英格兰法律的人看，却没有一丝一毫的不解。就此，有个很流行的话：'没谁与艺术为敌，除非那人无知。'③ 如那《智慧篇》所言，您，王者贵胄，要爱正义，这正义凭法律得揭示，当此之时，您万万不会敌视或是厌恶那法律，您要继承的那王国的法律。有鉴于此，今孜孜而不避见辱，我恳请您，最是高贵的王子殿下，学习您父亲治下王国的法律，您就要继承这王国；这不单是要您避免那种种诡谲异数，更是因为人之心智，它生而向善，离开向善渴望，它便归于死寂，一旦遵循指引得善，它便欢欢喜喜，并珍爱这善，回首这成就便更是欢喜。

"如此说来，您应当开始觉悟：您能遵循指引而懂得那法律，懂得您此时尚一无所知的法律，您就会热爱它们，因为它们是最好的；还有，您越是体会它们，您就越是心怀赞美来喜欢它们。那被珍爱的一切事，凭借对它的依赖，要叫珍爱它的人融进它的本身，这如亚里士多德说：'依赖产生又一个属性。'④ 如此说来，一段梨树的枝条，嫁接到苹果树干上，一旦被接纳。它就会给苹果注入梨子的属性，这两个都要名副其实地被称作梨树，它们也要产出梨子的果实。同样也可以说，美德

---

① 这来自 Aquinas' commentary on Aristotle's *Metaphysics* VI. 1ect. I, n. 1162，并出现在 *Auctoritates*. 127。

② 关于继承和半血缘，参看 T. F. T. Plucknett, *A Concise Histor of the Common Law*, 719—722。

③ 出处不详。

④ 与福蒂斯丘之 "Usus altera fit natura" 最为接近的是 "Consuetudo est altera natura" 或者 "Custom is another nature"，来自 Aristotle, *Ethics* VII. Ⅹ 1152a29—30，出现在 *Auctoritates*，241，也出现在 *Auctoritates*，272，来自 Secreta Secretorum, xxiv. 4。

被遵循，就会产生习惯；从那以后，遵循美德的人就得享美德之名。^①
如此说来，用谦逊行事的人，就被称谦逊，用节制行事的人，就被称节制，用智慧行事的人，就被称智慧。有鉴于此，王子殿下，当您心怀快乐地行事正义，并借此养成法律习惯，您将被名副其实地称为正义；有这样修养，您就会听到传扬，说'你喜爱公义，恨恶罪恶。所以神，就是你的神，用喜乐油膏你，胜过膏你的同伴。'那就是说，地上做王的人。"^②

第六章　司法大臣在此总结他的全部劝谏结果

"这些的话，最是安详的王子殿下，是不是已能够激励您开始研读法律？因为您即将借此养成正义的习惯，并因此被称为正义；您将很好地避免不谙法律之恶名，并享有法律带来的快乐，您将得到此生的福佑；再要说，您将心怀虔诚的敬畏，那是神许的智慧，并在坦坦荡荡里，追求仁慈慷慨，那是出于神的爱，借此，您披荆斩棘走神的指引，如使徒说：'您将与主成为一灵。'^③虽然这样，没有恩典，这法律就不能在您这里有效力，最为要紧的，就是首先要为那恩典祈祷；寻求关于神圣律法和圣经的知识，在您也是当做的。因为那《圣经》已说：'凡不认识神的人，都是愚蠢的人。'（《智慧篇》，第十三章）^④

"如此说来，王子殿下，在您年轻的时候，您的心智像一块洁净的石板，就把这些事刻到那上面吧！不要留待以后，恐怕它会更为自鸣得意地刻上那些廉价的图像^⑤；如一位有智慧的人观察到的：'一个器皿在

---

① 来自 Aristotle *Ethics*，II. i。
② Psalms 45：7.
③ I Corinthians 6：17.
④ wisdom 13：1（Vulgate）.
⑤ 这或许出于 Aristotle，*De Anima* Ⅲ . 4（Penguin Classics, 1986）p. 202, *Auctoritates*, 186, 在这里潜在的心智被描述为 *a tabula rase*。

新鲜的时候装什么，在陈旧的时候就有什么味道.'① 有哪个工匠会那样粗心对待他儿子的运气呢，在他的儿子年轻之时，他不传授他任何技艺，而这儿子将来要凭借这技艺过舒适的生活？如此说来，一个木匠就要叫教他的儿子使用斧头，铁匠就要教他的儿子使用锤子，那指望管理精神事务的人，就要有学问上的养成。有鉴于此，对一个君主来说，他要叫他的儿子在年轻之时接受法律的教导，这样做是得体的，那儿子将在他之后来统治人民。假使这世上的统治者能遵守这道理，这世界就会比现在更为正义。并且，您能像我劝导您的那样来做的话，您就将是一个了不起的典范。"

(选自 ［英］ 约翰·福蒂斯丘《论英格兰的法律与政制·英格兰法律礼赞》第一章至第六章，［英］谢利·洛克伍德编，袁瑜琤译)

---

① 出处不详。

第九讲　技艺理性、法律与权力

[英] 爱德华·库克

爱德华·库克（Edward Coke，1552—1634），英格兰最伟大的法律家。早年担任律师，1594年，伊丽莎白一世女王任命他为总检察长，直到1603年詹姆斯一世继位。三年后，詹姆斯国王任命他为高等民事诉讼法庭（the Court of Common Pleas）首席大法官；因为他不断触犯王权，六年后，他被提拔王座法庭的首席大法官，这个法庭名义上地位更高，但对法律的影响却较小。但在这里，库克仍然不屈服于王权，试图用法律来限制王权。詹姆斯大为恼怒，1616年免去了他的职位，并把他赶出伦敦。此后，库克主要活跃于议会。在起草和指导通过《权利请愿书》的活动中发挥了领导作用。他的主要著作《判例报告》（*Reports*）和《英格兰法律大全》（*Institutes of the Lawes of England*），英格兰普通法予以系统化，并初步完成其现代转型。

技艺理性、法律与权力

[英] 爱德华·库克爵士

【编者按：本案是宪政史上非常重要的判例。库克爵士的意见是：国王——或者任何行政性权力——无权审理具体案件，只有法官才有权对于人民的财产、人身、继承等等法律权利进行判决。然而，法官的权威来自何处呢？库克论证说，法官的权威来自于他的"技艺理性"。库克指出，法律是一门需要长时间地学习和历练的技艺，只有法官有能力掌握它，而国王即使再聪明，也无法掌握它。这一论证有效地将国王拒绝在法庭之外，从而维护了法官的独立性。当然，将法律的权威建立在司法的技艺理性之上，也将会带来一个非常重大的宪政后果，为司法审查制度打开了大门。】

禁止国王听审案（Prohibitions del Roy）

(1607) 詹姆斯一世五年，米迦勒节后开庭期

在御前会议上

首次出版于 Sir Edward Coke, *Reports*, volume 12, page 63.

英文编者按：这是库克对一次会议的笔记，在这次会议上，他和他的法官同事们告诉国王，他没有亲自裁决普通法上的案件的特权。法律

需要某种技艺性逻辑能力，而他并不精通这些。法律也保护国王。所有这些并不是国王所期待的答案，詹姆斯国王强烈地鼓吹君主享有神圣权利，认为依赖法律并没有多少用处。别人关于这次会议的报告没有把库克描写得如此沉着而大胆。尽管如此，这份报告在其出版之后仍被广泛传播。这种意见在 Bracton 的著作、在《弗莱塔》（Fleta，即《英格兰法律摘要》，相传为一位法官或律师于 1290 年被困于伦敦弗利特监狱时所作，并因此而得今名——译者）、在早期的判例汇编中已经有所反映，但没有人敢于如此大胆地将这种观念告诉一位君主。这份报告是现代法治观念和独立的司法机构之观念的一个柱础，乃是普通法历史上最为重要的法院意见书之一。

笔记，11 月 10 日，星期日。本日，国王依据坎特伯雷大主教班克罗夫特因为禁审令而发出的抱怨［召开会议］，国王被告知，假如问题是由教会法官拥有管辖权的那些事务引起的，不管是涉及什一税的制成法之解释，还是任何其他教会事务，或者是涉及伊丽莎白女王元年有关高等宗教事务法庭（the High Commission）的制成法，或者是在那些没有明文规定法律权威的任何其他情况下，国王本人可以以其君主之身进行裁决。他说，法官只是国王的代表（delegates）而已，国王可以拿过他乐意裁决的诉讼，而不让法官作出决定，他可以自己决定这些案件。大主教说，在上帝看来，这一点是显而易见的，根据《圣经》中上帝的话，这样的权威是属于国王的。

对此，我回答说，由英格兰全体法官、财税法庭大法官（Barons of the Exchequer）见证，并经他们一致同意，国王本人不能裁决任何案件，不管是刑事的，比如叛国罪、重罪等等，还是各方当事人之间有关其遗产、动产，或货物等等的案件；相反，这些应当在某些法院中，根据英格兰的普通法和习惯法来决定和裁决，并且必须给出判决；因而它应由本法院来裁决；据此，本法院就给出了那个判决。国王将他的法院放在国会的上院，在那里，他和他的贵族们是高居于所有其他法官之上的最高法官；因为，假如高等民事诉讼法庭（Court of Common Pleas）犯了错误，王座法庭（the King's Bench）可以撤销之；假如王座法庭出了错误，可由国王，在获得宗教和世俗贵族们的同意后，在国会的上院撤销之，此时毋须下院的同意。就此而言，国王被称为首席大法官（the Chief Justice, *20 Hen. 7. 7a.* by Brudnell）。从我们的判例集可以看得出来，国王可以在星室法庭（the Star Chamber）听审案件，但必须就向他们提出的一些问题与大法官们进行商讨，而不能径自作出判决。因而，在王座法庭，国王可以听审案件，但得由该法庭作出判决。我们的判例集经常这样说，在法律判决中，国王永远在场，对此，他不可能不胜任；但是，判决永远是由法庭全体（*Per Curiam*）作出的；法官们已经宣誓按照英格兰的法律和习惯法从事司法活动。国会法案 *2 Edw. 3.cap. 9.*（这是英格兰古代成文法的编号。——译者注）和 *2 Edw. 3. cap. 1* 也表明了这一点。不管是以国王的国玺（the Great Seal）还是以私玺（the Little Seal），司法活动都不能被延迟；因此，国王不能从他的各个法庭拿走任何诉讼，并自己对其作出判决；不过，在涉及他本人的诉讼中，他可以保留该诉讼，见 *11 Hen.4.8.*。法官们告诉国王，在征服之后，没有哪位国王自己出面在任何诉讼中作出判决，这些诉讼涉及对本王国的司法活动之管理，但这些只能在法院中决定。

[库克继续说：] 国王不能逮捕任何人，该判例见 *1 Hen. 7. 4.*，因为该当事人面对国王是无法得到救济的；因而，假如国王作出判决，该当事人如何得到救济？参见 *39 Ed. 3. 14.*。一个人在国务会议前请求撤销一个判决，这是完全无用的，因为，那并不是一个可以撤销一个判决的地方，参见 *1 Hen. 7. 4.*。首席大法官 Hussey 曾经是国王爱德华四世的律师，他报告说，首席大法官 John Markham 曾对国王爱德华四世说，国王不能因为怀疑某人犯有叛国罪或重罪而逮捕他，因为，假如遭到损害的该当事人遭到了不公正，他无法获得救济。

大主教竟然告诉国王，如前所述，如此绝对的能力和权威，根据上帝的话，竟然属于国王，这实在是令人惊奇的，请见 *Hen. 4. cap. 22.*，将其翻译成拉丁文，意思如下：国王的各法庭作出的判决不得被〔别的地方] 撤销, 相反, 一个判决始终是有效的, 除非它被国王的法庭判决是错误的 [而被撤销], 等等。参见 *West. 2. cap. 5.*。参见 *le Stat. de Marlbridge, cap. I.*, 它规定并同意, 也承认, 不管是大案小案, 都可以得到并接受国王的法庭作出的判决。也请参见 *Stat. de Magna Charta, 6 cap. 29. 25 Ed.3. cap. 5.*。除非是依据判决, 任何人不可因为向我们的国王或他的咨议会提出的申诉和建议而被逮捕。根据 *43 Ed. 3. cap. 3.*, 根据本王国的古老法律, 若不是在法官面前, 有书面记录事项, 或依据正当程序, 任何人不得被强迫作出答辩; 假如做了任何违反它的事情, 它都应当在法律上是无效的, 并应被裁定为错误的, 参见出自伦敦塔所藏国会卷宗 *17 Ric. 2., act. 10.*。一起当事人之间的土地争议由国王听审, 并作出判决, 该判决因此而被撤销, 这确实属于普通法。

这时, 国王说, 他认为, 法律是以理性为基础的, 而除了法官之外, 他和其他人也一样具有理性。

对此, 我的回答是: 确实, 上帝赋予了陛下以卓越的知识和高超的天赋; 但陛下对于英格兰国土上的法律并没有研究, 而涉及陛下之臣民的生命或遗产, 或货物, 或财富的案件, 不应当由自然的理性、而应当依据技艺性理性、根据法律的判断来决定; 而法律是一门需要长时间地学习和历练的技艺, 只有在此之后, 一个人才能对它有所把握; 法律就是用于审理臣民的案件的金铸的标杆 [量杆] 和标准; 它保障陛下处于安全与和平之中; 正是靠它, 国王获得了完善的保护; 因此, 我要说, 陛下应当受制于法律; 而认可陛下的要求, 则是叛国; 对于我所说的话, 布拉克顿曾这样说过: *Quod Rex non debet esse sub homine, sed sub Deo et Lege*。[国王应当不受制于任何人, 但应受制于上帝和法律。]

(选自 Sir Edward Coke, *The selected writings and speeches of Sir Edward Coke*, edited by Steve Sheppard, 2003 Liberty Fund, vol. 1, 编者译)

第十讲　法律与风俗

[法] 孟德斯鸠

　　　　孟德斯鸠（Charles de Secondat，Baron de Montesquieu，1689—1755），法国思想家。1716 年，孟德斯鸠继承了波尔多高等法院院长之职，并获男爵封号。孟德斯鸠博学多才，对法学、史学、哲学和自然科学都有很深的造诣，曾经撰写过许多有关论文。1721 年，孟德斯鸠发表《波斯人信札》。1726 年，孟德斯鸠迁居巴黎，专心写作和研究，漫游欧洲许多国家，特别是在英国待了两年多，考察了英国的政治制度。1734 年发表《罗马盛衰原因论》，利用古罗马的历史资料来阐明自己的政治主张。1748 年，孟德斯鸠发表《论法的精神》，对国家和法学说有诸多创见，尤其是其立法权、行政权和司法权分立的学说，影响深远。

法律与风俗

[法] 孟德斯鸠

【编者按：《论法的精神》是一部百科全书式著作，孟德斯鸠仔细
探讨了法律与各类政体、风俗、气候、宗教、商业等等之间应有的关系。
孟德斯鸠说，好的法律理应十分贴切地适用于该国民众；法律必须与
同业已建立或将要建立的政体的性质及原则相吻合；法律应该与国家
的自然状态产生联系；法律与人民的生活方式息息相关，与居民的宗
教、性癖、财富、人口、贸易风俗以及言谈举止发生关系。从根本上说，
统治者不应当试图通过法律改变风俗。】

第一节　本章的主题

这个题目范围很广。无数的思想呈现在我的脑子里。在这无数的思
想中，我将较多注意事物的秩序，而较少注意事物的本身。我将不能不
左右探寻、推敲钻研，以发现真理。

第二节　要接受最好的法律，人民的思想准备是如何的必要

在日耳曼人看来，再也没有比瓦露斯的法庭更令人不可容忍的了①。

---

① 他们打断辩护士的话，对他们说："毒蛇，停止叫唤吧！"见塔西佗：《日耳曼人的风俗》。

查士丁尼曾在拉济人那里建立了① 一个法庭以审判刺杀君王的凶手；拉济人却认为这是一件可怕而野蛮的事情。米特里达特② 在演讲反对罗马人的时候，特别谴责罗马人的诉讼程序③。有一个帕提亚的国王曾在罗马受过教育，对民众和蔼可亲，易于接近。帕提亚人竟不能容忍这样一个国王。对于那些从未习惯于享受自由的人，甚至连自由也好像是不可容忍的。同样，新鲜的空气有时候对那些居住在沼泽地带的人们，是不愉快的东西。

一个叫作巴尔比的威尼斯人到了秘古，谒见了国王。当国王听说威尼斯并没有君王的时候，便大笑起来，竟致咳嗽得连和朝臣们说话都说不出来了④。像这样的人民，还有什么立法者能向他们建议平民政治呢？

第三节　暴政

暴政有两种，一种是真正的暴政，是以暴力统治人民；另一种是见解上的暴政，即当统治者建立的一些设施和人民的想法相抵触时让人感觉到的那种暴政。

狄欧告诉我们，奥古斯都愿意人们称他为"罗慕露斯"。但是因为听说人们怕他称王，他便变更他的计划。初期的罗马人不愿意有国王，因为他们不能容忍国王的权力；奥古斯都时代的罗马人不愿意有国王，因为他们不能容忍国王的威仪。虽然恺撒、三头执政们和奥古斯都实际上是国王，但是他们全都保持与人民平等的外表；他们的私生活并不像那个时候外国国王那样豪华奢侈。罗马人不愿意有国王，意思就是他们要保存他们的风俗，而不模仿非洲和东方人民的风俗。

---

① 阿加提亚斯：《查士丁尼的生活与行动》，第 4 卷。
② 查士丁：《世界史纲》，第 38 卷。
③ 拉丁原文称"诉讼的把戏"。见同上书。
④ 巴尔比在 1596 年描述秘古的情况，见《创建东印度公司历次航行辑览》，第 3 卷，第 1 篇，第 33 页[198]。

狄欧^①还说，罗马人因为奥古斯都制定了某些过于严峻的法律，对他极为愤怒，但是当奥古斯都让一个被乱党驱逐出城的喜剧演员彼拉德重新回城的时候，他们的不满便消失了。这样的一个民族，在一个优伶被驱逐时比在他们被剥夺一切权力时，对暴政的感觉还要锐敏。

第四节　一般的精神

人类受多种事物的支配，就是：气候、宗教、法律、施政的准则、先例、风俗、习惯。结果就在这里形成了一种一般的精神。

在每一个国家里，这些因素中如果有一种起了强烈的作用，则其他因素的作用便将在同一程度上被削弱。大自然和气候几乎是野蛮人的唯一统治者；中国人受风俗的支配；而日本则受法律的压制；从前，风俗是拉栖代孟的法则；施政的准则和古代的风俗，在罗马就是规范。

第五节　应如何注意不变更一个民族的一般的精神

假如世界上有一个民族，性喜交际，心胸豁达，爱好生活，有风趣，并善于表达思想；他们活泼而娴雅宜人，有时洒脱不拘，经常不谨小慎微，而且勇敢、大量、坦率、有某种程度的名誉心；那末，就不应该企图用法律去束缚他们的礼俗，以免抑制他们的品德。如果性格一般是好的话，那末就是有些小疵也不足为病。

人们也许可以对妇女加以约束，制定法律改正她们的风俗，限制她们的奢华，但是谁能说得上，这样做不能使她们丧失她们一定的风趣和礼仪呢？她们的风趣可能是民族财富的泉源；她们的礼仪可能吸引外宾到这个国家里来。

在不违反政体的原则的限度内，遵从民族的精神是立法者的职责。

---

① 狄欧：《罗马史》，第 54 卷，第 17 章，第 532 页。

因为当我们能够自由地顺从天然禀性之所好处理事务的时候，就是我们把事务处理得最好的时候。

如果把迂腐拘谨的风气给予一个禀性快活佚放的民族的话，则国家无论在国内或国外都不能获得任何好处。任凭他们用严肃的态度去做琐碎无关紧要的事情，并用轻快放佚的心情去做严肃的事情吧！

第六节　不应该什么都要改正

一个和我们刚刚描述的极相类似的国家有一位先生说："我们是怎样，就让我们怎样吧！"大自然对一切欠缺都会加以补偿。大自然给予我们活泼的性格，它能够使我们触犯人，又足以使我们怠慢一切人，但是这个活泼性格却又给我们带来了礼貌，而礼貌则纠正活泼性格的缺点，激励我们去欣赏这个世界，尤其是欣赏和妇女们的交往。

我们是怎样，就让我们怎样吧！我们不拘谨的素质，再加上我们不存什么恶念，就使那些会约束我们喜爱交际的性格的法律对我们很不适宜。

第七节　雅典人和拉栖代孟人

这位先生又说，雅典人是和我们有些相似的民族。他们把快活的精神放进一切事务里去；在议会的讲坛上和在戏剧舞台上的嘲笑言辞同样地使他们高兴。这种活泼精神出现在筹议的时候，也出现在执行的时候。拉栖代孟人的性格则庄重、严肃、干燥无味、沉默寡言。人们用烦扰的方法不能从一个雅典人那里得到好处；人们用玩笑的方法也不能从一个拉栖代孟人那里得到好处。

第八节　社交性格的后果

人民越好交际，便越容易改变他们的风俗，因为每人都有较多的机会成为另一个人观察的对象，因之人们就能更清楚地看到每个人的特点。一个因为气候的影响而喜欢交际的民族，也因气候的影响而喜欢变换。气候使它喜欢变换，也就使它形成它的风趣。

女性的社交破坏了风俗，而形成了风趣。要比别人更能取悦于人的愿望产生了装饰。要悦人多于悦己的愿望产生了时髦。时髦成为人们追求的一个重要目标。由于人们的性情日益趋于轻佻烦琐，便不断地增加他们商业的部门①。

第九节　民族的虚荣与骄傲

虚荣对于一个政府是一种好的动力，正如骄傲对于一个政府是一种危险的动力一样。要证明这点，我们只需在一方面指出虚荣所产生的无数的好处，如豪华、勤劳、艺术、时尚、礼貌和风趣；在另一方面指出某些民族的骄傲所产生的无数的弊害，如怠惰、贫穷、百事俱废，以及恰巧落入他们手中的民族的毁灭，和他们自己民族的毁灭。怠惰②是骄傲的产儿，勤劳是虚荣的结果。一个西班牙人的骄傲使他不劳动；一个法国人的虚荣使他劳动得比别人更努力。

一切怠惰的民族都是庄严肃穆的；因为那些不劳动的人把自己看作是劳动的人们的统治者。

研究一下所有的民族吧！你们便会看到，在大多数民族中，庄严、骄傲和怠惰是形影相随的。

亚金③的人民又骄傲又怠惰。那些没有奴隶的人也要雇一个奴隶，哪怕只是为着携带两品特的米走一百步路也好；他们认为如果自己携带的话，那是很不体面的。

---

① 见《蜜蜂的故事》²⁰³。
② 那些跟随马拉坎巴可汗的人民，即卡尔拿塔卡和柯罗曼德尔的人民，是又骄傲又懒惰的。他们消费很少，因为他们穷得可怜。但是莫卧儿人和印度斯坦的人民是勤劳的，因而享受像欧洲人一样舒适的生活。见《创建东印度公司历次航行辑览》，第 1 卷，第 54 页。
③ 见唐比埃：《周游世界记》，第 3 卷。

世界上有一些地方的人，以留长指甲来表示他们的不劳动。

印度的妇女①认为学习读书是可耻的，因为她们说，这是在佛寺里唱法歌的奴隶们的事。有一个部落的妇女们是不懂纺绩的；另一个部落的妇女，除了编筐织席而外，什么都不做，她们甚至不舂米；还有一些部落，甚至认为妇女不应当去汲水。骄傲制定了这些规矩，并使人们遵守这些规矩。不用说，道德的品质和不同的其他品质相结合，则产生不同的效果。因此，骄傲同巨大的野心，以及权势的意念等等相结合，便产生了人所共知的罗马人所获得的那种效果②。

第十节　西班牙人和中国人的性格

各民族的不同性格是品德与邪恶的混合，是好和坏的品质的混合。混合得好的时候便产生巨大的好处，这些好处常常是人们所没有料想到的。有的混合产生巨大的坏处，这些坏处也是人们所没有料想到的。

无论哪一个时代，西班牙人都以信实著称。查士丁③告诉我们，西班牙人保管寄托物是恪尽忠诚的：他们常常是宁死也要保守秘密的。他们过去的这种忠实，今天仍然存在。凡是在卡迪斯进行贸易的国家都把财产托付给西班牙人；它们从来没有后悔过。但是这种令人羡慕的品质，和他们的懒惰混合起来，便产生对他们有害的后果，就是：欧洲各国人民都在他们的眼前经营了西班牙王国的全部贸易。

中国人的性格是另外一种混合，和西班牙人的性格恰恰相反。中国人生活的不稳定④使他们具有一种不可想象的活动力和异乎寻常的贪得欲，所以没有一个经营贸易的国家敢于信任他们⑤。这种人所公认的不忠

---

① 《耶稣会士书简集》，第 12 辑，第 80 页。
② 甲乙本没有这一句。这是孟德斯鸠为了回答格罗理对本书的批评才添进去的。
③ 《世界史纲》，第 44 卷，第 2 章。
④ 由于气候和土壤的性质的关系。
⑤ 杜亚尔德：《中华帝国志》，第 2 卷。

实使他们得以保持对日本的贸易。虽然欧洲商人从中国北方沿海的省份和日本进行贸易是很便利的，但是没有一个欧洲商人敢于用中国人的名义进行对日贸易。

第十一节　一点意见

品德和邪恶之间存在着无限的距离。我所说的，不是要去减少这个距离。不，决非如此！我只是要使人们了解，一切政治上的邪恶并不都是道德上的邪恶，一切道德上的邪恶并不都是政治上的邪恶；那些因制定法律而违反了一个民族的一般精神的人们，不应该不了解这点。

第十二节　专制国家的礼仪和风俗

专制国家的风俗和礼仪，决不应该加以改变，这是一条重要的准则。没有比这样做更能迅速地引起革命。因为这些国家就像没有法律一样。它们只有风俗和礼仪。如果推翻风俗和礼仪，就是推翻了一切。

法律是制定的，而风俗则出于人们的感悟。风俗以人民"一般的精神"为渊源；法律则来自"特殊的制度"。推翻"一般的精神"和变更"特殊的制度"是同样危险的，甚至是更为危险的。

在专制的国家，每一个人都是既居人上又居人下，既以专制权力压迫人又受着专制权力的压迫。那里人们的交往就少于那些自由存在于社会上各阶层的国家。因此专制国家的礼仪和风俗就较少改变。风俗较为固定，所以就近似法律。因此，在这样一个国家，君主或立法者比世界上的任何国家都应当少去更动风俗和礼仪。

这样的国家的妇女，通常是幽闭在深闺里，对社会影响绝少，在其他的国家，男女互相交往；妇女要取悦于人的愿望和男子要讨妇女欢心的愿望，便引起风俗不断的变更。两性互相腐化，双方就都丧失了他们特有的和主要的品质。以前被认为是天经地义的东西，现在竟按照自己的意思行事了；于是风俗就天天都在改变。

第十三节　中国人的礼仪

不过中国人的礼仪是不能毁灭的。中国的妇女和男人是绝对分开的。除此之外，中国人的礼仪，和他们的风俗一样，都是教育的内容。一个文人[①]可以从他行礼时那样从容自若的态度看得出来。这些东西一旦经严厉的教师用来当作箴规施教后，便成为固定的东西，像道德的原则一样，永远不能改变。

第十四节　改变一个国家的风俗和习惯有什么自然的方法

我们已经说过，法律是立法者创立的特殊的和精密的制度；风俗和习惯是一个国家一般的制度。因此，要改变这些风俗和习惯，就不应当用法律去改变。用法律去改变的话，便将显得过于横暴。如果用别人的风俗和习惯去改变自己的风俗和习惯，就要好些。

因此，一个君主如果要在他的国内进行巨大的变革的话，就应该用法律去改革法律所建立了的东西，用习惯去改变习惯所确定了的东西；如果用法律去改变应该用习惯去改变的东西的话，那是极糟的策略。

那个强迫俄罗斯人把胡子和衣服剪短的法律，以及彼得大帝让进城的人把长袍剪短到膝盖上那种暴戾的做法，就是苛政。我们有防止犯罪的手段，就是刑罚。我们有改变我们的习惯的手段，就是创立典范。这个国家开化得又容易又迅速，就足以说明这位君主对他的人民的看法未免太坏了。这些人民并不是像他所说的如同野兽一样。他所使用的暴戾手段其实是没有必要的。他如果用温柔的方法也一样能够达到他的目的。

他自己的经验也证明了这些变革是容易进行的。妇女们过去被幽闭

---

① 见杜亚尔德：《中华帝国志》。

深闺里，在一定程度上是奴隶。他把她们叫到朝廷来，让她们穿上日耳曼式的服装，送给她们一些布帛。女子首先爱上了一种使她们的趣味、虚荣心和欲望感到非常满足的生活方式。因为妇女的缘故，这个生活方式也为男子们所爱好了。

他们原有的风俗，和当地的气候本来是没有关系的；这些风俗是因征服战争和民族的混合而被带进来的。这就使改革容易了些。因为彼得大帝不过是把欧洲的风俗和习惯给予了一个欧洲的国家，所以他感到的轻而易举，是他自己也未曾预料到的。气候的影响是一切影响中最强有力的影响。

因此他当时并不需要用法律去改变他的国家的风俗和习惯；他只要提倡别人的风俗和习惯就够了。

一般来说，各族人民对于自己原有的习惯总是恋恋不舍的。用暴力取消这些习惯，对他们是悲惨的。因此，不要去改变这些习惯，而要引导他们自己去改变。

一切不是由于必要而施用的刑罚都是暴虐的。法律不是一种纯粹的"权力作用"；在性质上无关紧要的东西就不属于法律的范围。

第十五节　家政对国政的影响

妇女风俗的这种变更无疑将对俄罗斯的政制发生巨大的影响。什么都是密切联系着的：君主的专制主义和妇女的奴役自然地相结合的；妇女的自由和君主政体的精神也是相结合的。

（选自 [法] 孟德斯鸠：《论法的精神》
第三卷第十九章第一节至第十五节，张雁深
译。原题为《法律和构成一个民族的一般精
神、风俗与习惯的那些原则的关系》）

第十一讲　法律乃是"一般规则"

[英] 大卫·休谟

　　　　　大卫·休谟（David Hume，1711—1776），出生于苏格兰爱丁堡一个贵族家庭，年轻时即醉心于哲学和历史学，为集中精力进行研究，于 1734 年移居法国，开始写作其哲学巨著《人性论》（*A Treatise of Human Nature*，1739—1740）。这是休谟最重要的著作。初出版时，却没有多大反响，休谟乃开始将《人性论》改写，先后出版了《人类理解研究》（*An Enquiry Concerning Human Understanding*，1748）《道德原则探究》（*An Enquiry Concerning the Principles of Morals*，1751）等。休谟另著有《自然宗教对话录》（*Dialogues Concerning Natural Religion*）和《英格兰史》（*The History of England*，1754 — 1762）。休谟是近代哲学史上最重要的人物之一，也是苏格兰启蒙运动的主要人物。他在《人性论》和《道德原则探究》中深入地讨论了正义问题。

法律乃是"一般规则"

[英] 大卫·休谟

【编者按：法治所依赖的法律是什么样的法律？休谟指出了，它们必须是"一般规则（the general rule）"。后来，哈耶克将这一点作为法治之法的首要特征。也正是这一点，将法治与命令统治区别开来。】

本附录的旨趣在于更具体地阐释正义的起源和本性，标明它与其他德性之间的某些差异。

人道和仁爱这两种社会性的德性发挥其作用是通过一种直接的趋向或本能，这种趋向或本能主要着眼于打动感情这一简单的对象，而不理会任何体制或体系，亦不理会他人的协力、模仿或榜样所产生的后果。父母不顾一切去减轻经由那种自然的同情而传来的他们的孩子的痛苦，那种自然的同情驱动着他们，使他们无暇去考虑其余的人类在类似情况下的情感或行为。慷慨的人高兴地接受为朋友效劳的机会，因为他那时感到自己被仁爱的感情支配着，他亦不关心这世界上别人是否过去曾经受到如此高贵的动机的激励、还是将来将会证明如此高贵的动机的作用。在所有这些情况下，社会性的激情都是着眼于某一单个的个别对象，仅仅追求所爱和所敬重的那个人的安全或幸福。它们满足于此，它们默许于此。由于它们的宽厚影响所产生的好处自在地是完满的和完整的，因而这种好处也就直接激起赞许的道德情感，而毋需对于其更深远的后果的任何反思，毋需对于社会其他成员的协力或模仿的任何更广泛的考察。相反，如果慷慨的朋友或无私的爱国者在躬行仁爱的过程中孤立无援，这将反倒提升他在我们心目中的价值，把稀罕和新奇的称赞赋予他的其他更高贵的价值。

正义和忠实这两种社会性的德性的情形则不尽相同。正义和忠实是对人类的福利非常有用的，或者说其实是绝对必需的；但是它们的益处不在于单个人的每一单个行动的后果，而起源于社会整体或其大部分一致赞同的整个体制或体系。全面的和平和秩序是正义的伴生物，亦即全面禁绝侵犯他人财产的伴生物；但是对个体公民的这一特定权利［财产权］的特定尊重就其自身而论往往可能产生有害的后果。在这里，单个行动的后果在许多事例中是与整个行动体系的后果直接对立的；前者可能是极端有害的，后者则是极度有利的。从父辈继承的财富在恶人手中是为非作歹的工具。财产继承的权利在单个事例中可能是有害的。它的益处仅仅起源于对一般规则的遵奉；倘若由此而能弥补特定的性格和处境所造成的不幸和不便，那就足够了。

年轻而未经世的居鲁士①在将长衫分派给高个男孩、而将短衫分派给小个男孩时，只考虑了眼前的单个的情况，只反思了有限的合适和便利。当太傅则教他做得更好，向他指出了更广泛的视野和后果，告诉了他维持社会的全面的和平和秩序所必需的一些一般的、不可变易的规则。

人类的幸福和繁荣起源于仁爱这一社会性的德性及其分支，就好比城垣筑成于众人之手，一砖一石的垒砌使它不断增高，增加的高度与各位工匠的勤奋和关怀成正比。人类的幸福建立于正义这一社会性的德性及其分支，就好比拱顶的建造，各个单个的石头都会自行掉落到地面，整体的结构唯有通过各个相应部分的相互援助和联合才支撑起来。

一切规范所有权的自然法以及一切民法都是一般性的，都仅仅尊重

---

① 居鲁士（Cyrus，约公元前 600—前 529），古波斯帝国国王，阿契美尼德王德的创立者。
　　——译者

案件的某些基本的因素，并不考虑有关个人的性格、境况和关系，不考虑这些法律的规定在任何给定的特定案件中可能产生的特定的后果。它们毫无顾忌地剥夺一个心地慈善的人的所有财产，倘若这些财产是误得的、没有正当名义的话，以便将之赠予一个剩余财富已堆积如山的自私的守财奴。公共的效用要求所有权应当受一般的不可变易的规则所规范；虽然这样的规则被采纳来尽可能促进公共的效用这同一个目的，然而对它们来说要防止一切特定的困苦或使每一单个的事件都产生有益的后果是不可能的。如果整体的计划或体制是公民社会的维持所必需的，如果由此在大体上善多于恶，那就够了。甚至宇宙的一般的法则，尽管是由无限的智慧所计划的，也不能排除其每一次特定的运行中的所有灾难或不便。

曾经有人断言，正义起源于**人类的约定**，发端于人类的自愿的选择、同意或结合。如果"约定"在此是指"许诺"（它是这个词的最通常的意义），那就没有什么是比这种观点更荒谬的。对许诺的遵奉本身就是正义的最重要的部分之一，我们并不因为我们答应遵守许诺就一定约束自己遵守许诺。但是如果约定是指一种对共同利益的感觉，这种感觉是人人在自己内心里感受到、在自己同胞身上觉察到、在自己和他人协力时将自己带入一个旨在促进公共的效用的一般行动计划或体系中的，那么必须承认，在这个意义上，正义起源于人类的约定。因为如果我们承认（这其实是自明的），一个特定的正义行为的特定后果可能既有害于公共也有害于单个人，那么结果就是，人人在接受正义这一德性时必定着眼于整体的计划或体系，必定期望他们的同胞以同样的行为和举止相呼应。如果人人都将自己的视野完全局限在自己的各个行为的后果上，那么他们的仁爱和人道，以及他们的自爱，就可能经常给他们颁布一些与那些合乎严格的正当规则和正义规则的行为标准完全不同的行为标准。

因此，通过为了共同利益的共同的约定，毋需任何许诺或契约，一只舟上的两个人就摇起桨橹；因此，通过人类的约定和协议，金和银就被制成交换的尺度，话语和语词以及语言就被确定下来。凡是所有人尽其一分力量就对两个或更多的人有好处的事情，凡是单单一个人做来就使所有好处丧失殆尽的事情，都绝不可能起源于任何别的原则。否则任何人都不会有进入那种行为方式的动机。①

"自然的"这个词通常被从如此众多的意义上加以理解、有着如此松散的意蕴，以致看来要争论正义是自然的还是非自然的都是白费气力。如果自爱、如果仁爱对于人是自然的，如果理性和深谋远虑对于人也是自然的，那么这同一个词也可以运用于正义、秩序、忠实、所有权、社会。人们的爱好和必需引导他们结合起来，他们的知性和经验告诉他们，这种结合在人人不以任何规则辖制自己、不对他人财产给予任何尊重的地方是不可能的；根据这些激情和与之结合在一起的反思，一俟我们从他人身上观察到类似的激情和反思，这一贯穿一切时代的正义情感就可靠无误地、程度或深或浅地在人类每一个个体身上出现了。在如此

---

① 这一关于所有权的起源、因而关于正义的起源的学说大体上与格劳秀斯所提示和采纳的相同。"Hinc discimus, quae fuerit causa, ob quam a primaeva communione retum primo mobbilium, deinde et immobilium discessum est: nimirm quod cum non contenti homines vesci sponte natis, antra habitare, corpore aut nudo agere, aut corticibus arboum ferarumve pellibus vestito, vitae genus exquisitius delegissent, industria opus fuit, quam singuli rebus singulis adhiberent: Quo minus autem fructus in commune conferrentur, primum obstitit locorum, in quae homines discesserunt, distantia, deinde justitiae et amoris defectus, per quem fiebat, ut nec in labore, nec in consumtione fructuum, quae debebat, aequalitas servaretur. Simul discimus, quomodo res in proprieratem iverint; non animi actu solo, neque enim scire alii poterant, quid alii suum esse vellent, ut eo abstinerent, et idem vell plures poterant; sed pacto quodam aut expresso, ut per divisionem, aut tacito, ut per occupationem." *De jure belli et pacis*. Lib. ii. cap.2.§2.art.4 and 5. ［"由此我们可以得知，存在最先动产公有制得以瓦解、其后不动产公有制得以瓦解的原因；毋庸置疑。由于孱弱的人类自身天生不满足于以穴为居，不满足于赤身裸体或穿着树皮而行动，他们在生活方式上精益求精，对个别事物个别对待的那种努力就是必需的；其次为了使产品更少地聚集于公社，最先发生了人们地位的划分的差别，后来发生了正义和爱的衰退，以致不论在劳动中或在对产品的应有的消费中平等都不复存在。同时我们还可以得知，他们把财物转化为所有权的方式不是单单借助于心灵的活动，不是因为一些人有能力知道另一些人想把什么据为己有就予以阻止，并期望自己占据较大的部分，而是借助于某种约定，或者明确的约定，例如通过分配，或者默许的约定，例如通过占有。"《战争与和平法》，第二卷，第二章，第二节，第四条和第五条。］——原注

睿智的一种动物身上，其智性能力的运用所必然产生的东西可以正当地认定为是自然的。①

在一切文明化的民族中，人们一直在不断努力将一切任意的和偏私的事物从关于所有权的决定中清除出去，通过诸如对社会成员一律平等之类的一般观点和考虑来规定法官们的判决。因为不但最危险的莫过于让法庭习惯于甚至在最无足轻重的审理中注重私人的友谊或敌意，而且确定无疑的，当人们想象他们对手的优先权利的理由没有别的、不过是裁判官和法官的个人好恶时，他们很容易对裁判官和法官抱以最强烈的恶意。因此，当自然理性不能指明可用以判决所有权纷争的关于公共效用的确定观点时，成文法就常常被构造出来以取代它的地位，指导所有司法法院的程序。如果这些成文法也不适用，正如经常发生的那样，先例就受到援引；而一个先前的判决，尽管其自身并没有任何充足的理由，却正当地变成新的判决的充足的理由。如果直接适用的法和先例都没有，不完备的和间接适用的法和先例就被引来襄助；通过类比推理和比较，通过它们之间经常与其说是实在的，毋宁说是想象的相似性和一致性，这例纷争案件就被归于这些法和先例之下。大体上，我们可以很有把握地断言，法理学在这一方面与所有科学都不同，它的许多微妙的问题都不能确切地认为真理或谬误就在于哪一边。当某方的律师通过精致的类比或比较将案件归入任何先前的法或先例时，对方的律师也不愁找不出相反的类比或比较；而法官所给予的优先权利的判决经常与其说是基于任何严密的论证，毋宁说是基于想象力和趣味。公共的效用是所有司法法院的一般的目标，这种效用也要求有一条稳定的规则对一切纷

---

① "自然的"既可以与"不寻常的""神迹的"相对，也可以与"人为的"相对。在前两种意义上，正义和所有权无疑都是自然的。但是由于正义和所有权以理性、深谋远虑、设计以及人们当中的一种社会性的联合和联盟为前提，因此"自然的"这个词在后一种意义上严格说来或许并不能适用于它们。假如人类曾经没有社会而生活过，则所有权就绝不会被知晓，不但正义而且不正义也绝不会实存，而人类的社会没有理性和深谋远虑则绝不可能存在。低等动物的结合是由本能所指导的，本能取代理性的地位。然而所有这些都不过是些言辞争论而已。

争起作用；但是当几条近乎相等和不分轩轾的规则同时出现时，正是一种非常微弱的思想倾向规定着有利于哪方的判决。①

在我们结束这个主题之前，我们还可以注意到，当正义的法律按

---

① 占有物应当存在一种划分或区别，这种划分应当是稳定的和恒常的。这是社会的利益所绝对地要求的，因此构成正义和所有权的起源。什么占有物分配给什么特定的个人，这一般说来是相当无关紧要的，往往决定于十分琐屑的观点和考虑。我们将提到一些特定的事例。

如果一个社会是在一些独立的成员当中形成起来的，那么可能获得一致赞同的最明显的规则将是，为**当前的**占有添附所有权，赋予每一个人对他当前所享有的一切以权利。个人与对象之间所发生的占有关系自然地就引出所有权关系。

根据类似的理由，占领或最先占有就变成所有权的基础。

如果一个人对先前不属于任何人的任何对象付出劳动和勤奋，例如修剪一棵树、耕垦一块地等等，那么他所造成的改变就引起他和这个对象之间的一种关系，并自然地使我们根据这种新的所有权关系而将这个对象附加于他。这个原因在此是与本身在于鼓励勤奋和劳动的公共效用相一致的。

在这个例子中，或许对占有者的私人的人道和其他动机协力发生作用，使我们将他凭汗水和劳动获得的东西、将他一向自得其乐地享受的东西让他保存着。因为尽管私人的人道绝不能是正义的起源，这是因为正义这种德性经常是与人道这种德性相矛盾的，然而当划分和保持占有的规则一旦经由社会的不可避免的必需性而形成起来，私人的人道和一种对伤害他人的反感就可以在一个特定的事例中产生一条特定的所有权规则。

我很倾向于认为，财产继承和世袭的权利在很大程度上依赖于想象力的那些联结，与前所有主的关系导致与前所有主的对象的关系。这是人死后其财产所有权被转移给亲属的原因。的确，勤奋由于占有向子女或近亲转移而受到更大鼓励；不过这种考虑唯有在开化的社会中才会出现，虽然财产继承的权利甚至在最野蛮的民族中也都受到尊重。

所有权由**添附**而获得，这绝不能通过任何别的方式，只能借助于想象力的关系和联结得到解释。

河流的所有权，根据大多数国家的法律，根据我们思想的自然倾向，归于河流两岸的所有主，诸如莱茵河或多瑙河之类的大河是例外，它们似乎太大而不适合于用作对它们毗邻的田野的所有权的添附。然而甚至这些大河也被当作它们所流经的国家的财产，被当作具有与它们相匹配的、并与它们保持一种想象的关系的适当面积的国家的观念。

民法学家认为，对河流边沿的土地的添附应当依照陆地，如果那块土地是他们称之为**冲积物**的东西，亦即不知不觉地形成的东西的话。正是不知不觉这种因素促进着想象力的联结。

如果有任何相当大的一部分突然被从河流的此岸撕走而加于河流彼岸，那么直到这部分与其所附着的土地结合起来，直到树木和植被的根茎蔓延到两边之前，对于其所附着的土地的主人来说，这部分都不成其为**他**的财产。在那之前，思想不足以将它们连接起来。

简而言之，我们必须始终区分人们的占有得以划分和保持的必需性与特定的对象由以被分配给特定的个人的规则。那种必需性是明显的、强烈的和不可克服的。这些规则可能依赖于一种更轻微和更琐屑的公共的效用，依赖于私人的人道的情感和对私人的伤害的反感的情感，依赖于成文法，依赖于先例、类比和想象力的非常微妙的联结和倾向。

照一般效用的观点被确定之后，触犯这些法律而给任何单个人造成的伤害、痛苦和损害就相当受重视，是每一个不正当或不公正的事件受普遍谴责的一个重大源泉。根据社会的法律，这件衣、这匹马是我的，**应当**永远为我所保有；我指望安然地享用它；你们将它从我这里夺走，就会使我的期望落空，就会加倍使我不快，就会触犯每一位旁观者。就公道规则被违犯而论，这是一件公共的不正当；就一个单个人被伤害而论，这是一件私人的损害。尽管倘若前一种考虑不预先建立，后一种考虑就不可能发生，因为否则**我的**和**你的**的区别就不会被社会所知晓；然而问题仅仅在于，对一般的好处的尊重在很大程度上是受对特定的好处的尊重所强制的。损害社会而不伤害任何单个人的事情经常不那么被人所重视。但是如果极端严重的公共的不正当也伴随有相当严重的私人的不正当，如此不义的一个行为招致极端强烈的不满就是毫不奇怪的。

（选自 ［英］休谟《道德原则研究》，曾晓平译。原题为《对正义的进一步思考》）

第十二讲　英国人的自由与法院

[英] 亚当·斯密

亚当·斯密(Adam Smith, 1723—1790)除了是经济学的创始人外，也是重要的苏格兰道德哲学家。他曾于 1751 年到 1764 年在格拉斯哥大学任教，随后作为一位公爵的私人教师游历法国、瑞士。归国后居家读书，并曾担任海关专员，临去世前担任格拉斯哥大学校长。斯密与休谟的关系十分密切。他的主要著作有《道德情操论》(*The Theory of Moral Sentiments*, 1759 年)《国民财富的性质和原因的研究》(国富论, *An Inquiry into the Nature and Causes of the Wealth of Nations*, 1776 年)，死后由他人整理出版的《关于警察、法律、岁入及军备的演讲》(*Lectures on Justice，Police，Revenue and Arms*) 等。在《道德情操论》中，斯密讨论了正义问题，并承诺提出一套法律理论，但他在临死前，烧毁了全部手稿。该理论目前只能见于《演讲》。

英国人的自由与法院

[英] 亚当·斯密

【编者按：根据斯密的论述，英国人通过两个途径摆脱专制，获得自由：第一，议会对税收的控制；第二，独立的法官，保障个人自由。最有趣的地方是斯密关于法院之间竞争的论述。斯密同时强调了陪审团制度的重要性。】

自由是怎样恢复的

我们现在已经说明了英国政府是怎样变成专制政府的，接下去我们将讨论自由是怎样恢复的，以及英国人所获得的自由有什么保障。

亨利七世所颁布的允许贵族让与财产的法案[①]，已经把贵族和平民放在完全相同的地位。总是爱好名望的伊丽莎白女王常常不愿向她的臣民课税。为了支付她的紧急费用，她往往把御地卖掉，因为她知道她的子孙都不会继承她的王位。[②] 因此，她的继承人，常常迫于需要，不得不向议会请求拨款。下议院现在已经变得很强大，因为他们代表全体人

[①] 亨利七世四年第二十四号法案，达伦普尔：《封建财产》第 166 页；休谟：《英格兰在都铎王朝时代的历史》第一卷第 63 页。

[②] 达伦普尔：《封建财产》第 168 页；休谟：《英格兰在都铎王朝时代的历史》第二卷第 729 页。

民。由于他们知道国王不能有所困乏，因此在付给国王款项时总要在一定程度上削弱国王的特权。在一个时候，他们得到了言论自由权，在另一个时候，他们迫使国王颁布了这样一个法令，即制定每一条法律时都需得到他们的同意。国王由于迫切需要款项不得不接受他们的要求，这样，议会的权力就巩固起来了。在詹姆士一世即位以后，不列颠享有一项特殊的有利条件，即领土以海为界，不需要有常备军，因此国王没有威压人民和议会的权力。在那个时候，[1] 规定每年给国王的钱有 120 万镑。[2] 要不是由于查理二世不知理财，以致弄得和任何一个前王一般贫困，每年有 120 万镑收入是可以维持他的独立地位的。他的继承人更处于仰人鼻息的地位，结果不得不放弃王位，离开王国。这样，新的王室进来了。由于御地已经全部卖去，他们得完全依靠捐税来支付费用，而且为了这个不得不向人民讨好。从这个时候以来，国王的收入尽管比从前大得多，但由于他的收入须经过议会同意，所以绝不会危害人民的自由。现在，这种收入主要是由以下三方面构成：第一，皇室费，这完全供维持王室之用，不能给国王带来什么权力，也不会损害人民的自由；第二，一年征收一次的土地税和麦酒税，这些税的征收全以议会的意旨为转移；第三，作为偿还公债用的抵押基金，例如，由关税和消费税稽征人员征收的盐税、啤酒税、麦酒税[3] 等。这些税国王自己不能动用，必须解交高等法院，一般由有财产而公正廉直的人管理，这些人员拥有终身职位，而且和国王完全没有关系。就是他们也只能把款付给国会所指派的人，而且必须偿还对公共债权人的债务。上述抵押捐税的剩余[4] 充作偿还公债的基金。公债巩固了现今王室的政权，因为革命如果发生，公共债权人（他们都是有财产的人）的本利就将化为乌有。由于这

---

① 即在复辟时代，见拉平：《英国史》（由廷达尔译为英文，1743），第二卷第 621 页。

② 原稿作"12 万镑"。

③ 除第二项所提到的一年征收一次的麦酒税外，还有日常不停地征收的麦酒税。

④ 就是说，抵押捐税收入在扣除了公债利息以后的剩余，参阅摩蒂默：《人人都是自己的经纪人》，第五版 1762 年刊行，第 205—207 页。

样，国家收入管理得十拿九稳；也由于这样，在不列颠，实施了一种合理的自由制度。议会是由 200 个贵族和 500 个平民组成的。下议院主要管一切公务，因为有关款项的法案只能在下议院提出。这样，不列颠政体是权力有着适当限制的各种政体的完善的混合物，是自由和财产的完全保证。

还有一些对自由的保证。被任命来执行法律的法官是终身职，他们和国王完全没有关系。此外，国王的大臣如果失职，下议院得提出弹劾，而国王不能赦免他们[①]。人身保障法案是人民自由的另一个保证，使国王不能专横地要把一个人拘禁多久就拘禁多久，也使一个拒不提审犯人达 40 天[②]之久的法官，失去服务于任何公职的资格。选举方法以及把一切有关选举问题的裁判权放在下议院手里的做法，也是对自由的保障。所有这些成规使得国王不可能企图独揽大权。

除上述外，法院的设立，也是对自由的保证。我们因此将讨论这些法院的由来、它们的历史以及它们的现状。

关于英格兰法院

在英格兰，甚至在整个欧洲，在封建法律被采用以后，王国的管理正像贵族管理他们领地一样，而王国内执行法律的情况，也像贵族在其领地内执行法律的情况一样。正如贵族管家管理属于他的主人的那个州的事务那样，最高司法官管理着王国的一切事务。他任命各州行政司法长官和委派其他低级官吏。他自己是个大贵族。由于职位所给予他的权限，在英格兰以外的其他国家，他变得和国王有同样大的权力。但爱德华一世事先看出了这个危险，并加以防止。所有各种民刑诉讼都是在国王出席下由最高司法官或国王法庭来裁判的。国王参加的法庭，对民

---

① 应该说："不能通过赦免他们使起诉中止。"
② 20 天是最大的限度。

事诉讼案件的审理必难避免延搁。为此，把民事案件从这个法庭划分出来，并规定由威斯敏斯特高等民事裁判所来审理民事案件。刑事案件往往判决得比较迅速。① 的确，人们也许认为，一个有关人命的案件应该比其他案件有更长时间的辩论，但是这种案件往往激动公愤，因而必须早日执行刑罚。小的钱债案件是怎样裁判，在旁观者看来是不关重要，但刑事案件，在他们看来却绝然不同。当民事案件从最高司法官法庭划分出来，而最高司法官既拥有审判刑事案件的权力又拥有度支的权力时，他的权力丝毫没有减少。后来，爱德华一世把最高司法官所管理的事务分归以下三个不同法院处理：

国王法庭
高等法院
高等民事裁判所

在上述三个法院中，最后一个审理所有民事案件。第一个审理所有刑事案件，而且最终审理由高等民事裁判所送来的上诉案件。它叫作国王法庭，因为那时候国王常常出席该法庭。但现在国王不能这样做，因为由国王裁判破坏王国治安案件是不恰当的。高等法院裁判一切在国王和人民之间所发生的案件，国王对人民的债务或人民对国王的债务，以及任何有关岁入的案件。大法官法庭本来就不是法院。大法官只是裁判所依据的诉讼事实摘要或令状的保管者。我们将讨论诉讼事实摘要必须保存的理由。

爱德华一世废除了最高司法官的权力。② 他使用普通人士——一般是牧师——来做法官。由于案件要依靠他们来判决，所以他们战战兢兢地行使职权，对于刑事案件和民事案件，往往犹豫不决地居间调

---

① 刑事审判一般是当日完结。累基：《英格兰史》第六卷（1887）第252页。
② 休谟：《英格兰史——从恺撒到亨利七世》第二卷第122页。

停，在刑事案件充作调解人，在民事案件充作仲裁人，对于那些不能从最高司法官法庭找到前例的案件，不愿意加以裁判。由于这样，所有最高司法官法庭所据以进行裁决的诉讼事实摘要都被保存下来。保管这些摘要似乎本来就是大法官的职务。如果一个人遇有要处理的诉讼案件，他就到大法官法庭去找书记官。书记官检查诉讼事实摘要，要是他找到一个与此案件适切的摘要，案件就依此裁决，要是找不到适切的摘要，案件就无法裁决。由此可见，大法官原来并不是法官。在苏格兰，英格兰大法官所执行的职务是由高等民事法庭来执行的。在英格兰，大法官把诉讼事实摘要送给行政司法长官，行政司法长官因此必须出席国王法庭。在那个时候，法官处理诉讼的不规则性和不正确性曾引起国王很大的猜忌，他因此曾好几次严厉惩罚了他们，有一次由于他们舞弊，他向他们征收了 1 万镑。① 为此，法官们审理案件时完全拘泥于大法官法庭的诉讼事实摘要，而且总是拘泥于大法官法庭的记录，甚至错拼的字也不敢更正。这样呆板地依照记录的做法，在没有法规代替某些记录的情况下还存在着。一个纯系拼字上的错误，虽然看来很明显，但在很多场合下却使整个成为无效。所以，法官们总是呆板地照诉讼事实记录判决，或在有法规时，呆板地照条文判决。以上所述乃是大法官法庭的由来及其权限。

当英格兰律典正在改善的时候，曾经发生了各个法院争揽权力这个事实。我们因此将说明各个法院是怎样扩展自己权力，侵害别人特权，以及大法官法庭是怎样增加它的权力的。审判刑事案件以及治安案件的国王法庭，首先僭越权限，在诉讼人还未上诉之前，就直接审判民事案件。他们通过所谓违法的令状，就是说他们认为某人犯有侵害罪，侵入高等民事裁判所的职权。例如，一个人欠着 10 镑债，不按指定日期偿清这笔债务，国王法庭认为他有意躲避，就发出令状，拘传审问，并按

---

① 休谟：《英格兰史——从恺撒到亨利七世》第二卷第 68 页，但数额应该是 10 万元中世纪旧银币（译者注：这种银币每 1 元相当于 13 先令 4 便士）。

上述侵害罪来处罚他。[①] 现在，有关契约的诉讼得由国王法庭直接审理。国王法庭就是按上述方式扩展它的权力的。由于它在地位上高于其他法院，其他法院无法侵害它的权限。

高等法院是按以下方式来攫取直接审理民事案件的权力：假定一个人欠了国王一笔款项（这是高等法院所管辖的业务），而且他不能清偿这笔债款，除非他的债务人先清偿对他的债务，高等法院便以所谓清偿能力减低（就是说由于别人未清偿对他的债务所以他不能清偿对国王的债务）为理由，承担起对这个第三者起诉的责任。由于国王的借款是很多的，并由于法官的利益来自判决费，而判决费的多少是以法庭所受理的案件的多寡为转移的，所以他们总是热切地抓住这种扩大权力的机会。所有法院都企图通过迅速的裁决和正确的裁判来鼓励人们向他们提出诉讼。[②]

接着，我们将说明大法官是怎样取得衡平法案件的裁判权的。在手工业和商业发展以后，许多从前没有发生过的诉讼都发生了。这个时候，法律条文的不完善使人民受到很大的不方便。爱德华三世[③]发现有许多侵害行为是诉讼事实摘要或法院规则所没有包括的。议会因此通过议案说，如果一个人向大法官法庭书记官索阅诉讼事实摘要，而找不到一个能给他提供任何解决方法的摘要，书记官应该寻找一些相似性质的摘要，并且根据这些作出一个可给控诉者提供赔偿损害方法的新的摘要。[④] 这样，大法官法庭给其他法庭定出了规章；但是，由于他们规定了审理案件所根据的诉讼事实摘要以及处理的方法，这就使诉讼者无须到其他法院去，而大法官法庭于是掌握了这些案件的裁判权。不可能有

---

① 正文有所混淆，或是有所脱漏，因为所叙述的诉讼程序，是根据"米德耳塞克斯法案"，而不是根据"关于违法的令状"来执行的。

② 《国民财富的性质和原因的研究》第二卷第五篇第一章第二部分第302、303页。

③ 应该是"爱德华一世"。

④ 威斯敏斯特法规二号，即爱德华一世十三年第二十四号法案，达伦普尔：《封建财产》第316页。

通过国王法庭或高等民事裁判所向大法官法庭提出上诉的案件，但它们往往向大法官法庭征询关于习惯法所不能够解决的问题。大法官因此取得了裁判所有衡平法案件的权力，而且受理大部分的民事案件，在这些案件中，首要的是关于逐项履行契约的争执。按照习惯法，如果一个人依约必须交出一块土地，而后来拒绝这样做，他只需赔偿损失，而无须逐项履行契约。大法官法庭现在被看作债权法院，它可责成有关方面逐项履行这个契约。其次，大法官法庭也处理习惯法所不能处理的信托上的欺诈行为。由于土地交教会保管使国王失去土地上的报酬，所以曾经通过了法案来反对这个做法。牧师们规定说，土地应该交给那些会为着教会的利益来处置的人去保管。如果他们不履行任务，那就是信托上的欺诈行为，大法官准许主教把这个任务交给能够履行的人。同样地，当人们在那时候的事态下不得不把财产让与和财产法有关系的人时，大法官就把这种财产交还原主。此外，遗嘱、继承以及类似的事情，也属于大法官衡平裁判的范围。

当我们说到法院时，研究一下陪审员的由来，我们这样做是适当的。当自主的政府刚开始时，各个法院还没改善，没有精细地审理案件的经验。在这个时候，任何人向法院提出依靠他的誓言来判决的诉讼，他就必须带十二个宣誓保证人，向法院宣誓保证他的誓言是正确的。这个做法的遗风，现今在钱债诉讼中还存在着。在这些案件中，如果一个人能带着若干人宣誓保证他的誓言是正确的，他便胜诉了。应该指出，这种审判方法的不完善乃是引起决斗裁判的一个主要原因。一个贵族，或任何意志倔强的人，如果由于一系列发伪誓者而失去他的权利，当然宁愿通过决斗求上帝裁判，而不愿向法院提出诉讼。亨利二世首先规定，行政司法长官和若干最熟悉罪情的人应该审理整个案件，被告应该由他们裁判。英格兰法律总是自由的朋友，在仔细地指定公正的陪审员这一方面更值得称赞。被选定的陪审员，必须是住在犯罪所在地附近而能有机会熟悉罪情的人。被告可拒绝大部分陪审员。他可拒绝陪审员中的三十个，而且当他怀疑行政司法长官偏私时，他可请个别陪审员或若干陪审员回避。在被告怀疑偏私的原因中，可能有许多是微不足道的，这些怀疑是否适当由法院来决定。没有什么制度能比陪审制度提供更大的对生命、自由和财产的保障了。一方面，法官是廉正人士，完全独立地工作，享有终身职位，但他们要受到法律的限制；另一方面，陪审员是你们的邻人，他们裁判和你们生命有关的事实。你们也可根据某些理由拒绝他们。

英格兰关于陪审员的法律只有一个缺陷，在这一点上英格兰法律和苏格兰法律有所不同。在英格兰，陪审员必须全体一致，这使得陪审员的职务成为非常不愉快的职务。一个案件你可能看得比我清楚，而且实际上你的看法可能和我们大家的看法都不同，但我们必须取得一致，因而在我们当中有一个人必须违背良心来宣誓。在刑事案件中，没有上述危险，因为人们一般都想保护无罪的人，都想保留人的生命。但在民事案件，人们就不这么惴惴不安，不这么倾向保护无辜者，而且有许多人甚至是十分可疑的。贵族往往不愿意参加具有这么多不便之处的陪审委员团，因此只有普通人陪同法官审理案件。伟大人物往往不愿意常常被招来遣去，不愿意遭受到不是绅士所能容忍的待遇。在这一点上，保证安全的法律做得有点过分了。在苏格兰，陪审员不需要全体意见一致，所以陪审职务不会这么不愉快。虽然一个人的意见跟大多数的意见不同，他可坚持自己的意见，无须勉强服从别人的意见，因此属于最高阶级的人也愿意做陪审员。在大法官法庭所处理的诉讼案件中，不需要陪审员，苏格兰的高等民事法庭在民事诉讼方面已不设陪审员。

除上述法庭外，还有几个由国王特许设立的法庭。亨利七世设立了三个法庭：审理教士案件的高等宗教法庭、审理死刑以外的案件的民刑法院、看管国王在监护费方面的利益的保护法院。查理二世在接受了一笔款项以后废除了最后一个法庭。现在，国王非征得议会同意不能设立法庭。欧洲其他国家的法律都没有像英格兰的法律那么明确，因为英格兰法律有悠久的历史。巴黎议会只是到英格兰亨利七世时代才设立。不列颠议会是由很多人组成的，而且这些人都是有大体面的人。① 所有新的法庭都不愿遵守以前制定的规章。所有新的法庭都成为大的祸害，因为它们的权力在最初没有明确地加以厘定，所以它们的裁判必定是不严密的、不正确的。

（选自 [英] 坎南编《亚当·斯密关于法律、
警察、岁入及军备的演讲》第一篇第一部分
第十一节至第十二节，陈福生，陈振骅译）

---

① 这一句和前一句似乎都是讹误的。

第十三讲　为什么人人都须学习法律？

[英] 威廉·布莱克斯通

威廉·布莱克斯通（William Blackstone，1723—1780），英国伟大的法学家。他出生于伦敦，15 岁进入牛津大学学习，1741 年进入中殿律师公会学习普通法，1746 年成为出庭律师。但他对普通法的理论研究更感兴趣，并在牛津大学开设一门没有薪酬的英国法讲座。1758 年，牛津大学用一位学者的遗产设立第一个普通法大学教授职位，布莱克斯通以全票获得，一直任教至 1766 年。他的这些讲座汇编为四卷本《英国法释义》（*Commentaries on the Laws of England*，1765—1769）。布莱克斯通离开大学后又担任过议员，王室法律顾问及大法官等职务。布莱克斯通也写过一些诗歌。

为什么人人都须学习法律?

[英] 威廉·布莱克斯通

【编者按：布莱克斯通说，每个人都应当学习法律。当然不是学习法律的技术细节，而是理解法治的精神，用法律说话。一个法治社会，人们讨论公共事务的通用语言，应当就是法律。一个充满法律精神的社会，才有可能建立起有效的法治秩序。】

……本篇导论所关注的首要问题，就是通过指出其在现实生活各方面的特定作用来表明了解本国国内法的作用。同时，我还将针对导致这门有用的学科遭到忽视的原因进行一些推测。此外，作为补充，我还将提到一些对在我国大学中复兴英国宪法和法律研究的恰当性的看法。

首先，为说明了解本国法律的作用的问题，我们只需想想我国卓越的社会模式和政治体制就可以了，因为这种模式和体制正是处于英国法律体系的管理之下的。英国宪法可能是世上唯一一部仅以政治自由和公民自由为管辖对象并以实现这种自由为终极目标的宪法。这种自由的主要特点，确切地说，应当是一种在法律允许的范围内做任何事的权利。而只有当各个社会阶层、各种社会规则都遵循那些合理的行为准则时，这种权利才能得以实现。这种权利保护哪怕是出身最低贱的人，使他们不致受到任何人（包括地位最高的人）的侮辱和压迫。既然每一个公民都可以从维护英国法律中受益，那么每个人自然都有熟悉英国法律的义务。至少他应该对与他切身相关的那部分法律有所了解，以免他身为社会一员，却对社会加诸他的责任义务一无所知，并因此招致责难或造成诸多不便。对于那些处于社会下层的人来说，既然他们没有时间也没有能力再把他们的视野进一步拓展到他们生来所处的狭小的生活范围之外。那么这种有限的认识就足以满足他们的需要了。但那些得蒙命运眷顾，被赋予更强的能力、更多的财富和闲暇的人则不应轻易满足于对英国法律粗浅的了解。他们在天赋能力及财富上的优势，不应只用于为他们自己谋利，更应为公众造福。如果他们对英国法律没有相当程度的了解，那么在现实生活中发生的各种事件中，他们都将无法很好地承担他们的责任，无论那种责任是对公众的还是对他们自己的。为了更清楚地表明这一点，我认为很有必要举几个具体的例子。

我们不妨先以那些拥有自己独立的动产和不动产的英国绅士们为例，因为在我国的成年男子中他们不仅是一个举足轻重的群体，而且确实发挥着最大的作用。甚至在洛克先生[①]看来，哪怕认为他们对本国法律知识一窍不通也是很荒唐可笑的一件事。因为正是这些人所拥有的地产以及因此而产生的一系列诸如继承、转让和交割、限定继承及抵押等法律关系，组成了法律知识中范围最为广泛也最为错综复杂的部分。除非是职业律师，否则要对它们之间的细微差别有一个透彻的了解，对任何人来说可能都是一项太过艰难繁重的任务。然而即便如此，只要想想这些先生们在进行这些法律活动时所处的劣势地位就不难明白，对他们而言，对有关地产及其转让的一些最主要的法律原则有一些了解，在一定程度上确实能起到规范并保护他们行为的作用。至少，只需略通法律就可以使他们免于被迫接受因粗暴推行而在英国臭名昭著的强制征税政策。

再如，根据任何法律的原则，遗嘱的措辞和内容以及相应的证明都必须遵循一定的格式。对那些自愿选择或因条件不允许而不得不在没有专业法律人士指导的情况下订立遗嘱的人而言，没有相关的法律知识，无疑会

---

① 约翰·洛克（John Locke，1632—1704），英国哲学家，著有《人类理智论》《政府论》等著作。

使后果堪忧。很多家庭就曾因为遭遇此种情况而束手无策、陷入困境，或者因此而使旁人在辨别立遗嘱人真实的意思时（有时甚至仅仅在试图发现他的意思时）遇到很大困难。对于此类事件，那些出席过法庭审理的人应该是最好的证人。有时，可能只是因为立遗嘱人在其遗嘱中忽略了一两个正规用语而使其遗嘱不具有法律意义上的无可争议的精确性，或者仅仅由于在执行遗嘱时到场的证人不足法律要求之数，就有可能导致其遗产最后真正的归属与立遗嘱人的在旁人看来含糊不清的真实意图完全背道而驰。

接下来，让我们从个人关注的层面进一步提升到公众考虑的层面来看待这个问题。所有富有的绅士们，因为他们拥有的财富的关系，都有可能受法院之召加入陪审团，并以陪审团成员的名义对权利进行确认，对损害进行评估，对指控进行权衡，甚至有时还要剥夺他们同胞的生命。也就是说，他们常常需要在经过法院宣誓程序后对一些事关重大的问题作出裁决。而要解决这些问题，就要求他们具备相当的法律技能，尤其是当法律与事实紧密结合在一起时，而这种情况又是经常发生的。然而，这些绅士们，甚至包括我们最好的陪审团成员在内，普遍地缺乏足够的能力来哪怕仅仅是差强人意地履行他们的职责，这已经极大地损害了陪审团制度的权威性。相应地，法官们不可避免地拥有了更大的权力去指导、操纵甚至撤销陪审团的裁决，而这种权力或许已经超越了宪政体制原先打算授予法官的权力界限。

然而，对一个英国绅士而言，赋予其陪审团成员的身份并不仅仅是要他判定是非曲直及为其同胞主持正义，更为重要的是，他必须凭借这种身份才能维持他所在的地区的良好秩序；惩治行为放纵和游手好闲的人；保护性情温和和勤勉努力的人；最为重要的是，弥合微小的分歧并防止诬告事件的发生。然而，要很好地实现这些目标，我们的治安官先生必须对他的工作有很好的了解。他不仅要有这种意愿，更要具备这种能力（当然也包括相应的知识），这样他才能以合法而有效的方式主持公道。此外，当他因为感情用事，或出于无知或者荒唐的想法而错误地行使了他的职权时，他将遭到比他地位低下的人的鄙视，以及那些他要就自己的行为对其负责的人的严厉申斥。

更进一步说，绝大多数拥有可观财产的绅士，总会在他们一生中的某些时候萌生进入议会成为他们国家的代表的壮志雄心。而那些有此雄心接受如此重大责任的人，最好同时记住这种责任的本质及其重要性。这些人在进入议会后，他们本人、他们的财产甚至他们的随从都将因此而享有特权，他们将加入党派，他们将有权决定是否拨款，将有权投票支持受欢迎的政府，反对不受欢迎的政府。尽管如此，使他们与其他绅士相比更受人瞩目、更令人尊敬的并不仅仅是这些权力，而是其他一些远为重要也更受人关注的因素。他们是英国宪法的守护者，负有制定、废除及诠释英国法律的责任；他们还身负密切关注、抑制进而防止会对英国构成威胁的任何革新的重任，同时他们也必须倡导并采纳任何建立在坚实基础上、经过仔细斟酌的改进措施并珍视其成果。此外，他们还受到其天性、个人名誉及宗教信仰的约束，负有将英国的宪法和法律流传后世的责任，并且可能的话还要对之加以改进，或者至少保证其不受任何破坏。试想一下，如果立法机关中的某个成员对英国现有的法律尚且全然无知，却又在投票赞成通过一项新的法律，这将是多么糟糕的一件事！对于一个对他所评论的法律其实全然无知的人而言，以他有限的能力对法律进行的诠释又该是多么的肤浅！

事实上，无论社会发展到哪个阶段，社会生活中所有的行业、文理学科都会把对相应知识的传授作为一种必须，唯独立法——这项最高尚却也最困难的工作——是个例外，这着实令人惊异。几乎所有从事艺术、商业或其他如机械之类的技术活的人都必须经过一段学徒时期，要成就一个神学家、医生或法律应用方面的专家，更是要求此人对相关专业有长期的研究和深入的理解。然而那些财势显赫的先生们却总认为自己天生就是个立法者。图利① 对此却不敢苟同。他说："作为一名元老院议员，必须对宪法有透彻的了解。"他又进一步补充道："这种了解是

---

① 图利（Tully），即西塞罗。

最广泛意义上的。这不仅要求这名议员具备相应的学习技巧和勤勤恳恳的态度，他还必须就这门学问进行深入的思考。三种因素缺少了任何一项，这名议员就必定是不称职的。"

由于对我国法律的妄加变更而对公众造成的损害早已显而易见、毋庸置疑。现在真正值得公众关注的是，这种损害究竟在多大程度上应归咎于那些上议员的缺乏教育。由于对各种事物进行改造使之更现代化在英国已成为一种风尚，我们那些极有纪念价值的古老建筑物被工作马虎、毫无经验的工人们随意改建、粉刷，已经面目全非。而现在，英国的普通法也正面临着与这些古建筑物一样的境遇。其后果是普通法的均衡协调被扭曲、破坏，原本的朴实无华也被徒有其表的虚饰和华而不实的创新所取代。说实话，几乎所有令人困惑的状况、细枝末节上的差别、纠缠不清的关系及种种延误（这有时已不仅使英国法院，也使其他地方的法院为之蒙羞）都并非源于普通法本身，而是因议会法案对普通法进行的改革造成的。这些法案，用爱德华·柯克①爵士的话来说，"充斥着种种附带条款，且常常是由一些在法律方面没有或几乎没有什么见识的人匆忙制定或修改的。"这位经验丰富的伟大法官宣称，在他的整个职业生涯中，还从未碰到过有哪两个问题可以完全依据普通法上的权利来解决。这位法官还感叹那些判断力低下又无甚学识的立法者给普通法带来的混乱。同时他又补充道："但是，如果议会法律的制定因循一贯之旧例，则必须于任何法律制定之前，即能熟谙相应的普通法规定，并须熟稔先前之立法是如何弥补在其之前的立法的不足及该新一立法经实践证明之不足，那么就几乎不会产生任何法律上的问题了，而那些学者也应该无须再像现在这样常常绞尽脑汁对法律上那些不易察觉的、互相矛盾的词、句、条款加以解释，以期不断填补法律上的漏洞从而不至于引起纷争了。"如果由此带来的麻烦在伊丽莎白女王时期就已经显而易见

---

① 爱德华·柯克（Edward Coke，1552—1634），英国法学家，曾任英国下议院议长、总检察长，著有四卷本《英国法学阶梯》等著作。

的话，那么在如今法律条款之繁复已十倍于伊丽莎白女王时期，而如今那些法规制定者对普通法的理解又不曾相应更加深刻的情况下，其结果导致的巨大灾难应当也在诸位意料之中了。

总的来说，我国的这些绅士们是得到拥护的，他们在钻研本国法律上付出的努力也得到肯定，其程度并不亚于甚至甚于英国贵族阶级受拥戴的程度，只是他们在陪审团中的表现就不那么被认可了。但除了作为陪审团成员之外，他们还有其他一些特有的职责，这些职责影响更为深远，更应得到他们的重视。例如，他们不仅天生就继承了王室顾问的身份，并凭借他们的贵族身份所带来的荣耀而跻身法官之列，更重要的是，他们是所有同胞间的财产纠纷的仲裁者，而且往往是这些人最后的依靠。从这个意义上来说，他们在法律界的这种身份使他们必须就法律中最微妙也最重要的问题作出裁决，此外，还必须发现并纠正那些逃过了最睿智也最富有经验的法律界人士、掌玺大臣及位于威斯敏斯特的法院法官的审查的错误。他们的判决是终局性的、决定性的、不可撤销的，对他们作出的判决不能进行上诉，不能进行修正，甚至连复查都不允许。下级法院必须遵从他们所作的任何决定。不如此，则有关财产的规定将不复统一与恒定。

如果只是一个只有最低限度司法管辖权的法官缺乏必需的法律知识的话——诚然，这也会使他遭人蔑视并使那些聘任他的人也一起蒙羞，但相对来说，因他的无能而造成的影响仍是微不足道的。因为他的判决要接受其他法院的审查，他犯的错误也会因此而得到纠正。但如果是一个高级法官在不具备任何法律知识的情况下贸然就某个可能关乎整个家庭的生计福祉的问题作出裁决的话，那必将会造成极其严重的后果和长远的负面影响！更何况，他作出正确的或错误的裁决的可能性是相当的。如果碰巧他作出的裁决是错误的，那么所造成的损害将是一种最让人担心的损害——一种根本不可能得到救济的损害！

然而另一方面，这种责任又是如此重大，除了像我们杰出的宪法已经做的那样将其托付于贵族之手外，我们恐怕别无选择。究其原因，一则这些贵族们所拥有的独立的财产和高贵的身份使得人们因此认定他们比起那些地位低下的人来，应该有更多时间去更广泛地学习法律知识，再则我国政体的缔造者们总是信赖那些集谨小慎微与柔和怜悯两种情感于一身的人，而这种情感正是贵族们所特有的。这两种情感的结合一方面可以使得那些人在就事关公正的问题作出裁决时免受个人利益或感情用事的干扰；另一方面，这对一个身负荣誉的人来说也是一种约束。当他就某些问题（他通常天生就有权对这类问题作出裁决）独立作出裁决时，这种约束在法律眼中与其他人进行的宣誓具有相同的效力。

古罗马的《学说汇纂》中记载的一则逸闻，对我们现在所讨论的问题或可适用。塞尔维斯·苏尔皮西乌斯，一个罗马贵族、著名的演说家，曾经求教于罗马法学者昆图斯·慕迪乌斯·斯凯沃拉；然而，苏尔皮西乌斯虽然想了解罗马法的一些知识，却甚至连基本的专业用语都不知道，而斯凯沃拉在向他讲解罗马法知识时又必须要用到这些专业术语。鉴于此，斯凯沃拉忍不住责备苏尔皮西乌斯，这些责备的言辞值得我们永远铭记："身为一个罗马贵族、一个法律演说家，对他尤其应当熟悉的罗马法却一无所知，这简直是一种耻辱。"这种谴责给苏尔皮西乌斯留下极其深刻的印象，促使他立即投身于对罗马法的学习中。后来，他对罗马法的研究达到了非常精通的地步。在他身后共留下了大约180卷罗马法专著，他本人也成为一个在西塞罗眼中甚至比斯凯沃拉还要全面的法学家。

当然，我并不希望诸位认为我意在建议我们这些英国贵族和绅士们也都成为和苏尔皮西乌斯一样伟大的法学家。诚然，他的这种品质确实使他不仅成为一个伟大的法学家，也成就了一个出色的演说家、坚定的爱国者和睿智的、永不知疲倦的元老院议员。但这个故事对我们的真正启迪是，在任何时代、任何国家，如果一个人身受国家的重托担负起维护、执行和修正本国法律的职责，而他实际上却又对此一窍不通的话，那一定会被看作他的奇耻大辱。

但是，以我们这样的身份地位，即使我们能对日常观察所见之人作出一个普遍性的判断，我们实际上也几乎找不到机会在那些有身份、有地位的人身上验证这个观点。但令人欣慰的是，一旦我们设定了一定的标准，我们也能提出类似的例子。因此诸位应当能够理解，为何当你们的教授公开宣称在我们这些人刚开始对普通法进行研究时，那些出身高贵且拥有可观财富的先生们就一直以勤勉的态度和孜孜不倦的努力投身其中时，无论是教授个人还是公众都闻之欣然。他们中有些人时至今日仍是我校的光荣，另一些人则仍在继续通过将本国的政体和法律与其他国家进行比较，或在本国的各级议会中充分发挥他们的从政能力，从而不断地为培养他们的学院争得新的荣誉。

那些地位相对低下的人，尤其是他们中以法律为专业的人，也应当尽可能多地了解法律方面的知识。尤其是对神职人员而言，哪怕仅仅只是考虑他们的这种身份，他们就有充分的理由应当在与他们的地位财富相对应的一般义务之外，再对各方面的法律知识有所了解，尤其是其中与他们切身相关的部分。这其中包括诸如圣职授予权，神职人员的授职和就职，圣物、圣职的买卖及其契约，神职人员的统一着装，居停之所及兼职，什一税及其他教会收费以及诸如神职人员的婚姻（尤其是最近，对这一问题的相关法律的了解已显得尤为重要）等各方面的问题。这些都是由专门的成文法规定应当由他们负责的事务。要对这些问题有一个正确的理解，要清楚地分辨出哪些是法律授予神职人员的权力，哪些是他们应尽的职责，哪些又为法律所禁止，这些人必须对法律有相当程度的了解。而这除了通过亲自运用这些法律并了解熟悉这些法律的制定者外，别无他者。

至于那些以医学为专业的先生们，我不得不坦率地承认，我并不觉得他们有什么特殊的理由需要学习法律方面的知识，除非是他们为了使自己在绅士的行列中不显得太过特立独行，或者是为了自我充实，掌握更加丰富的知识。他们的职业高度专业化，常人根本难以理解。从这个意义上说，他们倒确实应当具备广博的知识。如果我提出这样一种观点，他们应当不会觉得我很荒唐可笑：如果一个医生能熟悉有关遗嘱的法律条文或者至少对执行遗嘱的正规程序有所了解的话，那他将会对那些突然遭遇变故的家庭带来极大的帮助。

但那些想要精通王国教会法院和海事法院所采用的罗马法和教会法的先生们，却是除了普通法律师外最有必要认真投入到对国内法的研究中去的人。因为就固有的约束力而言，罗马法和教会法在这个国家中并没有任何强制力和权威性。它们在英国没有任何约束力，正如英国法律在罗马也没有任何约束力一样。但是，这些外国法律因其一些独有的特点使其在被运用于一些特定法院的部分特定案件的审理时显得非常合宜，故已经被本国法律认可并具有约束力。当然，这些外国法律的约束力是完全建立在其被认可并被采用的基础上的，它们的强制力也以此为限。即使在荷兰这个成文法非常完善，根据成文法所作的裁决被普遍接受的国家里，我们仍然可以从范·李乌文①的著作中了解到："成文法的强制力是通过习俗及人们对这些习俗明示的或默示的认同而形成的。"他又补充道："因为如若不然，我们就不会受其约束，正如我们不会受阿尔曼②、法兰克、撒克逊、哥特、汪达尔或其他古老国家的法律的约束一样。"因此，在普通法与罗马法发生分歧时，无论这种分歧是有关古代的还是现代的，是罗马法还是教会法的案件，永远都是以普通法为准的。在那些允许适用罗马法和教会法的英国法院，如果两者中任一个被适用到了它未被允许涉及的案件上并因此超越了其权限，或这些英国法院对本属普通法管辖范围的案件的判决却继续适用罗马法或教会法的判例，针对上述任何一种情况，普通法往往会中断该诉讼程序并宣布其无效。即使这些法院声称它们的做法是依据了查士丁尼或教皇格列高利制定的法律或符合天主教最高法院或帝国大法院③颁布的法令，对国王在威斯敏斯特的法院而言，这个理由也远不够充分。因此，对每一个罗

---

① 范·李乌文（Van leeuwen，1626—1682），著名荷兰法学家。
② 阿尔曼（Almains），日耳曼的别称。
③ 帝国大法院（the Rota），1495—1806 年期间神圣罗马帝国的最高法院。

马法学家或教会法学家而言，无论他是处事严谨的法官，抑或是为人谨慎、声誉卓著的律师，他都必须清楚地了解在哪些案件中英国的法律是认可罗马法的，这种认可的限度如何，在哪些案件中后者又是不被认可的，以及这两种法律在哪些方面是相互交织、融合并进而组成了以诸如"国王的海事法""国王的军事法""国王的教会法"等标题为显著特点的普通法的补充内容的。在过去一个多世纪里，牛津大学已经清楚认识到这种了解的必要性。在其章程中明确规定，针对法学研究生的表现而进行的年度讨论的三个问题中必须有一个与普通法有关。此外，制定这项规定的另一个原因是："quia juris civilis studiosos decet hund imperitos esse juris municipalis, differentias exteri patriique juris notashbabere."（因为学习罗马法的学生绝不能不了解国内法，也不能对普通法和罗马法之间的显著区别一无所知。）① 此外，剑桥大学的章程也很明确地表达了同样的意思。

（选自 ［英］ 威廉·布莱克斯通《英国法释义》导论第一章，游云庭、缪苗译）

———————————

① 原文为非英语语言，括号内为译文。

第十四讲　法律的目的是保障个人权利

[英] 威廉·布莱克斯通

法律的目的是保障个人权利

[英] 威廉·布莱克斯通

【编者按：每个国家都有法律，但法治之下的法律的唯一目的是
保障个人的自由、权利和财产权，凡是违反这一原则的法律，比如授
予政府以不受限制的权力的法律，都不是法律。这一点，是"法治"
的根本特征。】

从人的自然身份考虑，权利可分为两类，即绝对权利和相对权利。
绝对权利指当人作为一个特定的个体，即仅仅作为个人或单个个体时，
与其相关并属于其的权利。相对权利是指当人作为社会的一员，与其他
社会成员有着千丝万缕的联系时，这种身份赋予他的权利。前者，即人
的绝对权利，将是我们这一章的主题。

本章所讨论的个人的绝对权利，指的是最基本的、最严格意义上的
个人权利。例如，只要是处于自然状态下的人就享有的权利，即每个人
无论其是否身处某一社会中，都有权享受的权利。而谈到一个人仅仅作
为个人而必须履行的义务，即绝对义务，我们就不必期望任何国家的国
内法会对此加以阐述或作出任何规定，因为各国国内法的意图和目的一
律都是当人作为社会的一员，与其他社会成员有着千丝万缕的联系时，
对其行为加以规范。因此，这类法律关注的或者说有管辖权的仅仅是社
会义务或者说相对义务。从这个意义上说，假设有一个人道德沦丧、行

为堕落，但如果他对他的种种恶劣行径秘而不宣且并未伤风化的话，那么人法对他只能是鞭长莫及。但如果他将他的不道德行为公开化，那么即使这些行为基本上只对他自己造成影响（如酗酒一类的行为），但由于此类行为在社会上树立了坏的榜样或者对社会造成了有害的影响，因此人法仍然有责任对其加以纠正。在这个例子中，公开化与否改变了整个案例的本质。在公开场合言行谨慎是一种相对义务，因此我们的法律对其有强制规定。而个人私底下行为谨慎则是一种绝对义务，人法的法院对其是否被履行永远无从知晓，因此也无力运用任何民事制裁手段对其作出强制规定。但谈到权利，情况就不同了。无论一个人是作为单个的人还是作为与其他人有联系的人，人法对其所享有的权利都有权作出规定并要求人们遵守。

社会的首要目标就是要在个人行使上述绝对权利时为他们提供保障，因为，虽然这种权利是永恒不变的自然法赋予每个人的，但如果没有各个友好的社会团体间的相互帮助和交往，人们不可能顺利地行使这些权利，因此人法的首要目的显然就是维护并规范个人的绝对权利。绝对权利虽然是社会权利即相对权利的起源，却是在国家和社会形成之后才产生的，因此，该如何维护并规范此类权利，显然应该是在国家和社会形成之后才需要考虑的事。也正因如此，人法的首要考虑是，并且应当始终是，如何对这些本身种类并不多且相对简单的绝对权利加以阐明、保护和实施。至于由此类绝对权利相互间发生的不同联系而产生的各种相对权利，则不仅种类要多得多，而且也更为复杂。比起绝对权利来，这些相对权利在任何法典中都占据更多的篇幅，因此看来似乎得到更多的关注，但实际情况却并非如此。接下来让我们继续研究各国国内法究竟应当在多大程度上关注这些绝对权利本身以及应当如何为它们提供永久的法律保障，而我们的英国法在这两方面实际上又做得如何。

人类的绝对权利作为一种不受限制的自然力，包括辨别善恶的天赋洞察力及自主选择自认为最合适的判断标准的能力，这两者实际上都可被归入一个定义之下，即人类的天赋自由权。这种天赋自由权实际上就是按照个人认为适宜的方式行事，除了自然法之外不受任何约束和控制的权利。它是每个人与生俱来的固有的权利，是上帝在创造人类并赋予他自由意志的同时一起赐予人类的多种天赋之一。然而，任何人一旦踏入社会，就必须部分地放弃他的天赋自由权。这是因为，一个人一旦踏入社会，就可以从与别人的相互"交易"中取得极大的收益，而为了参与这种获益极大的"交易"，他必须付出一些代价，强制自己遵循他所处的社会认为合宜并采纳的各种法律。事实上，与他放弃的那种原始未开化的自由权相比，这种对法律的服从与遵循要有意义得多。任何人只要稍加思量，就不会再希望保留这种让他可以任意妄为的绝对的、不受控制的权利，因为这同时意味着别人也拥有同样的权利，而那样的话，个人的社会生活在任何方面都将毫无保障可言。从这个意义上说，作为一个社会成员而享有的政治自由，或称为公民自由，其实就是个人的天赋自由，只不过人法出于公众普遍利益的考虑对这种权利适当地加以必要的约束而已。如此，我们也就不难理解，法律虽然削弱了个人的天赋自由而加强了公民自由，但实际上它借此得以管束每一个人，使其不对其他公民造成伤害。但无论是君主、贵族还是民众大会，如果想以此为借口毫无缘由地恣意压制公民的意志的话，那么这种法律在某种程度上就是一种暴政。不仅如此，即使就法律本身而言（且不论这种法律是否是在得到我们的认可的情况下制定的），如果这些法律是用一种满不在乎的态度在规范并制约着我们的行为，而不抱任何良好的意愿的话，那么这些法律实际上是在破坏我们的自由。相反，如果遵从这些法律规范确实能为公众带来任何利益的话，那么仅仅只需对个人意愿的某一两个方面加以控制，就能有助于在其他更重要的方面维护我们的普遍自由，而唯有保证社会处于这样一种状态，我们的独立性才能有所保障。因此，爱德华四世颁布法律禁止当时地位低于贵族的绅士们在他们的鞋子或靴子上饰以长度超过两英寸的尖头的举动就带有某种压迫的痕迹。因为无论当时的这种风气看上去有多可笑，一味地用罚款来压制这种风气却并不符合公共利益。相反地，国王查理二世颁布的一条看似性质相同的法律，即去世的人必须身穿全毛的衣服入葬，实际上却是一条符合公众自由的规定。因为这条法律推动了主要产品的贸易，而国家的整体利益在很大程度上即取决于此。因此，只要能以审慎的态度来制定法律，那么这种法律就不会削弱或破坏自由，相反只会引导我们实现自由。这正是洛克先生始终遵循的原则：没有法律就没有自由。然而另一方面，政府体制及法律体系只是为维护公民自由才建立的，除了在某些方面出于公共利益的考虑需要对公民加以适当的引导和约束外，公民对其自身的行为应当有完全的自主权。

政治自由和公民自由的观念和运用在大不列颠诸王国正空前活跃，日臻完善。在这种情势下，唯有掌握政治和公民自由的立法机关的一些愚蠢行为或英国法本身的一些缺陷，才有可能损害到或者使我们失去这种自由，因为英国立法机关，当然也包括英国法，是唯一可维护哪怕是地位最卑微的国民的政治和公民自由的机构。英国法与欧洲大陆其他国家的现代宪法不同，与罗马法的精神也不符，因为后两者基本上只是那些国家的王室或某些国家的大公为了施行专制霸权控制他们治下的臣民而制定的。而自由精神却已经深深植入我们的宪法，甚至在我们的国土上牢牢生根。即使是一个奴隶或黑人，一旦他踏上英国的土地，他就受到英国法的保护，并凭着他享有的所有天赋权利而立即成为一个自由人。

每个英国人的绝对权利（从政治意义上和广义上来说，这种绝对权利常被称为英国公民的自由权）既是基于天赋权利同时又合乎理性，因此总是与政府的形式同步发展的。虽然有时这种权利会遭受一些波动和变故，却总是以人性为基础的，这也是这种权利杰出的一个方面。这种权利在有些年代确实受到专横暴虐的统治者的压制，而在另一些时候又确实太过放任几近无法无天（既然我们说任何形式的政府总强过没有政府，那么后者这种无政府状态其实比前者这种专制政府更加糟糕），但是我们的自由的宪法总是有力量使我们的国家摆脱这种困境。每次一旦各种纷争造成的动乱平息下来，英国公民的权利和自由间的平衡总能重新恢复到适宜的状态，并且，虽然这种权利一次又一次地面临威胁，但每次议会都会坚决地对其最基本的内容予以确认。

这里所说的"最基本的内容"，首先包括国王约翰赐予我们的《自由大宪章》这一武器。而他的儿子亨利三世国王随后又对这一宪章的内容稍作修改并由议会予以确认。这一宪章并未对英国的基本法律进行多少新的补充，而是如爱德华·库克爵士所评论的那样，将绝大篇幅都专注于解释英国基本法律的主要内容。随后一部名为《恩准宪章》①的法律对《大宪章》的内容予以承认，使其成为我们所知的普通法。至此，所有与《大宪章》规定相悖的判决都被宣布无效，该宪章的副本被送至所有的大教堂，每年两次对公众宣讲。此外，任何言谈、行为或诉讼只要有任何地方与该宪章内容相悖或在任何程度上违反了它的规定，当事人都会遭到被驱逐出教会的惩罚。其次，所谓的"最基本的内容"还包括其后从爱德华一世到亨利四世统治期间颁布的大量对该宪章予以确认的成文法（据我所知，爱德华·库克爵士统计的当时此类法律共有 32 份），以及在间隔很长一段时间后又由议会通过的《权利请愿书》②。这是一份公民自由权的宣言，查理一世最终于其即位初年作出妥协，承认了这份宣言。其后，这个满心不情愿的国王还被迫向议会作出更多的让步，直到最终与议会决裂。最后，"最基本的内容"还包括查理二世统治期间通过的许多产生了积极影响的法律，尤其是《人身保护法》③。随后，议会上下两院又于 1688 年 2 月 13 日共同向当时的奥伦治王储夫妇提交了一份宣言，即《权利法案》④，在两者成为英国国王及女王时，议会通过了这一宣言。这份宣言中有一些值得关注的内容："他们确实请

---

① 《恩准宪章》（*Confirmatia Cartarum*），是爱德华一世于 1297 年所批准的法律，该法律宣布将《大宪章》作为普通法实施。
② 《权利请愿书》（*The Petition of Right*），是议会于 1628 年查理一世统治时期通过的限制王权的法律文件。
③ 《人身保护法》（*Habeas Corpus Act*），英王查理二世统治时通过的制定法，旨在对普通法令状不能提供救济的忽视个人权利的情况提供救济。
④ 《权利法案》（*The Bill of Rights*），英国议会于 1689 年通过的一部重要法律，其确认了英国公民享有的基本权利和自由，确立了英国议会具有独立于国王的法律地位。

求、要求并坚持将所有上述各点中的每一条都作为他们不容置疑的权利和自由。"并且议会的一项法案也承认："该宣言中宣称并确认的所有权利与自由中的每一条都是英国人民自古享受的、真正的、毋庸置疑的权利。"之后，本世纪初的《王位继承法》再次对上述各项自由权予以确认，并将国王的王权限制在宫廷之内。此外，该法案还同时增加了一些新的条款以更好地保护英国的宗教、法律及公民自由权。这项法律宣称，依据普通法的古老原则，宗教、法律及自由权都是"英国人民与生俱来的权利"。

以上就是有关我们的权利和自由的各项宣言的内容。由这几部法律所规定的公民的各项权利还包括几项个人的豁免权。根据这几部法律中所设定的前提来看，这几项豁免权事实上要么是公民天赋权利中未被放弃的部分，即各种社会法律没有要求个人为了公众利益而必须牺牲的权利，要么是社会允诺给予个人的特权，以代替他们所放弃的天赋权利。公民的各项权利，不论是与生俱来的还是后天取得的，本来曾经是世上每一个人都应享受到的权利，然而现在除英国之外，世界上大多数国家都在贬低甚至破坏这些权利。如今可能只有英国还在强调这些权利，也只有英国人民才能享受到这些权利了。这几项权利又可被分为三个主要的或者说基本的大类：人身安全权、人身自由权及私有财产权。鉴于除了对公民所应享受的这几条重要的权利加以侵犯和削弱外，没有任何已知的手段可用于压迫或削弱公民天生的自由意志，因此要保护公民的各项权利不受侵犯，首先无疑要最大限度和最广泛地维护这三项公民的基本豁免权利。

（选自［英］威廉·布莱克斯通《英国法释义》第一卷第一章，游云庭、缪苗译）

第十五讲　革命与法治

[英] 爱德蒙·柏克

爱德蒙·柏克（Edmund Burke, 1729—1797），出生在爱尔兰首府都柏林，进入该市三一学院学习，创建了一个辩论俱乐部。21 岁时到英格兰学习法律，但后来放弃，到欧洲大陆游学，并开始从事学术研究。首先发表《自然社会的论证》（*A Vindication of Natural Society: A View of the Miseries and Evils Arising to Mankind*，1756），随后发表美学著作《对崇高和美的观念之起源的哲学探究》（*A Philosophical Enquiry into the Origin of Our Ideas of the Sublime and Beautiful*，1757）。1759 年他创刊《年鉴》（*Annual Register*）。随后担任两位政治人物的秘书，并于 1765 年当选国会议员，从此积极投身政治，坚持辉格党立场，支持美洲殖民地的申诉。柏克最著名的著作是他的《法国革命论》（*Reflections on the Revolution in France*，1790），此书出版于法国大革命爆发后仅一年，猛烈抨击大革命中以理性名义摧毁个人自由的种种做法，由此创立了近代"保守主义"思潮。

革命与法治

[英] 爱德蒙·柏克

【编者按：柏克对法国大革命的抨击，以"法律下的自由"观念为基础。法国人却相信，自由在法律之外。所以，法国大革命取消了法庭。柏克在这里描述了反法治的司法体系是什么样子的，它是如何毁灭自由和人的权利的。】

在国民议会所形成的司法规划中，我没能看出有什么显露聪明才智的地方。根据他们不可变易的程序，你们宪法的缔造者们是从彻底废除最高法院①而开始的。这些可敬的机构和旧政府的其余部分一样，需要改革，尽管在君主制中不应作任何改变。它们需要几种更多的变动以使它们能适应于一个自由宪法的体制。但是它们在它们的宪法中有其特点，其中不少是值得明智之士嘉许的。它们有一个根本的优点：它们是独立的。伴随着它们的职位的最可疑的情况——亦即它是可买卖的——却有助于这种性格上的独立。他们终身任职。实际上他们可以说是由继承而任职的。他们是由君主任命的，所以他们被认为几乎是从君主的权力而产生的。反对他们的那种权威之最坚定的努力，恰好表明了他们具

---

① 此处"最高法院"原文为 parliament，法文为 parlement，系指法国大革命前兼具行政与管理职能的司法机构。——译者

有极端的独立性。他们组成了若干永久的政治体，组成得足以抵制任意妄为的创新；而且从那种团体的构造以及它们大多数的形式而论，它们是被计算好了足以向法律提供确定性和稳定性的。它们在一切情绪和见解的革命中，都曾成为保障这些法律的一个安全的避难所。它们在专制妄为的君主的统治和专制妄为的派系斗争期间，曾经为这个国家挽救了她那神圣的储存。它们活生生地保持着对宪法的记忆和记录。它们是私有财产的巨大保障——可以说，（当个人自由已经荡然无存时）私有财产事实上在法国和在任何其他国家一样是得到了很好的保护的。在一个国家中无论至高无上者是什么，都应该尽可能地使其司法权威要这样来构成，从而使之不仅是不依赖于它，而且在某些方面还可以平衡它。它应该赋予它的司法权以一种可靠性来反对它自己的权力。它应该使得它的司法机构就仿佛是某种外在于国家的东西那样。

这些最高法院提供了（肯定不是最好的，却是某些颇为可观的）对于君主制的放纵和恶行的矫正。当一种民主制成为了国家的绝对权力时，这样一种独立的司法机构就更是十倍地必要。在那种宪法中，像你们所设计的那种由选举产生的、短期的地方法官，在一个狭小的社会中行使他们依赖性的职能，这肯定是所有法庭中最坏的一种。在他们那里，要寻找对于异乡人，对于易受打击的富人，对于失败了的少数党派的人，对于所有那些在选举中支持了未成功的候选者的人们的任何公正的表现，将是徒劳的。要使新的法庭清除最坏的派系精神也是不可能的。我们根据经验知道，所有用投票的办法来防止出现某些倾向，都是徒劳的而且是幼稚的。在它们可以最好地适宜于掩盖某些目的的地方，它们也适宜于制造猜疑，而这是造成偏颇性的一个更有害的原因。

如果最高法院得以保留，而不是在这样一场对国家是如此具有毁灭性的变动中被解散的话，它们在这个新的共和国中就可以服务于也许并不确切（我不是指精确的平行），却近似于阿雷奥帕古斯①的法庭和元老

---

① 阿雷奥帕古斯（Areopagus），古希腊雅典城边的一座山，为元老院的聚会地。——译者

院在雅典所致力的同样的目的，亦即作为对于一个轻浮而不公正的民主制的罪恶的一种平衡和矫正。人人都知道，这种法庭曾是那个国家的伟大支柱；人人都知道它曾是怎样被精心地加以维护的，又被奉献了何等之宗教性的敬畏。我承认，最高法院不可能完全免除派系；但是这种罪恶是外在的和偶然的，而不是在它们的构成本身中就有那么多的邪恶，像是你们6年一次选举产生的司法机构的那种新发明中必定会有的那样。有些英国人对取消旧法庭的行动表示赞许，认为它们是由贿赂和腐败来决定一切事情的。但是它们经受住了君主制的和共和制的审查的考验。当它们在1771年被解散①时，审判庭很想要证明那些机构的腐化。那些再次解散它们的人，如果能够的话，会做出同样的事情的；但是两次审讯都已失败了，所以我得出结论：在它们中间，重大的金钱上的腐化是颇为罕见的。

和这些最高法院一起保留下它们对国民议会所有法令进行登记和至少是抗辩的古老权力的做法会是审慎的，正如它们在君主制时代对所通过的那些法令所做过的那样。它将是使一种民主制的偶然的法令符合于某些普遍的法理原则的一种手段。古代民主制的弊病和它们崩溃的一个原因就是，它们像你们的做法一样，是以偶然的法令，即 psephismata [决议]，来进行统治的。这种做法很快就打断了法律的进程和一致性，减少了人民对它们的尊重，而且最终整个地摧毁了它们。

你们把在君主制时代存在于巴黎最高法院的抗辩权委之于你们主要的行政官（尽管在通常意义上，你们仍然称他为国王），这是极端荒谬的。你们绝不应该使抗辩权在要去执行它的那个人的手里遭殃。这就是既不理解会议也不理解执行，既不理解权威也不理解服从了。你们所称为国王的那个人，应该没有这种权力，否则就应该有更多的权力。

你们目前的安排是严格的司法性的。你们的目标不是要模仿你们的君主制并把你们的法官置于独立的位置上，而是要把他们降低到最

---

① 路易十四的大法官莫普（Maupéou，1714—1792）于1771年解散了最高法院。——译者

盲目的服从。既然你们已经改变了所有的事物，你们就已经发明了新的秩序原则。你们起初指派了法官——我设想他们是要依据法律作出决定的——而后你们就让他们懂得，在这样或那样的时候，你们有意要给他们某些他们所要据以作出决断的法律。他们所作的任何研究（如果他们曾作过任何研究的话），对于他们都毫无用处。但是为了提供这些研究，他们就要发誓服从他们不时从国民议会所接受的一切规则、命令和训令。这些如果他们屈从了的话，他们对问题就没有留有任何法律的根据了。他们就变成了统治权——它在诉讼中或在其前景上，是可以完全改变决定的权威——手中完全的和最危险的工具。如果**国民议会**的这些命令违反了在地方上选出他们的法官的那些人民的意愿，就一定会发生令人一想就会感到恐惧的混乱。因为法官们的地位得之于地方的权威，而他们所发誓要服从的各种命令又来自与他们的任命完全无关的那些人。与此同时，他们在行使他们的职能时又有着沙特莱法庭①的先例在鼓励着和指引着他们。那个法庭审讯由国民议会送来的或由别的指控途径到它前面来的罪犯们。他们坐在一个卫士的身下以保护自己的性命。他们不知道依据什么法律进行审判，也不知道他们在什么权威之下行动，还不知道他们有什么样的任期。人们认为，他们有时不得不冒着危险埋怨自己的生活。这一点或许并不确实，也无法可以肯定；但是当他们离去时，我们知道他们已经看到了，他们完全免于处罚而加以释放的人们，却被吊死在他们法庭的大门前。

这个［国民］议会的确允诺他们将制定一套法律，那将是简短的、简单的、明白的，等等。那也就是依照他们简短的法律，他们将留给法官许多自主权；而他们却已经破坏了可以使司法的自主权（在最好的情况下这也是件危险的事情）配得上一种**健全的**自主权的称号的所有学术权威。

---

① 沙特莱（Châtdet）法庭：攻占巴士底狱后，国民议会决定将某些王权主义者由巴黎的沙特莱法庭以叛国罪进行审判。——译者

　　如果观察一下行政机构小心翼翼地回避这些新法庭的裁决，那会是非常奇怪的。那就是，那些应该最完全地服从法律的人们却不受法律权力的约束。那些执掌公共金融信托的人们是所有的人中最应该严格地坚守他们的职责的。人们会认为，如果你们不是意图使那些行政机构成为真正的、主权的、独立国家的话，那么在你们最初的考虑中，就必定是要组成一个类似于你们以前的最高法院，或者类似于我们的王家法院的那种令人生畏的法庭；在那里，所有公共官员在合法行使他们的职能时都得到保护，而逾越了他们的法定职责时就会遭到强制。但是这种豁免的理由很简单。这些行政机构乃是目前的领袖们在他们从民主制到寡头制的进程中的重大工具。因此它们必定要被置之于法律之上。有人要说，你们所创立的法庭并不适宜于强制他们。它们无疑是如此。它们不适宜于任何合理的目的。也有人要说，这些行政机构要对那个立法机构负责。我猜想这是未曾很好地思考一下那个议会或那些机构的性质的一种说法。无论如何，服从那个议会的意思，并不就是服从法律，不管为的是保护还是约束。

　　这种法官的建制，还需要某些东西来完成。它要由一个新的法庭来加冕。这是一个宏伟的国家司法机构，而且它是要审判犯下了反对国家的，也就是说反对国民议会的权力的罪行的。看来就仿佛是在他们的观点之中，他们有着属于英国在大篡位时期① 建立的高等法院的性质的某种东西。既然他们尚未完成这部分规划，所以还无法对它作出一种正确的判断。无论如何，如果不是极端谨慎地以一种与指导他们进行对国事犯的诉讼截然不同的精神来构成它的话，这个屈服于他们的审讯的法庭，即**调查委员会**② ，就会扑灭法国最后一点自由的火花，并建立起在任何国家闻所未闻的最恐怖和专断的暴政。如果他们希望给予这个法庭以

---

① 大篡位(the Great Usurpation)时期，指17世纪英国革命后克伦威尔统治的共和国时期。——译者

② 调查委员会(the Committee of Research)，法国国民议会中专司调查叛国阴谋的委员会。——译者

任何一种自由和公正的外表，他们就一定不可随意从它那里调来或转给它与他们自己成员有关的案件。他们还必须把那个法庭的位置移出巴黎的共和国。

（选自［英］柏克《法国革命论》，何兆武、许振洲、彭刚译）

第十六讲　法院是危险最小的部门

[美] 亚历山大·汉密尔顿

亚历山大·汉密尔顿（Alexander Hamilton，1755 或 1757—1804），出生在商人家庭，曾在新泽西学院（普林斯顿大学前身）和国王学院（哥伦比亚大学前身）学习。独立战争爆发后，汉密尔顿担任华盛顿将军的参谋和北美革命军队的团长。战后短暂担任邦联议会议员，然后辞职开办自己的律师事务所。1784 年他创建纽约银行。1787 年，他作为纽约州代表参加制宪会议，主张建立一个强大的全国性政府。制宪会议结束后，草案待各州批准，汉密尔顿与詹姆斯·麦迪逊、约翰·杰伊共同以"普布利乌斯"（Publius）的笔名在报纸撰写文章，解释新宪法，为其进行辩护。文章结集为《联邦党人文集》（*The Federalist Papers*，1788），成为解释美国宪法最重要、最权威的著作，也是十分杰出的政治学著作。其中汉密尔顿写得最多，85 篇中写了 51 篇。联邦政府成立后，他担任首届财政部长，创建联邦党，支持发展近代工商业。

法院是危险最小的部门

[美] 亚历山大·汉密尔顿

【编者按：汉密尔顿认定，法官是宪法的唯一解释者，据此可以宣告国会和总统制定的违反宪法的法律无效。此即违宪审查制度，这是法治的精髓所在。这是一项巨大的权力，而之所以把这样的权力交给法院，是因为，司法部门是政府三大部门中"危险最小的"。这里体现了精妙的治国智慧。】

致纽约州人民：

我们现在进而就拟议中政府的司法部门加以探讨。

建立联邦法院的作用及其必要性，在揭露现行邦联制度的弱点时已经明确指出。建立司法机构，在概念上既无异议，可不再加陈述。曾经提出的问题只限于其组成方式与其权限等方面，我们的考察亦将仅限于此。

关于其组成方式似可包括以下几个问题：一、法官的任命办法；二、法官的任职期限；三、各级法院的司法权划分与彼此间的关系。

一、关于法官的任命办法，与一般联邦官员的任命办法相同，已在前两篇文章中作过详细讨论，此处毋庸赘述。

二、关于法官之任期，主要涉及其任期长短，有关其薪俸的规定，以及有关其执行职务的保证。

按照制宪会议草案规定，合众国任命的一切法官只要**行为正当**即应继续任职。此项规定与评价最高的各州宪法规定一致，亦与本州宪法的规定一致。宪法草案反对派竟对此项适当条文提出异议，足可说明其偏激的感情，缺乏理智的判断。以行为正当作为法官任职条件无疑是现代政府最可宝贵的革新。在君主政体下，此项规定是限制君主专制的最好保证；同样，在共和政体下，也是限制代议机关越权及施加压力的最好保证。在任何政府设计中，此项规定均为保证司法稳定性及公正不阿的最好措施。

大凡认真考虑权力分配方案者必可察觉在分权的政府中，司法部门的任务性质决定该部对宪法授予的政治权力危害最寡，因其具备的干扰与为害能力最小。行政部门不仅具有荣誉、地位的分配权，而且执掌社会的武力。立法机关不仅掌握财权，且制定公民权利义务的准则。与此相反，司法部门既无军权，又无财权，不能支配社会的力量与财富，不能采取任何主动的行动。故可正确断言：司法部门既无强制，又无意志，而只有判断；而且为实施其判断亦须借助于行政部门的力量。

由以上简略分析可以得出一些重要结论。它无可辩驳地证明：司法机关为分立的三权中最弱的一个[①]，与其他二者不可比拟。司法部门绝对无从成功地反对其他两个部门，故应要求使它能以自保，免受其他两方面的侵犯。同样可以说明：尽管法院有时有压制个别人的情况发生，但人民的普遍自由权利却不会受到出自司法部门的损害。这种提法是以司法机关确与立法、行政分离之假定为条件的。因笔者赞同这样的说法："如司法与立法、行政不分离，则无自由之可言。"[②] 是故可以证明：归根结底，对自由的威胁，既不虑单独来自司法部门，则司法部门与其他二者任一方面的联合乃最堪虑之事。纵然仍有分权之名，一经联合则必置前者于后者庇护之下，因司法部门的软弱必然招致其他两方的侵犯、

---

① 大名鼎鼎的孟德斯鸠在谈到此点时曾说："上述三权中，司法几乎没有什么权力。"——《论法的精神》第1卷第186页。

② 《论法的精神》第1卷第181页。

威胁与影响；是故除使司法人员任职固定以外，别无他法以增强其坚定性与独立性；故可将此项规定视为宪法的不可或缺的条款，在很大程度上并可视为人民维护公正与安全的支柱。

法院的完全独立在限权宪法中尤为重要。所谓限权宪法系指为立法机关规定一定限制的宪法。如规定：立法机关不得制定剥夺公民权利的法案，不得制定**有追溯力**的法律等。在实际执行中，此类限制须通过法院执行，因而法院必须有宣布违反宪法明文规定的立法为无效之权。如无此项规定，则一切保留特定权利与特权的条款将形同虚设。

对法院有宣布立法因违宪而归于无效之权的某些顾虑源于怀疑此一原则含有司法高于立法权的含义。曾有人说，有宣布另一单位的行为无效的机构，其地位必然高于原来提出此一行为的单位。既然此项原则在美国的一切宪法中具有极大重要意义，简单讨论其所依据的道理当有必要。

代议机关的立法如违反委任其行使代议权的根本法自当归于无效乃十分明确的一条原则。因此，违宪的立法自然不能使之生效。如否认此理，则无异于说：代表的地位反高于所代表的主体，仆役反高于主人，人民的代表反高于人民本身。如是，则行使授予的权力的人不仅可以越出其被授予的权力，而且可以违反授权时明确规定禁止的事。

如谓立法机关本身即为其自身权力的宪法裁决人，其自行制定之法其他部门无权过问，则对此当作以下答复：此种设想实属牵强附会，不能在宪法中找到任何根据。不能设想宪法的原意在于使人民代表以其意志取代选民的意志。远较以上设想更为合理的看法应该是：宪法除其他原因外，有意使法院成为人民与立法机关的中间机构，以监督后者局限于其权力范围内行事。解释法律乃是法院的正当与特有的职责。而宪法事实上是，亦应被法官看作根本大法。所以对宪法以及立法机关制定的任何法律的解释权应属于法院。如果二者间出现不可调和的分歧，自以效力及作用较大之法为准。亦即宪法与法律相较，以宪法为准，人民与其代表相较，以人民的意志为准。

以上结论并无假定司法权高于立法权的含义。仅假定人民的权力实在二者之上；仅意味每逢立法机关通过立法表达的意志如与宪法所代表的人民意志相违反，法官应受后者，而非前者的约束，应根据根本大法进行裁决，而不应根据非根本法裁决。

法官在互相矛盾的两种法律中作出司法裁决可举一常见之事为例。时常有两种在整体上或部分上互相矛盾的法律存在，且均无在某种情况下撤销或失效的规定。在此种情况下，法院有澄清之责。法院如能设法加以调和，从法理上考虑自应予以调和一致；如不能做到此点，则有必要选用其一。法院决定两种法律的相对效力的规律是采用时间顺序上的后者。但此仅为从事物的性质与推理方面考虑得出的实际运用规律，并无法律的依据。此一规律并非成文法，乃法官解释法律时采用的符合事物规律的一般规则。司法人员认为具有同等**效力**的互相冲突的立法，应以能表达最后意志的法律为准。

但如互相冲突的法律有高下之分，有基本法与派生法之分，则从事物的性质与推理方面考虑，其所应遵循的规律则与上述情况恰好相反。司法人员认为：在时间顺序上较早的高级法较以后制定的从属于前者的低级法其效力为大。因此，如果个别法案与宪法违背，法庭应遵循后者，无视前者。

如果说，这样法院在与立法机关发生龃龉的情况下，或可任意歪曲立法机关制宪的原意，此种说法实在无足轻重。因这种情况在两种法律条文互相矛盾中，或就任一法律条文进行解释中均可发生。解释法律乃是法庭的责任，如法庭以主观意志代替客观判断，同样可以造成以一己的意志代替立法机关原意的情况。这也就无异于主张根本不应设立独立于立法机关之外的法官了。

因此，如从法院应被视为限权宪法限制立法机关越权的保障出发，司法官员职位固定的理由即甚充足，因除此而外，并无任何其他规定更能促使法官得以保持其独立性，而法官的独立实为其执行上述艰巨任务必须具备的条件。

法官之独立对保卫宪法与人权亦具同样重要意义。如果在某些玩弄阴谋诡计之人的煽动与影响下，未经人民的审慎详查，致使某种不良情绪得以散布，可以造成政府的某种危险变动，使社会上的少数派遭到严重的迫害。固然，笔者相信宪法草案拥护者绝不同意反对派[①] 对共和政体的基本原则——承认人民在他们认为现行宪法与人民幸福发生抵触时，有权修改或废除之——加以怀疑；但却不能从此引申出这样的看法：人民代表在大部分选民一时为违宪倾向所蒙蔽时即可违宪行事，或法院因而可以参与违宪行动，并认为法院这样做较诸完全屈从立法机关的阴谋更为合法。除非人民通过庄严与权威的立法手续废除或修改现行宪法，宪法对人民整体及个别部分均同样有其约束力。在未进行变动以前，人民的代表不论其所代表的是虚假的或真正的民意，均无权采取违宪的行动。但值此立法机关在社会多数派的舆论怂恿下侵犯宪法之时，法官欲尽其保卫宪法之责实需具有非凡的毅力，这也是明显之理。

但是，法官的独立是保卫社会不受偶发的不良倾向影响的重要因素，并不仅是从其可能对宪法的侵犯方面考虑。有时此种不良倾向的危害仅涉及某一不公正或带偏见的法案对个别阶层人民权利的伤害。在此种情况下，法官的坚定不阿在消除与限制不良法案的危害方面也有极为重要的作用。它不仅可以减少已经通过的此类法案的危害，并可牵制立法机关的通过。立法机关如预见其不良企图将为法院甄别，即不得不对其不良企图有所节制。这种考虑对我政府的影响尚不甚为人所觉察。对于司法部门的主持正义以及其节制作用有所感觉者则已不限于一州。此种良好作用或为居心叵测之人所不满，必为所有正直人士所尊重与欢迎。各界有识之士自当珍视法庭正直不阿之风的存在与加强，事关切身利害，无人可以保证本身不成为不公正审判的牺牲者。如任不良倾向猖獗必将导致人心丧尽、社会不宁，这是人人皆可以感觉到的。

坚定、一贯尊重宪法所授之权与人权，乃司法所必具的品质，绝非临时任命的司法人员所能具备。短期任职的法官，不论如何任命或由谁

---

① 参见《宾夕法尼亚制宪会议少数派之抗议》及马丁的演说等。

任命，均将在一些方面使其独立精神受到影响。如任命权在行政，或在立法机关，则使法官有俯首听命于拥有任命权的某一部门的危险。如由双方任命，则可产生不愿触犯任何一方的情绪。如由人民选举法官，或由人民选出的专门选举人任命，则可产生法官过于迁就民意，影响其唯以宪法与法律的规定为准则、执法不阿的态度。

法官的职务固定尚有一从其本身应具备的条件出发而产生的理由。常有明智之士论及：浩瀚之法典乃是关系自由政府优点的必然现象。为防止法庭武断，必有严格的法典与先例加以限制，以详细规定法官在各种案情中所应采取的判断。由此易见，由人类天生弱点所产生的问题，种类繁多，案例浩瀚如海，必长期刻苦钻研者始能窥其堂奥。所以，社会上只能有少数人具有足够的法律知识，可以成为合格的法官。而考虑到人性的一般堕落状况，具有正直品质与必要知识的人其为数自当更少。由此可知政府可以选择的合格人选自属不多，如使其短期任职，则合格之人常不愿放弃收入甚丰的职务而就任法官，因而造成以较不合格之人充任的趋向，从而对有效而庄严的司法工作造成危害。在我国目前情况下，今后一个长时期内，此一缺点实较可以设想者为大；但亦应承认，此点与其他方面比较尚属次要的考虑。

总而言之，制宪会议沿袭州宪法以行为正当作为法官继续任职的条件，甚为明智，并无可以怀疑的余地。就此而论，良好政府之组成如无此项规定，却为不可宽恕的缺点。大不列颠之经验可为这一良好制度提供证明。

（选自 [美] 汉密尔顿、杰伊、麦迪逊
《联邦党人文集》第七十八篇，程逢如、在汉、
舒逊译）

第十七讲　法官是宪法的代言人

[美] 约翰·马歇尔

约翰·马歇尔（John Marshall，1755—1835），出生在弗吉尼亚州，早年学习古典文学，独立战争爆发后加入革命军，参加过多次战斗。1779 年退役后开始学习法律，1780 年开始从业。其后三次当选弗吉尼亚州议会议员。后继续执律师业。1799 年当选为联邦众议员，1800 年，被亚当斯总统任命为国务卿。次年，又被任命为联邦最高法院首席大法官，在此职位上供职 34 年，一直到 79 岁去世，是美国任期最长的首席大法官。马歇尔判决了一系列里程碑式案件，巩固了联邦政府，尤其是将最高法院确立为宪法含义的权威解释者。

法官是宪法的代言人

[美] 约翰·马歇尔

【编者按：这是马歇尔任内第一个重要的判例，它也将最高法院确立为美国宪法的解释者，从而确立了司法审查制度，这是除联邦主义之外，美国对宪政制度发展作出的最大贡献。根据这一制度，法官可依据自己对宪法的解释，宣告国会、总统制定的法律无效。如果没有这一制度，法治就是不完整的，因为，法治要求法律本身必须是公正的、正当的，这就需要有人相对独立地依据原则对此进行判断。否则，不公正、不正当的法律的统治，与专断的统治并无区别。】

联邦最高法院无权向美国国务卿发布训令，因为联邦最高法院执行并非由宪法批准的最高司法管辖权。除了在宪法中规定的那些案件，国会无权在其他案件中授予最高法院以最高司法权。与宪法相左的国会法案不成为法律。美国法院有责任恪守宪法。

对由行政机关任命的官员来说，委任状无关紧要。

委任状只是任命的证明。

领发并非是特许状有效的必要条件。

总统不能授权国务卿玩忽那些由法律责成履行的职责。

哥伦比亚特区治安法官并非由总统的意愿而变更。

当一个并非由总统意愿而就职的官员的委任状由总统作了签

署并交国务卿盖印、记录后，它就是不可更改的，这一任命手续已
完备。

　　训令状是迫使国务卿向享有权利的当事人颁发委任状的合理
的补救手段。

　　在最后开庭期，即在 1801 年 12 月开庭期中，威廉·马伯里、丹尼斯·拉赛、罗伯特·汤森·豪克和威廉·哈勃通过他们的律师、前任美国司法部长查尔斯·李先生分别要求法院对美国国务卿詹姆斯·麦迪逊实施裁定，让他说明为什么不应该发布法院训令命令他分别向几个申请人颁发哥伦比亚特区治安法官的委任状。下述事实的宣誓证词支持这一初议：该初议已报告麦迪逊先生；前任美国总统亚当斯先生曾向参议院提名以上申请人，以便获得参议院建议同意任命他们为哥伦比亚特区的治安法官；参议院建议同意这项任命；正式委任状是由任命他们为治安法官的亚当斯总统签署的；该任国务卿在上述委任状上正式加盖了美国国印；申请人曾要求麦迪逊向他们颁发上述委任状，而麦迪逊对之不予回应；他们的上述委任状被扣发；申请人在美国国务卿麦迪逊办公室向他提出请求，以求得知委任状是否如前所说已签署盖章；无论是国务卿还是国务院的任何官员都不曾对这一质询给以明确的、令人满意的答复；申请人已向参议院提出申请要求得到申请人的提名证书和参议院建议同意的证书，参议院一直拒绝颁发这样的证书；于是，12 月 4 日制作了一项说明案情的裁定。此裁定已送达。

　　李先生赞成这一裁定，认为重要的是要弄清哥伦比亚特区治安法官依据什么来担任公职，以及任命一位（并非出于总统意愿的）官员的必要程序是什么。在关于制作裁定的建议问题上，无论其事实是多么恶劣，而那些申请人非常难以得到关于它们的明证。国务院办公室已拒绝提供合理的信息。虽然已向参议院提交了一份庄重的请愿书，恳请参议院允许他们的秘书从参议院的日常议事录中摘取有关将申请人向参议院提名以及参议院建议同意此项任命的资料，他们的要求还是被拒绝了，

他们的请愿也被驳回。于是他们被迫召唤证人出庭，但他们又得不到证人的自愿宣誓证词。在此，李先生读了丹尼斯·拉赛的宣誓证词和 1803 年 1 月 31 日参议院的议事录印件，即关于参议院对请求他们的秘书提供所要求的资料的否决的议事录。然后，李先生传呼雅各·瓦格纳和丹尼尔·布伦特，他们已受传出席法庭，然而，他们已谢绝提出自愿宣誓证词，这是可以理解的。他们不同意宣誓，宣称他们身为国务院职员，并无义务透露任何有关国务院事务及办公的实情。

李先生认为，为了说明检验这些证据的正当性，他要就国务卿的职责的性质略加评述。国务卿的职责是双重的，他以两种不同的资格行使其职能：他既是美国政府部长级官员，又是美国总统的代理人。在第一种职责中，他对美国及其公民负责。在另外一种职责中，他向总统负责。就第一种职责而言，他是独立的、负有责任的官员。就另一种职责而言，他依赖于总统，是总统的代理人，并只对总统一人负责。因前一资格，法院训令可迫使他尽职，因后一资格，他又不受此强制。有关这一问题的两项国会法令明确地指出了这一区别。第一项法令于 1789 年 7 月 27 日通过（《法令集》第一卷第 359 页），标题为"建立一个命名为外交部的行政部门的法令"。其第一部分，就该部长仅被当作一名行政代理人来说，确定了他的职责。法令行文为："本法令确定，成立一个命名为外交部的行政部门，并且，该部应有一个首长，称为外交部部长，他应履行这样一些职责，如美国总统对他的经常性嘱咐和委托，相应地按照宪法委任和命令美国驻外公使和领事，同外国公使或亲王谈判，接受外国公使或其他外国人的请愿书或其他申请书，以及美国总统分派给该部的有关外交的其他事务。此外，该部负责人应根据美国总统的经常性指令来处理该部事务。"

该法令第二部分规定任命一名首席秘书，第三部分规定要进行简单的宣誓，"忠实圆满地执行所赋予他的职责"，第四部分和最后部分委托他保管旧国会领导下的外交部的文件和证书。关于该法令赋予其权力和强加的义务，并无可颁发训令的余地。该部长只向总统负责。有关这一部门的另一国会法令，在同届国会会期中，于 1789 年 9 月 15 日通过（《法令集》第一卷第 41 页），标题是"安全保管美国法案、记录、国印和其他规定的法令"。该法令第一部分改变了外交部和外交部部长的名称，一个称为部，另一个称为国务卿。第二部分赋予国务卿新的职责，在履行其职责上，从实质来说，总统显然不能合法地支配他；而若他不履行职责，与其说他向总统负责还不如说向其他美国公民负有责任。法令规定，国务卿接受来自总统的一切法案、命令、决定和参议院、众议院的议决事项，这些应由他签署同意，并由他命人将它们公布，并印作副本交各参议员、众议员和各州行政部门，并把精心保存其原件为己责，让人把它们记录下来以汇集成册。第三部分是对美国国印的规定。第四部分规定他的职责是保管好国印，并填写、记录和加盖美国国印于所有的民事委任状上。第五部分规定了一个印章办公室，在他的办公室中一切文件、记录的副本凭国印都和原本一样有效。第六部分规定了副本费用，并且，该法令第七部分和最后部分托付国务卿保管旧国会秘书处文件。这法令委派的大多职责都是公共性质的，国务卿必须要履行，而无须任何人支配。美国总统无权阻止他接收法案、命令、决定和立法机构的议决案，亦无权阻止他公布、分发它们或保存、记录它们。当国务卿仍在职时，总统不能取消他的国印保管权，在总统已签署了这些委任状，并为此转交给国务卿之后，总统也不能阻止他记录这些文件，并在并非按总统意愿就职的官员们的文官委任状上加盖国印。根据其他法律，他要在其职责内起草并记录有益的发明的特许证和在联邦国家授权下授予的土地特许证。在执行所有这些职责时他是联邦国家政府部长级官员。而这些职责是法律赋予他的，在履行职责上他不受总统支配。倘使他失职或拒绝履行职责，法院以对在联邦国家授权下就职的其他官员采取的同样的措施，用法院训令可强迫他履行。总统并非此案的一方当事人。国务卿被要求履行总统不能干预的职责，关于这方面，总统并无处置权，同时他也不以任何方式对国务卿的失责而负责。只有国务卿一人是被委以责任的人，只有国务卿一人对圆满地履行职责负责。因而，国务卿身居其位有如联邦政府的其他每一个部长级官员，对于这些职责，都同样可以依法被强迫履行职责，国务卿也要受同样的作证规则约束。这些职责并不是机密性的，而是公开的，并且，国务卿的职员并没有某种执行特权。毋庸置疑，这些职员们通过与国务卿的联系而获悉某些事实，关于这些事实，他们并无回答的责任。这些事实即有关外交文件、该部首长与总统间的秘密通讯等。然而，这并不妨碍要求他们宣誓作证，而只是反对任何细节上的刨根问底。假定，我根据联邦国家特许证要求土地所有权。我要求从国务卿那儿得到特许证副本。他拒绝了。确实，法院训令可以迫使他提供这副本。但为了取得这训令，我必须说明，该特许证确实在他的办公室记录在案。如果我不能传唤国务卿办公室职员来证实此事实，那么，我的案件确实难以处理。再者，假定国会为了我的利益通过了一项私人法令，我必须在法院中使用这法令。我请求得到副本。但我被拒绝。为动用训令，难道不允许我传唤该办公室的职员以证明这样的法令是在该办公室的案卷中并被正式记录在案吗？尽管那些法律记录在案，但无法取得该记录，因而无从由这些法律得益，那么人们绝不会对此满足的。

法院命令证人宣誓，并且把他们的回答记录在案，但告知他们，当发问时，假如有什么细节问题的话，他们可以声明拒绝回答每一个细节问题。

在查讯中，瓦格纳先生证实，在这段时间中，他想不起来是否在国务卿办公室中见过什么任命那些申请人或治安法官的委任状。马伯里先生和拉赛先生曾就他们的委任状问题访问过国务卿。国务卿让他们去他[①]那儿查询；他把他们引入另一个房间，向他们谈及，有两份委任状已签署，而其他的尚未签署。他并非是亲自了解到这内情的，而是别人告诉他的。瓦格纳先生谢绝回答这个问题"谁告诉他这消息的"；于是法院裁定他不一定要回答它，因为它与本案无关。他进一步证实一部分治安

---

① 指瓦格纳自己。——译者

法官委任状已记录下来，但他相信不是全部被记录下来。他不知道申请人的委任状是否曾被登录，因为他不曾追查过 12 个月以前的文件。

丹尼尔·布伦特先生作证说，他记不清楚亚当斯先生签署的治安法官的委任状上任何人的名字；但他相信，且几乎可以肯定，马伯里先生和豪克上校的委任状已起草出来，而拉赛先生的还没有，他起草了一个名单，填写委任状的职员便以这名单为依据；他认为拉赛先生的名字被误漏，但据他所知，该名单包括另外两个人的名字；他相信没有任何由亚当斯先生签署的治安法官委任状被登录在案。在治安法官委任状起草后，他曾把它们交给亚当斯先生签署。在总统签署后，他把它们交回国务卿办公室，并在委任状上面加盖了美国国印。在委任状被记录以前，国务卿办公室通常并不把它们颁发出去；但有时却又颁发未被记录的委任状，只作个备忘录，然后才把它们记录下来。他相信，还没有任何治安法官委任状被发出，或颁发给打算授予的个人；他不知道这些委任状结局如何，他也不知道它们现在仍在国务卿办公室。

已受传唤的首席检察官林柯先生现在被传呼，他谢绝回答。他要求把问题写出来，如果有时间他会考虑如何回答。一方面，他尊重该法院的司法管辖权，另一方面，他觉得自己有义务维护行政部门的权利。这事件发生时，他正充任国务卿。他认为关于他充任国务卿时正式获悉的任何真情，他都没有义务、也不应该回答，他的看法受到其他那些他所非常尊重的人的支持。

问题被写出来，经宣读，再交给林柯先生。他重申他先前提出的看法，陈述说，他的反对是两方面的。

首先，他认为他自己没有义务披露他任国务卿时的公务议事录；

其次，他不应该被强迫回答任何有助于证明他自己有罪的问题。

李先生在回答中复述了他先前对瓦格纳先生和布伦特先生的拒绝所作的答复意见的要点。他阐明，国务卿的职责是双重的。他作为联邦国家的一名部长级官员履行其一部分职责，完全不依附于总统，对于在行使这一权力时他正式获悉的任何真情，他都和联邦法院执行官、收税官或其他任何行政官员一样有回答的义务。但是，在行使他的另一部分职权时，他并不是作为政府的部长级官员，而是作为总统的代理人，他有义务遵循总统的命令、行动向总统负责。于是，关于在行使他的这一部分职责时，他正式获悉的任何真情他都没有回答的义务。李先生同意林柯没有义务透露可能有助于指控他有罪的任何事实。

林柯先生认为要说明每一个国务卿都有义务随时应召出庭作证并证实他在公务中获悉的真情是很容易的。他感到在对法庭的义务和他认为他对行政部门所负的义务之间他处境微妙，他希望法院给他时间去考虑那些问题。

法院回答，倘使林柯先生希望有时间考虑如何作答，他们乐意批准，但他们认为他还是应该回答。没有什么秘密会被泄露。倘使有这样的秘密，他便不负有回答的义务。假如他认为有什么事是他秘密得悉的，他就没有义务泄露它，他也不必说出任何将归罪于他的事。但这些委任状是否曾在国务卿的办公室里，其真情并非机密，它是所有人都有权得知的事实。

于是林柯先生祈请宽延到第二天，根据法庭的这一意见他考虑作答。

法庭批准了这请求，并把本案的进一步考虑事项推延到第二天。

第二天上午开庭时，林柯先生说他不反对回答提出的问题，但他认为完全没有义务回答最后一个问题。那问题是，委任状已如何处理。他毫无踌躇地说他不知道麦迪逊先生已获得这些委任状，他也不知道麦迪逊先生就职时，委任状就在国务卿办公厅里。就他是否有义务透露委任状已如何处理的问题，他请求知道法庭的意见。

法庭认为他不必说委任状结局如何；假如它们从未落入麦迪逊先生之手，那么别人如何处理它们对于目前的案件是无关紧要的。

对于其他问题，他回答道，他曾见过哥伦比亚特区治安法官委任状，亚当斯先生已在上面签署，美国国印已加盖于上。他已想不起来是否有哪个委任状任命马伯里先生、豪克上校或拉赛上校为治安法官；当他进入那办公室时，有几份哥伦比亚特区治安法官委任状已起草出来；

而他得到了一份要填入全体的委任状的名单，此事照办了，并且林柯认为这份全体委任状是代替那些特殊委任状的；而且，那些在这份全体委任状中有其姓名的人得知他们已得此任命。他不知道有什么人看过为其起草出的那份委任状，也不相信有哪份委任状已被颁发。

然后李先生读了詹姆斯·马歇尔的宣誓证词，他已应召作证。该宣誓证词说明，1801 年 3 月 4 日，得到来自亚历山德里的某人的通知说，有理由认为当晚在该城有骚动行为，他被诱使立即回家并为治安法官委任状一事前往拜访国务卿办公室；他相信，交给他的该县治安法官委任状有 12 份之多，他为此写了个收条，留在该办公室。他发现要全部带走这些委任状很不方便，他就归还了其中几份，并用钢笔画去了收条中他已归还了委任状的人名。据他所知，在他归还的委任状中有一份是豪克上校的，有一份是威廉·哈勃的。

然后，李先生认为，既已证明委任状存在，他将把为支持裁定必须作的进一步评述限制于以下三个问题上：

第一，最高法院是否在任何情形下都可以判发训令状。

第二，训令状是否在任何情形下都依赖于国务卿。

第三，在本案中，法庭是否可向国务卿麦迪逊判发训令状。

关于第一个问题的论证不仅溯源于美国的司法原则和实践，溯源于我们的政治制度的许多原则，而且溯源于美国宪法和法律。

这是最高法院，根据它的至上性，它必然有权监督下级法院和官员，无论是司法官员还是行政官员。在这方面，司法官员和行政官员不存在区别。从这一原则出发，在英格兰只有王座法院有权判发训令状和禁令（《惯例集》第三卷第 70、71 页）。如果说由于英国的王座法院是最高法院，它具有这种权力，那么，难道我们能不承认美国宪法规定为最高法院的本法院具有此权力吗？这是一项有益的、必要的权力，但在具备其他充分的、特定的、合法的补救手段时，就不能行使此权力。

宪法第二部分第三条授予该法院拥有在美国宪法和法律下的普通法和衡平法上的一切案件的上诉管辖权，但也带有例外（该法院具有初审司法管辖的案件除外）。要在最广泛的意义上来采用"上诉管辖权"这术语，实质上，它包含着对下级法院的监督权。

根据涉及的问题，上诉案的性质实际上是多种多样的。既定的、不可动摇的原则是：每一项被侵犯权利都必须有救助手段，每件损害都必须获得补偿。某些损害只能以训令状使其获得补偿，其他损害通过禁令状获补偿。于是，就必须有能发出这种传票的司法管辖权的权威。除了在宪法和法律规定了其至上性并授予其上诉管辖权的法院那儿，我们还能在哪儿寻找这种权威呢？布莱克斯通说（《英国法释义》第三卷第110页）："训令状是由王座法院以国王名义发布的命令，是对任何个人、团体或下级法院的指令，要求他们做某些特殊的、当时特定的事，这些事属于他们的职责和义务，或至少假定为，该法院对他们的行为是否符合公理和正义有最终决定权。它是一种有最广泛的补救性的令状，在当事人有权使他人做某事，但无其他特殊的、使该事得到履行的手段时，得发布此令状。"

在《联邦党人》第二卷第239页，据称，"上诉"一词在用于处理民事案件的上诉时，并不是采用它的技术上的意义，而是采用其最广泛的意义，按这种意义，它无非是表示一个法院对另一个法院的诉讼复核权，或是对法律的复核，或是对事实的复核，或者二者都有。训令状实际上是对事实也是对法律的上诉。国会可以规定诉讼形式，根据此形式，最高法院将行使它的上诉管辖权，并且最高法院可向某人宣布一份训令状。但这权力并不只是取决于暗示。通过立法条文和该法院的司法判决，这权力已得到承认。

根据宪法通过后的最早的一次会议上通过的一项法律（《法令集》第一卷第58页），国会已明确地授予最高法院发布训令状的权力。该法律写道："在下文特别规定的案件中，最高法院也有对来自巡回法院、各州法院的上诉管辖权；当作为海事法院和进行航海管辖时，也有权对地区法院发布禁令状；一旦被法律原则和惯例授予权力，也有权向任何在联邦国家权力下任命的法院和就职的个人发布训令状。"

除宪法提及的案件外，国会并没有受限制以致不能对其他案件授予最终司法审判权。

最高法院用训令对一种案件实施管辖，对另一种案件以禁令来管辖。

在美国诉法官劳伦斯案中，根据同法国的领事条约的一条款，总检察长在法国部长的请求下要求动用训令以迫使劳伦斯法官发布对巴里上校、法国军舰"山鹑号"的舰长的训令状。在此案中，法院颁发训令状的权力，根据原被告双方辩护人的意见，都被认为是理所当然的，并且，法院似乎也认为如此。由于要求训令的该案并不是支持这一动议的正常案件，因此要求的训令被否决了。在美国诉彼得森法官的案件中，授予了一件禁令状。这是法国轻型护卫舰"卡秀号"的著名案例，该案后来成为两国外交龃龉的主要原因。1794 年 2 月 5 日，以康涅狄格州的一个公民乔·堪得勒的名义向最高法院提出的请求要求向国防部长颁发训令状，命令他把堪得勒列入伤病军人抚恤名单。经争论，法院拒绝颁发训令，因为申请人作为依据提起请求的国会关于伤残军人的两项法令并不能支持该案。1794 年 2 月期间，美国诉霍布金斯案是请求向霍布金斯发布训令以命令他准许某人去认购美国公债，霍布金斯是弗吉尼亚区的公债募集官。经争论，训令被拒绝，因为请求人没有充分地确证他的权利。在这些案例中，没有哪一个也没有其他任何案例否定本法院发布训令状的权力。因此，自政府成立以来的整个时期，看来都有对于这一观点的宪法立法性解释，和依据这种解释的司法实践。

第二个问题是，能在任何情形下向国务卿发布训令状吗？肯定不是在一切案件中都能，也不是在一切案件中都能向总统发布训令。提到总统这一职务也许是不适当的，但我被迫这样做。有一种观念已得宣布，即对国务卿的训令状就等于对美国总统的训令。我宣布，我的意见是，在对这一问题作广泛理解的基础上，总统由于行使其高级职能是不应该服从任何法院的，而且只能在宪法指出的方式时负责。如上所述，国务卿行使两方面的职责，作为总统的代理人，他不受法院训令约束；但作为美国法律的记录人，作为国印保管人，作为土地契约、特许状和委任状等等的记录人，他是美国人民的部长级官员。因此，他有由法律赋予他的职责，在行使这职权时他不受任何人支配，只受法律制约。确实，他是一名高级官员，但他不能凌驾于法律之上。任何要履行政府职责的部长级官员在行使其职责时不受法律强制，这是不符合我们的政治制度原则和美国公民的习惯的，作为一个部长级官员，他是可被强迫履行其职责的，假如他拒不履行，他应受控告。这种起诉可以是惩罚这官员的手段，但对受损害一方的特殊的民事补救手段只能得自于训令状。假如在任何案件中，最高法院都可以授予训令，那么，也可以对国务卿发布此训令，因为国会法令明确地授权"在由法律原则和惯例批准下的案件中，向任何在联邦授权下就职的人"颁发训令。

据认为，在许多案件中国务卿应受强制履行其专门职责。根据国会该法令第五、第六部分、《法令集》第一卷第43页，盖有国务院办公室印章的文件副本可作为法院的证据，并应为它们付给起草书。该法案的意旨肯定是，每一个需要文件副本的人都有权得到它。假如国务卿拒绝提供文件副本，他是否应受强制呢？假定，授予我一份联邦国家的购置土地特许证，它被起草出来，并由总统签署，总统授权国务卿在特许证上盖大印；国务卿拒绝这样做；那么，难道我不能得到一份强迫他的训令吗？假定印章已盖，但国务卿拒绝记录那特许状，难道他不应受到强制吗？假定特许状被记录了，但国务卿拒绝颁发它，难道我就没有补救手段吗？

就这方面来说，土地证和治安官委任状之间并无区别。国务卿的职责在此完全相同。

派特逊法官讯问李先生，如果不是总统命令国务卿这样做，李先生是否认为颁发委任状是国务卿的职责。

李先生回答，在总统已在一份并非由他任命的官职的委任状上签名，并且委任状已交国务卿盖章后，总统就已处理完毕，总统不再有别的事儿了，剩下的只是国务卿履行法律赋予他的部长职责了。盖章、记录、根据要求颁发委任状立即成为国务卿的职责。在这样的情况下，签名、盖章，任命就完成，而如果国务卿扣发委任状，他就犯错误了。

　　第三点是，在本案中，是否应向国务卿詹姆斯·麦迪逊发布训令状？

　　哥伦比亚特区治安法官是司法官员，任期 5 年。该职是由 1801 年 2 月 17 日通过的国会法案设立的，该法案名为"哥伦比亚特区法案"。他们被授权开庭，有权审理价值 20 美元的个人请诉。1802 年 5 月 3 日法案，把他们作为司法官员，并且规定根据他们的判决发布执行令状的方式。他们就职而不依赖于总统意愿。当总统已将这样一名官员向参议院提名，参议院已建议并同意，总统已在委任状上签名并转交给国务卿去盖印之后，对这样一名官员的任命就完成了。于是总统对此事处理完毕，它就是不可更改的了。对一名法官的任命一旦完成，它就是永久性的。他根据宪法而任职。要求国务卿履行的职责是行政性的，由法律规定的，他并无自决权，而是必须履行它们。这儿不存在处置权。从法律上看，它们似乎是完成了。

　　这些治安法官行使联邦国家部分司法权力。因此，他们应是独立的。李先生请求再次离题阐述《联邦党人》第二卷相应内容，以便对这一问题有正确的认识。它们包括他希望已被普遍阅读过的、得到普遍理解的观点和看法。它们包含着我们宪法的这一部门赖以建立的原则。司法独立对这一地区的公民是重要的，几乎一切直接对他们行使的权力都是司法权力。他们希望知道这一地区的法官是否是根据国务卿的意愿而获得委任状。首先，本案初看起来似乎微不足道，但它在原则上的意义重大。正为此本法院为它烦神。该职的报酬和尊荣并非是几位申请人追求的目的。他们认识到他们正式被任命为治安法官，他们相信维护他们就职的权利是他们的义务，而不能容忍当权者的粗暴对待。这一地区的公民对像身居国务卿这样高位的人的越权行为深感担忧。

　　现在仍需考虑的只是，强制政府部长级官员发布委任状的训令是否是法律原则和法律惯例批准的案件之一。

　　假如没有其他可靠的、特定的、合法的补救，训令的设置就是法律的基本原则。曼斯菲尔德在 King v. Barker, et al 一案中认为，这是观察关于这一问题的所有案件的结论。

来克斯诉密德斯特的鲍诺夫案，是以训令状迫令向地产保有权购买者提供确实的转让证，据此，这些购买者将有权选举国会成员。在来克斯诉哈义先生一案中，发布一份训令以允许某人支配财产。

训令并不提供权利，而只是在某种程度上为当事人提供一种行使其权利的方式。

训令用于强制涉及公众的行政行为，尽管存在着更讨厌的补救方法，假如有着合法的权利和公正的补救方法时，亦是如此。训令用于批准成立贸易公司。来克斯诉土耳其公司，它亦用于在法律文件上加盖公司印章，用于货物税专员授予的特许证，用于确认一个办事处，用于颁发涉及公众的文件，训令同时将用于疑难案件，用于进一步考虑偿还。

训令可用于招收教职人员。

训令程序历史之悠久可溯达爱德华二世时代。

最初的训令状不是强制性的，它只是命令官吏做某事，或阐明为什么他不应该做某事。假如报告的理由是充分的，那么该程序便结束。假如理由不足，就要颁发强制性的训令状。

训令被说成是指令文书。但法院的自由裁量权一向意味着有效的、合法的自由裁量，绝非任意胡为。一旦请求人提出一个适当的案件，法院就一定要发布训令。法院绝不拒绝为任何人主持公道。

在此后的一天，在法院提出看法前，李先生宣读了哈森·凯保的宣誓证词，哈森·凯保曾是国务卿办公室的职员，并曾到美国一处偏远地区，但直到本案争论之后，他回来的事才为申请人所知悉。

宣誓证词说明，1801 年 3 月 3 日，他是国务部职员。当日，在办公室，委任状已被起草并已由总统签名，任命威廉·马伯里为华盛顿郡治安法官，任命罗伯特·T.豪克为哥伦比亚特区亚历山得里郡的治安法官。

后来，2 月 24 日，首席法官发表了最高法院的下述意见。

法院意见：

在最后开庭期，根据哈森·凯保宣读的宣誓证词，在本案中提出一个裁定，要求国务卿阐明为什么不应该发布法院训令以命令他向 W. 马伯里颁发哥伦比亚特区华盛顿郡治安法官委任状。

国务卿至今没有说明任何理由，当前的动议是要发布训令状。本案特有的微妙、其某些背景之新奇、伴随着本案产生的诸特点的真正困难，需要对一些原则作全面的解释，法院所提出的意见是要以这些原则为基础的。

从申请人一方来看，这些原则完全可以公开争论。在法院提出的论点中，虽然不是从实质上，但是从形式上看同在争论中阐述的论点有些许背离。

依照法院由以考察这一问题的次序，已被考虑和决定的是下列问题：

1．申请人有权得到他要求的委任状吗？

2．假如他有权，然而这权利已受侵犯，他所在国家的法律要为他提供补救手段吗？

3．假如法律为他提供补救手段，这手段就是发自法院的训令吗？

调查的第一个问题是：申请人有权获得他要求的委任状吗？

申请人的权利产生于 1801 年 2 月国会通过的有关哥伦比亚特区的一项法案。

在把该特区划分为两个郡以后，该法第八节规定，由于美国总统要常常考虑权宜之计，应为上述每一郡委任这样一些贤明的人为治安法官，任期 5 年。

从宣誓证词看，似乎，作为华盛顿郡的治安法官的 W. 马伯里的委任状是由前美国总统 J. 亚当斯根据法律签署的；其后，联邦国家的印章加盖于上；但该委任状从未到达应得到它的人之手。

为确定他是否被授予此委任状，必须探究他是否被委以此职。因为，假如他被委任，法律赋予他任期 5 年，他有权获得该任职证书，任命一旦完备，该证书就成为他的财产。

宪法第二节第二条款宣布，总统应提名，并且经过参议院的建议和同意，总统应任命大使、其他政府部长、领事和联邦的所有其他官员，他们的任命并无其他规定。

宪法第三节宣布："他应委任联邦国家的所有官员。"

国会的一项法案命令国务卿保管美国国印，"起草、记录和加盖国印于一切联邦国家文官的委任状上，这些文官是由总统独自同意或根据和伴有参议院的同意，由总统任命的。假如美国总统未曾在同样的委任状上签名，那么任何委任状上都不能加盖美国国印。"

这些是美国宪法和法律条款，它们对本案的这一部分问题起作用。这些规定看来是着眼于三个相互不同的行为：

1. 提名。这是总统的单独行为，完全取决于其意愿。

2. 任命。尽管它只能依照参议院的建议和同意，但它也是总统的行为，是意愿的行为。

3. 委任。颁发委任状给被任命的人，也许可以被认为是由宪法责成的行为。宪法规定"他应委任联邦国家的所有官员"。

任命职务的职责和向被任命者颁发委任状的职责很少被认为是同一职责，因为履行它们的权力是由宪法的两个独立的、相互不同的小节规定的。注意到宪法第二节第二条款的规定，任命和委任之间的区别就体现得更为明显了，该条款授权国会"根据法律把对这些低级官员的任命权授予总统一人，授予法院，或授予部门首长"，因此，在本案中法律可命令总统向由法院任命的官员，或由部门首长任命的官员颁发委任状。在这类案件中，颁发委任状显然是与任命相区别的职责，也许，拒绝履行这一职责是不合法的。

尽管要求总统向联邦国家所有官员颁发委任状的宪法条款从未适用于除总统自己任命之外的其他官员，但难以否认适用这一条款于这类案件的合法权利。于是，任命职务和向已被任命的官员颁发委任状之间的宪法性重大区别依然存在，似乎在惯例上，总统是向由某掌权者任命的而不是他自己任命的官员颁发委任状。

由于这一区别的存在，推而论之，假如一项任命是要由某项已公布的法案来确认的，而不是由委任状来确认的，那么，执行这一公开的法案就产生该官员。假如该官员不可以由总统意志更动，那么，不是赋予他获得委任状的权利，就是使该官员能无须委任状而履行职责。

只是为了提出更明确的结论而提出上述看法做前提，那些结论更直接地适用于目前的具体案件。

这是由总统根据参议院的建议和同意作出的任命，它不由任何法案来确证，而是由委任状自身来确证。因此，在这样的案件中，似乎委任状和任命是不可分割的，不通过证明委任状的存在而要说明一项委任几乎是不可能的，但委任状仍非必然是任命，尽管它是任命的结论性证明。

但在什么程度上它相当于结论性证明呢？

对这一问题的回答看来是显而易见的。作为总统的专有职责，当说明总统已完成每一件要由他来履行的职责时，该任命肯定就得到圆满的证明。

如果不是任命的证明，委任状应被看作是构成任命本身吗？只有当应由总统完成的职责已被履行时，或进一步说，当委任状已手续完备时，它才构成任命。

要由总统完成的最后职责是在委任状上签名。然后总统根据参议院对他本人的提名的建议和同意履行职责。接着是通过审议阶段。总统再作决定。根据与他的提名一致的参议院的建议和同意，他作出判断，任命官员。这任命是由公开的、不含糊的行为来证明的。就关于任命来说，作为对行为人要求的最后行为，绝不能认为它是才开始的、未完成的事务。

当对不由总统的意志更换的官员行使权力必须停止时，必须掌握某些时间点。那时间点必须是在宪法任命权已被行使完毕时。并且，要求具有此权力的人的最后行为已被履行时，这一权力也就已被行使。这最后行为是签署委任状。当上述法案通过时，看来这种观念就已因将外交部更换为国务院的立法而流行起来。

依据上述已制定的法案，国务卿将保管国印，"起草、登记和盖国印于一切联邦国家文官的委任状上"，"在总统签署委任状之前，不能加盖国印于任何委任状上，未经总统特许，不得加印于任何其他文件或法案上"。

总统的签字是给委任状加盖国印的根据，这个重要的印章只能印在一个完备的文件上。根据一项确认公开署名的法案，这个章印证实了总统签名的真实性。

直到委任状被签署之后，才能加印合众国大印，因为总统的签字使委任状得以生效，它是任命成立的决定性证据。

由于委任状已被签署，国务卿的随之而来的责任是由法律规定的，而不是由总统的意志所指导的。国务卿要为委任状盖上国印，并将此项委任记录在案。

如果总统提出一项更合理的程序来，以上程序也是不能改变的。这种程序是一个由法律明文规定的严格的过程，并要被严格遵循的。遵守法律是国务卿的职责，在这一方面，他是合众国官员，必须服从法律。他的行为，正如在法庭上一直恰当地表明的一样，是处在法律的权威之下，而不是根据总统的指令。这是一个行政行为，即法律命令一个特定的官员为一特定的目的而进行的行为。

如果确认加盖国印这一手续不仅对这个委任状的效力是必要的，而且对任命的完整性也是必要的，那么，当盖上印章时，这个任命就成立，而且该委任状是有效的。法律没有要求其他程序，也没要求政府的这一部门做其他行为。总统为任命一位官员所能做的一切都已做了，除非这个任命已经成立，否则总统没有其他人的合作是不能作出一项任命的。

在焦虑地研究了可能出现的与这个观点相反的意见之后，还没有发现有什么是以坚持相反意见的力量出现。

例如，法院所提出的设想受到了非常慎重的检验，在给予他们所能给予的一切力量之后，它们也不能动摇已经构成的观点。

在考虑这个问题时，可以推测委任状是与一件契约相同的。对该委任状的效力来说，交付委任状是必要条件。

　　这个观点是建立在这样一个推测的基础上，即这个委任状不仅仅是任命的证明，而且它本身就是实际上的任命。这种推测绝不是没有疑问的，但是，为了公正地考察这一异议，就要承认要求它的支持的这一原则是确立的。

　　宪法规定，任命事宜要由总统亲自进行，任命文件的交付，如果对任命工作的完整性是必需的，也要由总统去做。委任状由委任人亲自交付给被委任人，是不必要的，也从来没这样做过。因为法律指令国务卿在总统签署了委任状之后加盖合众国大印，所以似乎该法律是为国务卿制定的。如果递交行为对给予任命以法律效力是必要的，那么在委任状被签署，交与国务卿盖印、登记、交与当事人时就已经交付了。

　　但是，在所有关于特许证的案子中，法律要求一定的程序，这些程序是该文件的法律效力的依据。正式地交付文件给当事人是不在程序之列的。在委任状案件中，总统的签署、合众国的大印，是它的程序。因此，上述异议并不触及本案。

　　委任状的交付及其接受，可能被认为对完善原告的权利是必要的。这种意见可能会出现，也可能不会出现。

　　委任状的交付，是由习惯而不是由法律指导的一个实践问题。任命必须先于委任状的交付，任命是总统的专有行为，因而交付委任状对任命并不是必需的。如果总统要求每个被任命为官员的人应该亲自设法接受他的委任状，那么任命状也不会因此而缺乏合法性。任命是总统的专有行为，交付委任状则是被指定只有此项责任的官员的专有行为。交付的速度可能会由于环境影响而加快或减慢，但是环境不会对任命发生影响。委任状交给被委任人时这个人已被任命了。一个人是否被任命，并不取决于装有委任状的信是碰巧送到邮局，安全送达被委任人手中，还是被误投了。

　　据有委任状原本对任何官员的任命，及该官员履行职责是否绝对必要提出这个问题，有利于解释上面的观点。如果这是必要的，那么失掉委任状就是失掉了官职。不但是过失，还有被欺诈、失火、被盗等偶然事件都有可能剥夺一个人的官职。在这样一个案子中，我认为这种情况是不容怀疑的，即一份从国务卿办公室的档案中转印的复本，从各方面来讲，都与它的原本相同。国会的法案是这样明确规定的。由于给予这种复本的法律效力，就不必要验证原本已经交付或后来丢失的问题。复本就是原本存在和任命已经作出的完备的证据，但不是原本已经交付的证据。如果原本确实被误置在国家办公室中，这种情况并不能影响复本的执行。当任命一位负责记录一切内容的文件的记录官的工作已完成各项程序、关于任命的命令业已发生的时候，这个委任状在法律上就被认为是记录在案了，虽然将这个文件记录在案的劳动可能还没有进行。

在关于委任状的案件中，法律要求国务卿记录委任文件，因此，当委任状被签名和盖章时，关于它们要登记在案的命令已发出，不管这些文件是否已登记在案了，它们在法律上是被写入档案了。

宣布这个登记的复本与它的原本是相等的，一个要求得到复本的人所付的费用，是依法可以查询的，一个国家档案的保管人能够抹掉已经记录在案的委任状吗？或者，他能够拒绝一个人依法对复本的要求吗？

这样的复本与原本相等，它授权治安法官履行他的职责。因为复本与原本相等，可以证明他的任命。

如果交付委任状不被认为是给予一项任命以法律效力之必要程序，那么接受委任状就是更无足轻重的了。任命是总统的专有行为，接受委任状是官员的专有行为。而且，一般看来，后者是晚于前者的。正如被委任人可以辞职一样，他也可以拒绝接受任命，但是无论是这个人，或其他人，都不能将这项任命视为非实在物。

这就是对政府的理解，这种理解是来自政府的管理工作的全部要旨的。

一个委任状是有日期的，该官员的薪金也是从他的任命日开始计算的，而不是从他的委任状的交付或接受之时起算的。当一个被任命为某种官职的人拒绝接受该项官职时、后继者被提名顶替在拒绝接受任命的那个人的官位上，而不是接任早先在其位的那个人或出任一个新建立的职位。

本法庭果断地认为：委任状由总统签署后，任命就成立。国务卿盖上国印，委任就已完成了。

如果一个官员可以依总统的意志被免职的话，完善他的任命的情况就没有什么意义了，因为任命随时可以被撤销，如果委任状仍在办公室中，可能会被扣压。但是，当官员并不是可以依总统的意志而被免职时，任命不可被撤销，也不能被废止，委任状所授予的法律权力是不能被收回的。

总统的任意决定权一直行使到这项任命的建立。但是，在那些依法律规定总统不能免去该官员职务的地方，任命一旦成立，总统在各方面控制该官职的权力都终止了。对这项官职的权力在这时归于被任命者个人了，他具有完全的无条件地接受或拒绝这项任命的权力。

那么，马伯里先生因为他的委任状已由总统签了名，国务卿盖了印，所以是被任命了。依法创立的这一官职，给予官员任职5年的权利，他独立于总统，任命不能被废止，而授予官员的法律权利，是由美国法律保护的。

因此，扣压马伯里先生的委任状，是一项法院认为不是由法律提供保障的行为，而是对既定的合法权利的侵犯。

以上观点把我们引到第二个问题上，这就是：

第二，如果他据有这种权利，而该权利又受到了侵犯，美国的法律能否提供补救？

当然，公民自由权最基本之点在于：每个公民都有要求受到法律保障的权利，无论他在什么时候受到侵害。政府的首要任务之一就是提供这种保障。在大不列颠，向国王本人以请愿这种礼貌的形式进行诉求，而国王从未不遵守过王室法院的判决。

在布莱克斯通的《英国法注释》的第三卷第23页，作者叙述的两个案例，都是仅仅由法律的实施来提供补救的。

他说道："在所有其他案件中，普遍的、不容怀疑的原则是：哪里有合法权利，哪里就有由诉讼或法律行为所提供的法律补救，无论何时权利受到侵犯。"

在同书的第三卷第 109 页上，他说道："我同意这种看法，即把侵权行为看作是可以受普通法院管辖的。在这里，我暂时认为，那些不属于教会、军事、海上法庭的特殊管辖范围内的侵犯行为，因为同样的原因，是属于普通法院的司法管辖权内的。英格兰法律中确立并不可改变的原则是，任何权利，只要它受到压抑，就一定会获得某种补救，任何损害都会得到合理的救济。"

要强调的是，合众国政府是法治的政府，而不是人治的政府。如果法律没有对侵犯合法权利的行为提供补救，那它当然就不再配得上合众国政府这个伟大的称呼了。

如果这种污名要落到我国司法管辖权之上的话，那就一定是从我办这个案子的特殊性中产生的。

因此我们必然要提出这样的问题：在本文中，有没有从司法审查中免除补救的任何因素，或把受侵害的当事人排除在司法救济之外的任何因素呢？在寻求这个问题的答案时，首先出现的问题是本案是否将归入被称为没有损害的损失的这类案件中来处理。

在了解了官职的信誉、荣誉、利益时，从来没有考虑过上述案件，而且确信永不能考虑到它们。哥伦比亚区的治安法官就是这样一种官职。因此，它值得受到法律的注重和保护，而且它已得到了这种注重和保护。这一官职是国会的特殊法案创立的，并受到保护，即法律能给予被任命担任此职的官员以 5 年的保护。确认被损害的当事人没得到补救这一情况不是没有价值的。

这是属于执行公务的性质吗？交付或扣留一份委任状的行为被认为仅仅是行政部门的行政行为，因为该机构的行政权力的行使，是宪法给予总统完全的信任，而且任何涉及行政行为的失误，受损害的个人就得不到补救。

可能会有这类案子，这是不可怀疑的，但是在政府的任何重要部门中履行职责的任何法案构成了这样的案子，那就不允许了。

根据 1704 年 6 月通过的一项关于残废人的法案（第三卷第 112 页），作战部长被令将他在以前向国会所作的一个报告中提到的所有的人都列入养老金名单中去，如果他拒绝这样做，那么受伤的退役军人是否就得不到补救？法律明确地指导为某种行为，但某个人又与此有利害冲突，那么法律就无能力保证对它的委托的服从，这种观点正需要争论吗？它难道是以被告人的特性为基础吗？难道可以主张政府部长们可以不遵守他们的国家的法律吗？

无论实践中会出现什么特殊情况，上述观点当然是绝不能坚持的。立法机构的法律从未赋予谁这种特权，这种特权也不能从普通法的原则宗旨中获得支持。在阐述了国王对其臣民的个人损害的确定是不可能之后，布莱克斯通在他的著作的第三卷第 225 页上指出："但是王室对财产权的侵害，若没有王室官员的干预，几乎是不能成立的。对该官员来说，就权利的角度讲，法律是不讲尊卑的。但是法律提供了发现那些行为人的错误和不轨行为的不同方法，正是那些人使国王受骗并导致他一时做出某种不义之事。"

根据 1796 年通过的一个法案，授权出卖肯塔基河河口的土地（第三卷第 229 页）。购买人在支付了定金之后，就成为这份出卖的财产的完全的所有人。在报告国务卿之后，就获得了法律所要求的这份财产的证书，该法案授权美国总统授予购买人专利权。法律又进一步规定，所有专利权证书要由国务卿附署，并存档在他的办公室中。如果国务卿决定扣压这份证书，或在证书丢失后，拒绝交给该证书的复印件，那么能够认为该法律不给受侵害人以补救吗？

不能相信会有什么人要坚持这种主张。

紧接下来就是这样一个问题，一个政府部长的行为之合法性，能否在法院受到审查？这个问题总要依赖于该行为的性质。

如果一部分行为可以受到审查，另一部分却不可以，那么就一定要有某种法规去指导法院实践它的司法管辖权。

在一些例子中，可能在特殊案例中运用这一原则是困难的，但应相信，绝不会有很大的困难影响这种原则的确立。

依据合众国宪法，总统被授予某些重要的政治权力。在行使这些权力时，他要运用自己的任意决定权，而且只在他的行政工作中对他的国家和他自己的良心负责。为帮助他履行这些职责，他被授权任命某些官员，这些官员依总统的授权行事，并服从总统的命令。

在这样的案例中，官员的行为就是总统的行为，总统在决定事情时可采用行政的任意决定权，无论有什么样的包含有总统任意决定权的观点，社会中没有，也不可能有一种控制这种任意决定权的力量。这些官员是行政性的，他们尊重国家，而不是个人权利。他们受总统委托，总统的决定是最终性的。由于涉及国会关于建立外交部的法案，而运用这一观点。该官员依法律规定的职责，是准确地执行总统的意志，他仅仅是传达总统意志的喉舌，作为一个官员，他的行为从未能受到法院的审查。

但是，当立法机关继续加给该官员其他职责时，当他受专横的指令执行某些法案时，当个人的权利依赖于对那些法案的执行时，他就是法律的官员，是以他的行为对法律负责，在他的任意决定权的行使中，不能取消他人的既定权利。

从以上推理得出的结论是，政府部长们是总统的行政方式可依赖的代理人，仅仅是执行总统的意志，更确切地说，是在总统据有宪法性的或法律的任意决定权的情况下行动的他们的行为仅仅可以受到行政性审查，这是再清楚不过的事了。但是当法律规定了一条特殊职责，而个人权利又依赖于对这一职责的履行，那么，认为自己受到侵害的人就有权利要求他的国家的法律给予补救，这似乎也是很清楚的。

如果上述理论是一种原则的话，那么我们就要问：本法院考虑如何将这一原则运用到本案中呢？

向参议院提名的权力，任命被提名人的权力，是总统根据他个人的任意决定权所行使的行政权力。当他任命一个官员时，他就行使了他的全部权力，他的任意决定权全部运用到了这一案子中。如果根据法律，这个官员可以依总统的意志被免职，那么新的任命必须马上作出，这个官员的权利被终止了。但是，作为一个已经存在过的事情是不能再说它从未存在过，这一任命也不能被毁掉。如果这一官员不能依总统的意志被免职，这官员已得到的权利是受到法律保护的，而不能由总统收回，这些权利不能由行政权威而消灭，他具有保护这些权利的特权，就如同这些权利是来自任何其他途径一样。

关于权利是否已经授予的问题，从它的性质来说，是属于司法性的问题，必须受到司法权威机关的审查。例如，如果马伯里先生已进行了一个地方官的宣誓，并像一个地方官那样行为了，后来他被起诉，那么他的答辩是基于他是一个地方官的，同时他的任命的合法性一定已受到司法机关的认定。

这样，如果他承认依他的任命之效力，他就具有一种不论是对他的委任状，还是对这一委任状的复本的合法权利，在法庭审理中，原本、复本是同等的，基于这一点而作出的法庭判决一定依据于承认他的任命的观点上的。

这个问题已经讨论过，其观点是：任命完整并可作为证据的最后的时间总是在总统签署、国印盖在委任状那时以后。

那么，本法院的观点是：

第一，由于签署了马伯里先生的委任状，合众国总统就任命他为哥伦比亚特区的华盛顿郡的治安法官。合众国国印，是由国务卿加盖的，它是总统签署的真实性和这一委任状的真实性、完整性的结论性证据。该委任状给予马伯里先生对这个官职的为期5年的合法权利。

第二，由于有对该官职的合法权利，就有随之而来的对委任状的权利。拒绝交付委任状的行为是对该合法权利的明显的侵犯，法律应就此给予他补救。

这就又有了下一个问题：

第三，是否给予他所要求的补救？这要依赖于：（一）他所要求的法庭令状的性质；（二）本法院的权力。

（一）法庭令状的性质

布莱克斯通在他的《英国法释义》的第三卷第110页上，为训令（mandamus）下的定义是：它是一个以国王的名义由王座法院颁布的命令，以指导任何人、任何团体，或是国王控制下的低级法院，要求他们做某种属于他们的职责和义务范围内的应议的特殊的事情。这些事情是王座法院予以确认的，至少推定是与公平、正义相一致的。

曼斯菲尔德勋爵在1266年的 *Burrows* 第三卷中非常清楚、明白地叙述了在国王诉巴克的案子中，法庭令状是可用的。

这位非常能干的法官说："无论何时，只要有一种执行官职、履行职务、行使特权的权利（特别是在公共事务或涉及利益的事情上），而且，此人的权利丧失或被剥夺，而且他也没有其他特殊的法律补救，本法庭应该依训令所表明的那样，从正义和国家政策出发，以训令形式给以援助，以保持和平、秩序和良好的政府。"在同一案例中他又说道："法庭令状应该使用于法律没有给予特殊补救的一切地方和在良好的正义的政府之下应该给予补救的场合。"

除了这些权威的话现在被特别引证外，还有许多其他权威性的东西为法庭所依赖。这些情况充分表明实践是遵从了已经正确引用的一般原则的。

上述训令，如果作出，就是送达于政府某官员的，其中的命令对这个官员来说，用布莱克斯通的话，就是去做一件在特殊环境中的特别事情。该事情属于他的职权范围内应做的事，法庭要做的事是确认，至少推测是与公正、正义相一致的。或者，用曼斯菲尔德的话，在上述案子中，起诉人有权行使一种行政职责，但他没有对这种权利的所有权。

这些情况当然都在本案中出现了。

为提出一项合适的补救的法庭训令，要求接受训令指导的官员必须依法律原则是有可能接受这种训令指导的人，请求训令的人必须没有其他任何特殊的合法补救。

首先，就该官员来说，训令必须是达于他的，由于存在于合众国总统与各部部长之间的紧密的政治关系，对他们进行法律调查必然很微妙，而且很棘手，同时，法律机关不知道对他们进行调查是否合适。通常人们会不加考虑或验证就接受某种印象。在这样一个案子中，一个人向法院要求他的合法权利，注重这一要求是法院的责任。对合法权利的要求应该首先加以考虑，就像注重那些企图闯入内阁和企图干扰总统特权的行为一样。

对于法院来说，几乎没有必要去拒绝对其管辖权的过分的主张，一个过分的主张本身，既荒唐、又过分，是不会得到片刻的接受的。法院的管辖范围仅仅是以公民权利作为判决的基础，而不去过问总统或政府官员是如何履行他们的拥有任意决定权的职责。对这些官员的行政性质的质询，或从宪法和法律的角度看向行政机关提出的质询，是不能向法院提出的。

但是，如果不是这样的问题，并且不是涉及行政机关秘密的事情，只是关系到一个依据法律、记录在案的文件，并且只要付了10美元，法律就给予这个文件的复本以一种权利；如果这件事也不干扰总统统治权力所施加的对象；那么，即使一位官员地位很高，他有资格阻止一位公民要求他的合法权利吗？或者有资格禁止法院听取这种要求吗？或禁止法院发出一纸训令，指令一种义务的履行？这种义务的履行不是依据行政的任意决定权，而是根据国会的特殊法令和法律的一般原则。

如果某个政府官员在其官职掩护下，作出违法行为，使某个人蒙受了损失，他绝不能妄想凭他个人的官职摆脱一般的诉讼程序，从被迫服从的法律判决中逃脱。如果案子是由任何他人作为当事人提出的诉讼，这个官员的官职如何能使他逃脱对他的行为的合法的特殊方式的判决呢？

发出法院训令的合理性，或非合理性的确定，并不是依训令所指向的那个人的官职，而是依所做事情的性质来定，在一个案子中，一位部长的行为，是行使行政任意决定权，该官员仅仅是总统意志的代理人，重复一下，无论如何，任何要求法院控制他的行为的请求，都会受到毫不犹豫的反对。

但是，如果他依法之指导所为的行为影响了个人的绝对权利，而这一行为又不是为执行总统的特殊指示所必行的职责，总统也不能合法禁止之，那么，就不能设想这种行为已被禁止。例如，记录已经过全部法律程序的委任状，或一项土地专利权，或提交一份委任状的复本，在这样的案子中，没有发现以什么为理由能使法院比在这种情况下更能免除为受损害的当事人行使的给予判决的职责，这种情况就是，上述职责是由政府部长们来履行的。

这种观点似乎不是第一次在美国被接受。

我们很容易回想起1792年通过的一项法案，该法案要求作战部长将已报告给他的失去能力的军官和战士列入养老金名单。地方法院认为，该法案将职责加于法院身上，是违反宪法的。但是一些法官认为，该法案能由他们以监督官的身份来执行，于是他们继续活动并以这一名义上诉。

这个被巡回法院认为违宪的法律被废除了，一个不同的制度建立起来了。但是这些作为监督官的法官在他们的报告中所提到的那些人，作为报告的结果，是否有资格被列入养老金名单上去，这个问题是个法律问题，虽然将这些人登记在名单上的行为要由一个部长来执行，但法院能够对此作出适当的确定。

为了使这个问题能被合理地解决。国会在1793年通过一项法案，将登记养老金名单作为作战部长和司法部长的共同职责，并将这一措施作为获得美国最高法院所作的任何有关基于上述法案所要求的权利之判决的必要手段。

在这项法案通过以后，要求颁布一项达于作战部长而发的法院训令，其目的是要求他制定养老金名单时，将能表明自己在法官报告中的人都列入名单中去。

因此，有充分理由相信，上诉权的审理方式是被政府部长们、被美国最高法官确认的为达到目的而选用的最适当的方法。

当这类案子提到法庭面前时，法庭判决并不是不要发布一项训令给某政府部长，指令他执行某项法案，依该法，公民的规定利益体现在该法的执行中，而是不应该在此类案子中颁布训令——如果监察官的报告没有涉及对一项合法权利的要求，那么颁布训令是有必要的。

该案的判决，很明白是确认了案中所要求的全部合法权利。在监督人的报告中提到的人们认为，在确认了那个法案是违宪之后来寻求法律依据是必要的，以便使他们被列入养老金名单中去。

因此，这种理论，在目前虽是先进的，但绝不是个新理论。

本案所要求的法庭训令，并不是为了履行依法明确规定的某种行为，这是确实的。

关于委任状的交付，国会有关法案是未提及的。这种差异不被视为对本案有影响。请诉人对委任状有既定的合法权利，总统不能剥夺这一权利，这是已经叙述过了的。请诉人已被授予一官职，总统不能依个人意志将其撤销。这样，依前所叙，请诉人对委任状具有一种权利，该文件是国务卿为自己的用途而从总统那里得到的。国会有关法案虽没有明文要求国务卿将委任状送交被委任人，但是因为被委任人已被授权，委任状已置于他（国务卿）手中。国务卿扣压这份委任状，并不能比其他任何人的扣压更合法。

首先值得怀疑的是，"收回非法占有动产诉讼"(detinue) 的行为是不是对被扣压了委任状的马伯里先生所提供的特殊的法律补救。在这个案子中，发出一个法庭训令是不合适的。但这种怀疑又涉及这样的考虑，对"收回非法占有动产诉讼"的判决是为了委任状的本身，或委任状的价值。一个国家官职的价值是不能出卖的，这个价值也不能被确定。申诉人对官职自身有权利，或是对一个虚无的东西的权利。他将由于接受委任状或该文件的复本而接受该项官职。

这是一个明显的因要求一项对交付委任状或该文件复本的法庭训令而产生的案子。现在只剩下这样一个问题了。

（二）本法院是否能发出这样一个训令呢？

一项建立美国法院的法案，授权给最高法院"在根据法律原则和运用这些原则而产生的一切案件中，可以交付法庭令状给任何指定的法院或在合众国授权下据有官职的任何人"。

国务卿是合众国授权之下的官员，很清楚地属于上述法案中所指出的那种人。如果本法院没被授权发布令状给这样的官员，那么就一定是因为上述法案是违宪的，并因此而绝对没有能力授权并确定职责，尽管该法案本身的内容就意味着授权和确定职责。

宪法授予一个最高法院以全部美国的司法权力，低级法院则是由国会陆续地规定和建立的。这一权力很明确是对依合众国法律所引起的一切诉讼之权。因此，在某种形式下，这一权力是可以实施于本案中的，所要求的权利是由美利坚合众国的法律授予的。

关于司法管辖权的分配是这样宣布的："最高法院对有关大使、其他公使、领事的案件，州作为一方当事人的案件有一审管辖权，对其他一切案件，有上诉管辖权。"

对最高法院和下级法院的司法管辖权的原始的分配一直被坚持着，这一分配原则在司法实践中是普通的常识。确认最高法院的一审权这一条款，并不包含否定和限制的词汇，为最高法院确认对其他案件，而不是宪法中提到的那些特定案件的一审权，是仍保留于国会的权力，国会确认哪些案件属于国家司法管辖权限范围之中。

如果坚持将根据立法机关的意志来分配最高法院和下级法院的司法权力这一原则保留在国会的任意决定权中的话，那么，要超越确认是司法管辖——而且这种权力已得到了确定——就没有用了，就是多余的、毫无意义的了。如果国会保留给最高法院以上诉管辖权的自由，宪法宣布的最高法院的司法管辖权成为一审权，一审权又将是上诉管辖权的话，那么，宪法所制定的司法管辖权的分配就是一纸空文了。

肯定的词汇，在运用中，经常是对其他问题的否定。在本案中，一定要给予这些肯定的词汇否定的、排他性的意义，否则它们就不能实施。

不能设想在宪法中的任何条款是要失去效力的，因此，除非宪法内容要求这样的立法，否则这种立法是不允许的。

如果是出于对我们与外国列强的和平关系之惯例的考虑，促使我们制定了这样的规定：最高法院对那些能够影响这种关系的案件有一审管辖权，如果我们建议对国会的权力作进一步的限制，那么上述条款就不超出对这类案件的规定。最高法院具有的对其他一切案件的上诉管辖权，除国会可能作的规定以外，是没有限制的，除非这些内容被认为是对一审管辖权的排除。

在一个法案建立起基本的司法制度的时候，就分为最高法院和国会可制定和建立的许多下级法院，然后列举了司法的各种权力，进而作了这样的分配，宣布最高法院的司法管辖权是对那些应该进行一审的案件和其他上诉案件的权力，这些清晰的语言含义看来是说明，对一类案件，最高法院的司法权是初审的，而不是上诉的；在其他案件中是上诉的，不是初审的。如果有任何其他的文件使这一条款失效，那么这清楚的文字就是反对那些文件并忠于它们的原意的进一步的理由。

为使最高法院能发布训令，就必须是个行使上诉管辖权的问题，或者有必要使它们有行使上诉管辖权的能力。

在法庭上已说明过上诉管辖权可以任何形式行使，如果国会的意思是为此目的应颁布训令，那么必须服从。这就是说，司法管辖权必须是上诉的，而不是一审的。

纠正、改变已有原因的上诉的案子，而不是创造出上诉的原因，这是上诉管辖权的基本原则。因此，虽然一项训令可以指导法院，但是为交付一文件而发布一项训令给一官员，这在实际上是要求对这份文件的最初行为。因此，它似乎不是属于上诉管辖权，而是属于一审管辖权，本法院没有必要在这样的案子中行使它的上诉管辖权。

因此，由建立美国法院系统的法案所授予最高法院的颁布一项训令给一国家官员的条文显然是没有宪法根据的。这就有必要提出这样一个问题，这样授予的一项司法管辖权，能否实施？

一项与宪法相矛盾的法案，能否成为合众国的法律，这个问题对合众国说来有深刻的利害关系，但是，幸而比较起来这个问题并不太错综复杂，似乎只需认清已经长期地有效地建立起来的某些基本原则，就可以对这个问题作出判断。

人民有原始的权利为他们的未来政府建立一个从他们的立场出发的原则，这一原则能够引导他们建立自己的幸福生活。人民具有这一权利的原理是整个美国社会建立的基础，这一原始权利的行使是一项重要的行为。这一行为不能，也不应该重复进行。因此，这样建立起来的一些原则被认为是基本原则。由这些原则而产生的权威是最高的、不可改变的，被确认是永恒的。

以这种原始的、最高的原则组织起政府，并授予各政府部门各自的权力。这些原则可能就此为止，或再制定某些这些政府部门不得超越的界限。

美国政府是有限政府，立法机关的权力是确定的、有限的，这些限制不能被弄错和忘记。因为宪法是成文的，如果这些限制不能在任何时候为那些该被限制的人们所遵守，那么，限权还有什么目的？为什么还要将这些限制付诸文字？如果那些条款并不能强制谁限制在一定界限之中，如果被允许的行为和被禁止的行为都具有同等的责任的话，那么，一个享有有限权力的政府和一个享有无限权力的政府之间就没什么区别了。宪法控制任何立法机关制定的法案不得与宪法相矛盾，否则，立法机关就可以给一个一般性法案来改变宪法，这个命题太清楚，以至于不用展开辩论。

在上述两种选择之间是没有中间道路可走的。宪法或者是最高尚、至上的法律，不能以一般的方式修改它，或者同立法机构的一般性法律处于同等地位，像其他法律一样，只要立法机关要求改变宪法，它就可以改变。

如果选择了前一种方案，那么，与宪法相对立的法案就不是法。如果选择了后一种，那么，从人民的角度讲成文宪法便是一种荒谬的努力，企图对一种在本质上是无限的权力去加以限制。

当然，所有那些制定成文宪法的人们欲将宪法作为国家的基本的、至上的法律，结果，每一个这样做的政府的理论都一定是：与宪法相矛盾的立法机构的法律是无效的。

这种理论基本上是与成文宪法相联系的，并且，依本法院之见，它应被视为我们社会的基本原则之一。因此，在进一步考虑本案时不能忽略这一原则。

如果立法机构的法律与宪法相矛盾，即是无效的，那么，虽然它是无效的，却还让其约束法院，并迫使法院给该法案以法律效力吗？或者换句话说，虽然它不是法律，那它还可以像一条法律一样作为行为的准则吗？这就在事实上破坏了理论所建立起来的东西，而且，首先是由于这种证明的不合理性太明显了，以致不能坚持之。无论如何，此问题会得到更周全的考虑的。

应该强调的是，阐述法律是什么，这是司法部门的职权和责任。那些要对特别案件施以某种原则的人，一定有必要详细阐明、解释这一原则。如果两个法律彼此发生冲突，法院必定要决定采用哪个。

这样，如果一项法律与宪法相对立，如果该项法律和宪法都适用于一个特别案件，那么，法院必须作出裁决，要么是该案适用该法，放弃宪法，要么是适用宪法，放弃该法，法院必须确定相冲突的原则中哪个控制此案，这是司法职责中最基本之点。

如果法院要尊重宪法，而且宪法又是高于立法机关的任何一般性法律的，那么，就是宪法，而不是那项一般性法律控制着这个案子，虽然它们二者都适于该案。

然而那些否认将宪法看作最高法的原则的人们，就要坚持法院必须把眼光放到具体法上，而不看宪法。

这种理论是要推翻所有的成文宪法的基础，这就是宣布，根据我国政府的原则和理论实属完全无效的某项法案却要人们在实际上完全服从。这就是宣布，如果立法机关讲了什么是要明确禁止的，但虽然有这项禁令，该项法律却可以实际上起作用。这就是给予立法机关以一个实际上的、真实的最高权力，但又伴之以要将它们的权力限制在一个狭隘的界限中的迹象。这就是规定了界限，又宣布这些界限是可以任意逾越的。

这样，在美国这样一个成文宪法备受尊重的国度中，我们所认为的政治制度的最大改革——（自足的）成文宪法——将化为乌有。但是，美国宪法的特别措施又提供了有利于它的反对意见的进一步争论。

美国的司法权力适用于一切关于宪法的案件。

那些给予这种权力的人们，意图是说，在使用该权时，就不必考虑宪法了吗？有关宪法的案件难道不经宪法检验就可裁决吗？

这种观点太过分，根本不能坚持。

在某些案件中，法官一定要参阅宪法，如果他们真打开了宪法文本，又有它的哪一部分禁止他们阅读，或禁止他们服从呢？

宪法的其他许多部分的内容是有助于解释这个问题的。

宪法宣布，各州出口的商品不征税。这些商品包括棉花、烟草和面粉。一起诉讼要求恢复对这些出口商品的税收。在这样的案子中，裁决应该让步吗？法官应该闭眼不看宪法，只注意一般法律吗？

宪法规定："不能通过剥夺公民权利的法案和有追溯力的法律。"

无论如何，如果这样：一个法案被通过了，一个人受到了关于这项法律的起诉，法院必须要判处这些宪法本来尽力保护的人死刑吗？

宪法规定："一个人除非有两个证人对他的同一公然的行为作证，或他自己在公开的法庭上供认，否则不得被判叛国罪。"

宪法的该项内容是特对法院而言的，它直接为法院规定了一个不能违背的证据原则。如果立法机关要改变这一原则，宣布可以由一个证人作证，或本人在法庭以外供认，以此作为判罪的充分根据，那么宪法原则一定要服从立法机关的这一法律吗？

从这些和其他能够选择出的例子中，可以很清楚地看到，宪法的制定者们的意图是将宪法作为法院和立法机关工作的准绳。

否则，为什么要指令法官们宣誓遵从宪法？从一个特别的意义上讲，这个誓言当然是与他们的公职中的行为相符合的。如果他们要运用那些具体法律和法律原则。以违背他们宣誓忠于的宪法，我们却将宪法强加于他们身上，这是多么不道德啊。

立法机关所要求的官员的誓言，是这机关在这个问题上的观点的完全的反映。用他们的话说："我庄严宣誓我将伸张正义，大义灭亲，不分贫富，平等待人，我将尽我全部能力和智慧忠诚地、公正地履行赋予我的忠于宪法和合众国法律的职责，绝不改变。"

如果美国宪法对它的政府没有约束，如果宪法与法官分离，又不能由法官来检验，那么，为什么法官要宣誓绝不改变他的忠于合众国宪法的职责呢？

如果这是事情的真实情况，那么这个玩笑就开得太大了。不管是规定，还是进行的这种宣誓，都同样会成为一种犯罪。

在宣布什么是我国的最高法的时候，宪法是首先被提到的。并且，不是那些一般性法律，而只是依据宪法所制定的法律，才具有最高法的性质，这并不是完全没有考察意义的问题。

这样，美国宪法的特殊的措辞就构成、加强了这一原则，使它成为一切成文宪法的基础，这一原则是：与宪法相矛盾的法律是无效的，各法院和其他政府部门都要受宪法的制约。

这一原则是绝不能改变的。

> （选自《外国法制史参考资料汇编》"威廉·马伯里诉美国国卿詹姆斯·麦迪逊"，由嵘等编）

第十八讲　法院的角色

[德] 威廉·冯·洪堡

　　威廉·冯·洪堡（Wilhelm von Humboldt，1767—1835），出生于普鲁士波茨坦一个贵族家庭，早年接受家庭教师的教育，21 岁进入哥廷根大学学习法律、哲学、历史和古代语言。在通过法学考试后，从 1790 年起担任普鲁士公务员。1802 年，开始担任外交官。1809 年曾短暂担任内务部文教局局长，改造了普鲁士教育制度，创设"文理中学"，创办柏林大学。1810 年起再度从事外交工作，后在大臣位置上，其自由主义立场遭到国王厌恶，被解除职务，此后洪堡即专心从事比较语言学和语言哲学研究，这方面著述很多。洪堡主要的政治学著作是《论国家的作用》（*Ideen zu einem Versuch die Grenzen der Wirksamkeit des Staats zu bestimmen*. 1792 ）。

法院的角色

[德] 威廉·冯·洪堡

【编者按：洪堡主张，国家本身不是目的，国家的基本任务是保障人的自由。为此，国家的功能就是"消极的"，亦即，仅限于阻止公民之间的相互侵害及外敌的侵害。这一原则也体现在法院的制度设计及程序中。】

在社会里，公民安全主要赖以为基础的东西，就是把整个个人随意谋求权利的事务转让给国家。但对于国家来说，从这种转让中产生了义务，国家有义务为公民完成他们现在再也不许自己去完成的事情，因此，如果在公民之间有争端，国家就有义务对权利进行裁决，并且在占有权利上要保护拥有权利的一方。不过，在这里，国家仅仅代表公民，而且国家根本没有任何自己的利益。因为在这里，只有当遭受不义或者认为自己遭受不义的人不想再忍耐下去时，安全才真正遭到损害，如果他或者同意，或者有理由不想去谋求他的权利，安全就没有受到损害。即使是由于无知或者惰性，促使公民忽略自己的权利，国家也不许自动进行干涉。只要它不是通过纷繁复杂的、模糊不清的或者不适当公布的法律给人造成这类错误的机会，它就算是尽职尽责了。

于是，凡是在真正谋求权利的地方，正是这些原因适用于国家借以调查权利情况的一切手段。除了争讼各方的意志指引它去履行职责，它在这里面永远不许再大胆迈出一步。因此，任何一种诉讼制度的第一条原则必然是本身绝对永远不主动地去寻求查明真相，而总是在有权要求调查一方的要求下，才去调查真相。不过在这里也出现新的范围限制。即国家不许迎合诉讼各方的任何要求，而是只能满足可能有助于澄清所争执权利的要求，以及满足旨在应用那些即使在国家的结合之外也能够用来解决他与他之间争端手段的要求，而且这些手段是在以下情况下才予以利用：他们之间仅仅是为一项权利而争执，但是另一方或者根本没有夺取他的权利，或者至少不能证明夺取他的权利，国家参加进来的权力只许保障对这些手段的应用，并支持其发挥作用，不得再做别的。

从这里产生出民法程序和刑法程序之间的差异，在前者，为了查明真相所使用的极端的手段是发誓，但是在后者，国家享有一种更大的自由。因为在调查有争议的权利时，法官仿佛站在双方之间，因此他的责任是防止诉讼双方的任何一方，由于另一方的过错，在实现其意图上或者完全受干扰，或者受阻遏。因此就产生了第二条同样是必要的原则：在诉讼过程中，对诉讼各方的行事方法要有特别的监督，并防止它不是接近共同体的最终目的，而是毋宁说远离这个最终的目的。

我想，最严格和最准确地执行这两条原则中的每一条原则就能产生最好的诉讼制度。因为如果人们忽视后一条原则，就会给诉讼双方的刁难和代言人的漫不经心和自私企图留下太多的空间；这样，诉讼案就会变得错综复杂、长久艰难、费用高昂，判决还会出差错，往往与诉讼双方的实情和意见不相适宜。是的，这些缺点甚至会促使权利争端更经常发生，从而助长诉讼嗜好。相反，如果人们离开前一条原则，诉讼程序就会变成宗教裁判、冷酷无情，法官就会获得太大的权力，并且干涉公民最为微细的私人事务。这两种极端在实现中都存在着实例，而且经验证明，如果说后面描述的这种极端过窄地和违法地限制着自由，那么，前面提出的那种极端则对财产安全是不利的。

为了调查研究真相，法官需要有识别真相的标志，需要取证手段。

因此有人认为，如果发生权利争执，只有当能在法官面前提供权利证明时，一项权利才能获得有效的适用性，这种看法为立法提供了一种新的视角，即从中产生制定新的、限制性法律的必要性；也就是说，制定这样一类法律，它们要求必须为所审理的事情提供一些将来能够认识其真实性或者有效性的特征。随着法院规程完善程度的提高，制定这类法律的必要性的程度就随之下降；但是，在最缺乏法院规程的地方，因而也是在法院规程需要最多的外部迹象来证明的地方，制定这类法律的必要性最大。所以，人们可以在最未开化的民族中发现大多数惯例。在罗马人那里，物主要求归还一块被占有的田地的权利时，调查程序的发展是阶段性的：起初要求诉讼双方都要到那块田地，然后要求带回那块农田的一块泥土到法庭，随后才是要求庄严的宣誓，最后连宣誓也不要求了。因此，法院的规程处处都对立法有着十分重要的影响，在不太开化的民族里尤其如此，这种影响远不是局限在纯粹的惯例上。我在这里不想举例，而是要提醒记住关于条约和契约的罗马学说，尽管迄今为止，它还很少得到阐释，它是很难从别的角度来看待的。

研究在不同时代和民族的不同立法中的这种影响，不仅出自很多其他原因，但是可能主要也在于以下这一方面的原因：想从中判断在这类法律中，哪一些法律是一般有必要得到制订的，哪一些仅仅根据当地情况制订。取消所有这类限制——哪怕设想有这种可能性——也许是很不可取的，因为一方面，这不太会使欺骗的可能性减少，例如提供假文件的可能性；其次，诉讼案件会大量增加，或者说通过激起无用的争端破坏他人安宁的机会会变得太多样化，因为这样做也许本身似乎还没有什么害处。不过，恰恰是通过诉讼案件表现出来的争胜好斗、惹是生非——撇开它对公民的财富、时间和心性的宁静还会造成损害不讲——对于性格也具有最不利的影响，而且甚至恰恰不能通过有益的结果来补偿这些缺点。与此相反，拘泥于形式的害处是造成审理事务的困难和限制自由，这在任何情况下都是令人担忧的。

因此，法律在这里也必须采取一条中间道路，永远不得从另一种角度来规定各种死板的形式，只能保障审理事务的有效性和防止欺诈，或者为提供证明创造方便。即使在这方面，也只有在根据个别的环境有必要规定刻板形式的地方，在没有这种形式时就很容易担心会有那样的欺诈和很难提供这种证明的地方，才要求有死板的形式。除了形式外，只能规定一些执行起来没有太大困难的规则。在所有那些由于有规定处理事务反而更加困难，而且会成为根本不可能的情况下，应该摒弃这些规则。

因此，若要同时适当考虑安全和自由，似乎必须实行下列原则：

1. 国家最优先的义务之一就是调查和裁决公民权利的争端。这时，国家进入到争执各方的位置上，国家站在中间的真正目的仅仅在于一方面要保护争执各方不受不义要求的损害，另一方面要坚决支持正义的要求，否则，如果公民们想让自己正当的要求能够得到明确承认，就只能采取一种破坏公共安定的方式。因此，在调查有争议的权利时，只要争执各方的意志仅仅建立在权利的基础之上，国家就必须遵循诉讼各方的意志，但是要防止任何一方采取违法的手段对付另一方。

2. 法官对所争执的权利的判决，只能通过事实真相的某些特定的、法律规定的特征来实现。因此必须制订一类新的法律，即制订一些规定赋予法律事务以某些特定性质的法律。在起草这类法律时，立法者一方面总是必须仅仅遵循这样的观点：适当保障法律事务的真实可靠性和在诉讼过程中不给提供证明造成太大的困难；但是，另一方面，要不断注意避免另一对立的极端，避免给法律事务造成太大的困难；最后，在制定法规会彻底妨碍法律事务进程的地方，永远不要颁布什么法令。

(选自[德]威廉·冯·洪堡《论国家的作用》第十二章，林荣元、冯兴元译。原题为《国家通过以法律裁决公民争端对安全的关心》)

第十九讲　怎样保证法官的独立？

[美] 约瑟夫·斯托里

约瑟夫·斯托里（Joseph Story, 1779—1845），出生于美国马萨诸塞州，1798 年毕业于哈佛大学，在学习法律之后，1801 年获准进入律师公会从事律师业务，并十分成功。1805 年到 1811 年，当选州众议院议员及议长。1811 年被麦迪逊总统提名担任美国最高法院大法官，时年 32 岁，是史上获提名时最年轻的大法官，并担任此职至去世。在大法官任上，他在一系列案件中支持联邦法律对州法院和州立法机构的占先地位。1829 年，他开始担任哈佛大学 Dane 法学教授，同样至去世，培养了大量法学人才。他的主要著作是三卷本的《美国宪法评注》(*Commentaries on the Constitution of the United States*, 1833)。

怎样保证法官的独立？

[美] 约瑟夫·斯托里

【编者按：法治归根到底是法院之治，这种法治的运转需要以法官独立为基础。如果法官不能保持独立，尤其是相对于立法机构、行政机构的独立，那法律就不可能公正适用，更不可能限制政府权力。那么，如何保证法官的独立地位？斯托里结合美国宪法相关规定，进行了深入阐述。】

我们接下来考察，宪法为了司法部门应有的独立性和效能所作出的那些保障性规定。

在考察行政部门的结构和权力过程中，已经必要地评论了法官的任命方式。总统被明确授权，在参议院的同意之下任命最高法院的法官。对下级法院法官的任命没有明确规定；但是，要么是留给了国会的自由裁量，要么根据宪法授权总统任命"其他所有本宪法未有规定的官员"的该项条文，任命权默示地属于总统。

下面的评论是关于法官拥有职位的终身任期。宪法规定，"最高法院和下级法院的法官，只要品行良好得继续任职。"①

---

① 对"品行良好"这些词语的解释，参见 Lord Holt 在 Harcourt v. Fox 一案的判决。

　　……在英格兰,国王被认为是正义的源泉;实际上不仅仅是正义的创造者,而且是正义的分配者;并且他拥有设立司法院和任命法院的独占特权。在早期,实际上英格兰国王经常亲自审理和判决当事人之间的案件。但是,当政府宪政越来越明确的时候,整个司法权力被授予了各个法院的法官;现在国王再企图亲自实施司法权,将被认为是一种篡夺。在古代,英国法官是根据王室颁发给他们的委任状的有效期而拥有职位,一般来说任期是由王室任意决定的,就如现在的大法官(the Lord Chancellor)、海事法院的法官以及其他法院法官的任期。在柯克勋爵(Lord Coke)时代,理财法院的法官(the Barons of the Exchequer)的任期是品行良好即可终身任职,而其他普通法法院的法官的任期是随意的。据说,在查理二世复位时期,法官的委任状的有效期是品行良好期间即有效。然而,直到1688年革命之后,仍然是由王室自主决定任期。毫无怀疑,像查理二世那样放荡荒淫的君主会经常利用这个特权,来满足他的政治性目的或其他目的。

　　显然,王室的这种权力必然对司法实施产生影响,危及私人权利、颠覆臣民的公共自由。……13 Will. 3, Ch. 2号制定法规定,普通法法院法官的委任状的有效期不能像以前那样由王室随意决定(durante bene placito),而应是品行良好即持续有效(quam din bene se gesserint),并且他们的薪酬应是确定和明确的。然而,国王对议会两院通告,即可将法官解职;国王君权转移,法官的任职也终止。之后根据在乔治三世(George the Third)在位期间制定的一部制定法,国王强烈推荐该制定法,可贵地完善了法律,根据该制定法,法官在品行良好期间即可持续任职,尽管王位可能更替;在他们的委任状持续期间完整的薪酬得到保障。在那个时刻,君主发表了一份值得永久纪念的诏告,"他将法官的独立和正直,作为司法公正实施的根本、作为他的臣民的权利和自由的最好保障之一、作为最有益于王室的荣誉。"……法国原来的巴列门(the old parliaments,法国司法裁判机构)的法官,在大革命之前是由王室任命的,但是他们终身任职,这种任期给他们带来了实质的独立性。……

在人类意见的所有大变革中，他们曾经是保障法律的可靠庇护者。在专制的君主统治期间，在专断的派别冲突期间，他们拯救了国家的遗产。他们使得宪法的记忆和记录保持活力。……

永久任职的重要性，会保障法官的独立、正直和公正，在法国很早就被认识到了。路易十一在 1467 年发布了一份值得纪念的诏告，除非在此之前经一个有资格的裁判机构的审判，并且在司法上宣布了一项剥夺职位（a forfeiture）的判决，不得撤销或者剥夺法官们的职位。……

有时有这样的说法，尽管在君主政体中，为了保卫臣民的权利免受王室的侵犯和压迫，司法部门的独立是基本的；然而同样的理由却不适用于共和国，在那里公意充分地被了解、总是应得到遵守。在该主题上稍微考虑一下就可以说服我们，这种说法非但不是正确的，而且支持司法部门独立的理由以更强烈的程度适用于共和国，特别是有一部规定了明确界定的权力和有限权利的成文宪法的共和国。

首先，在共和国如同在君主国中一样，派别和党派是一样常见的、一样激烈的。在其中一个政体中如同在另外一个政体中一样，同样的制约党派情绪的侵蚀和派别的暴政的保障机制是同样不可或缺。无论多么良好或必需的法律，经常成为暂时的厌恶、民众的憎恶以及有时成为民众抵制的对象。在一个共和国中，比起煽动分子在狡猾的伪装之下煽动各种勾结活动来反对权威的日常行使，没有什么更容易了。正直的行政长官的果断和独立经常挫败煽动分子的自私目的，以致不能不使得煽动分子一直对斥责了他们的权力以及处罚了他们的公正产生敌视。司法部门作为宪法中最弱的一个部门，因而总是煽动分子攻击的目标。在任何短暂的民众鼓动下而实现的胜利，就是对宪法的永久胜利。因此在共和国之中，那些利用民众骚乱或派别林立的人，总是司法部门正常独立运作的敌人。为了误导民众的意识、刺激民众的偏见，煽动分子散布着各种各样的谬见。他们非常清楚，没有人民的帮助，他们的阴谋必定失败；因而，他们利用一切手腕，破坏公众信心，使得人民成为颠覆他们自身权利和自由的工具。

　　显然，在这样的情况下，如果法官的任期不是永久的，他们不久就会被变成讨厌的对象，不是因为他们做错了什么，而是因为他们拒绝做错误的事情；他们被迫给当时的主要煽动分子当俯首帖耳的工具的那些人让路。自由政府中的少数派除了通过司法部门，将没有任何保障。在君主政体中，自然争取人民的同情来反对统治者策划的压迫，人民掩护了统治者复仇的受害人。统治者的复仇是一个人反对其社会的理由。但是，在自由政府中，获得权力的多数被推定代表了人民的意志，其迫害——特别是政治性的迫害，就成为社会反对一个人的理由。这种迫害将更加猛烈和无情，因为它被认为是获得权力或享有胜利果实所不可或缺的。因而，为了保障公民的权利，在自由政府之中比起在君主制之下，司法部门的独立变得异常重要；因为它是对抗优势派别进行压迫的唯一屏障，这样的派别在偶然的骚动之下，拥有权力、滥用影响力来颠覆由人民审慎选择的制度和自由。

　　其次，为了保障人民避免行政和立法部门有意无意的侵犯，司法部门的独立都是不可或缺的。已经有极大的睿智观察到，权力永远都是由少数从多数手中窃取；政治家和爱国者总是说明，立法部门有种吸收政府所有其他权力的趋向，这是得到了人类所有经验确认的普遍事实。如果法官任期很短，无论是由立法机关或是由行政部门任命的，他们自然地将（并且实际上几乎是必然地）成为任命权力的纯粹附属。如果他们有获得或保持职位的意愿，他们将一直表白自己遵守和服从国家支配性权力意志的愿望。公共正义（public justice）将由吹毛求疵和软弱的人掌管。除了保住自己的位置和评估位置的那些人的同意之外——因为这些人控制了司法——什么也保障不了。司法将作出最适合当时［流行］意见的判决，它忘记了法律的教导是建立在永恒基础之上的。统治者和公民们在诉讼中将不会有平等的地位。时代的偏好将以它们的权力进行威慑、以它们的影响力进行诱惑；这样，法律的政府，而非人治的政府，这一共和国的基本格言，将遭到偷偷的否认或者公然的抛弃。①

再次，当适用到宪法问题之时，这些评论（正如已经看到的）更加中肯和有力。在君主国中，司法部门能够展现的唯一切实可行的抵制力，是它单独地、为自己而行事地针对政府单一部门的篡夺。但是，如果行政和立法部门在一些措施中勾结起来，服从它们的意志就成为一种义务和必需。这样，甚至在大不列颠的自由政府中，议会的法案结合了王室和立法机关的意志——它正是如此——就是绝对的和全能的。不能合法地抵制或不服从它。在［议会法案的］每次冒险中，司法部门受到约束要将其贯彻下去，尽管该法案会推翻私人权利和公共自由。但是，在像我们这样的共和国之中，情况远非如此，有一部有限宪法同时规定了统治者的权力和公民的权利。这种情况看来结论性地表明，为了维持这种宪政平衡，司法部门的独立性是绝对不可或缺的。针对政府的行为或公民权利的任何实际行使，不存在任何其他的可行制约。该主题已经得到了非常普遍的考察，在此只需简单提一下。没有人会否认司法部门解释宪法和法律、维护公民在民事和刑事指控中免受压迫和侵犯的必要性。不可以这样接着推论吗？为了使司法部门履行它的职能，不能由法官要制衡的那些人简单地随意决定法官的任职，如果需要，法官还会宣布那些人的行为无效。可以设想短期任职的人——2 年、4 年或 6 年——一般会足够坚定以抵制那些任命他们，并且可以解除他们职务之人的意志吗？

主张法官短期任职的那些人们的论证，是建立在与人民的意志保持一致的必要性基础之上的。但是这个论证发展下去就是谬论，它假设统治者的意志和人民的意志是一样的。现如今，它们不仅仅可以是，而且实际上经常也是相互直接不同的。在共和政体中，没有人能够怀疑人

---

① 这样的说法——当英国法官拥有职位是由王室随意决定的时候，他们在许多国家迫害中的卑劣行径仅仅是服从君主的纯粹意志——完全不正确。相反，他们是根据一种极端性质的幻觉——有时是政治性的、有时是宗教性的、有时来自于暂时的偏见——而行事，非常积极地迎合公众复仇而执法。

民的意志是、并且应该是最高的。但是，它是由人民的神圣行为所表明的、人民深思熟虑的意志，而非那些代表了多数派一天、一月或一年的人们临时的感情迸发。宪法是人民的意志，是人民深思熟虑的意志。人民规定了修改和变更宪法的条件和方式；直到以规定的方式变更生效之前，宪法应被宣布是国家的最高法律，所有人——统治者和公民们——都必须恭敬服从。当合宪地对宪法进行更正之时，在那时，不是在那时之前，法官才可以随意地忽视宪法以前的指令。因而，当提出这样的论证，法官应服从人民的意志，在它正确和合法的含义上，没有人怀疑该学说的恰当性。

但是主张这种论证的那些人们是在更广泛的含义上适用该论证。依照他们的观点，人民的意志当是由统治者的选择而表现出来之时，就应服从。如果统治者对宪法的解释不同于法官，应服从前者，因为他们代表了人民的意见；因而，法官应在短期内被解职或者担任职务，如此就可以服从人民的意志，而人民的意志是经由和通过他们的统治者而表达的。但是，不应立刻看到，这在事实上将颠覆宪法吗？它不是使得宪法成为随意的和喜怒无常的解释工具，而不再是具有明确范围的既定政府组织形式吗？宪法将成为享受着盲目敬意的、当时统治者权力的纯粹圣谕，却在不同时候说着最矛盾的命令以及有着最含混的声音，而不再是为了我们自己和我们子孙的最高法律吗？简而言之，这不是企图在宪法背后建立一种宪法所不知的、未曾规定的，并且比宪法自身还要大的权力吗？如果这样私下散布的人民意志临时构成了最高法律以及法律的最高宣示，那么，宪法的限制将成为什么呢？如果宪法界定政府的权力、规定了改变它们的方式；然而，该法律文件在一群统治者手中被夸大，而在另外一群统治者手中被压缩，那么标准在哪里？如果人民的意志要在对宪法权力的解释中发挥支配作用，人民意志是每一次选举通过选票而征集的，而不是经过他们在批准宪法或者修改宪法过程中的深思熟虑的判断和神圣行为，那些权力的确定性会成为什么？如果对宪法的解释不是根据它的书面文本，而是根据临时的统治者的意见，那么谁的意见将起到支配作用，第一个，还是最后一个？因而据说，当法官应服从人民的意志、遵守他们对宪法的解释之时，实际的含义必然是，法官应服从行政机关和立法机关中人民代表的控制，应跟随后者随时认为正确的那样来解释宪法。

但是显然，在任何宪法或者法律学说方面，选举很少——如果会有的话——能够提供任何充分的证据，证明什么是人民深思熟虑的意志。一般人民代表和统治者是为了不同目的而被选出的，在许多情况下，他们的选民必然不知道他们对宪法问题的意见。宪法所知道的用来确定人民在宪法问题上意志的唯一方法，是通过赞成或否决修正案的形式，并且是按照宪法所规定的方式提出修正案以供人民审议。某一年的选举可以使得一个党派掌权，下一年胜利的可能就是持有对立观点的他们的对手；在同一个选区、在同一个州或者在不同的州，可能永远发生着这种胜利和失败的轮回。

当然这并非是假设托词，适合于美国人民的任何宪法，能够预设政府的行政和立法部门作为解释宪法的权力的终极承担者，或者作为人民意志的终极代表可以随意改变宪法。那么，如果任命的法官任期 2 年、4 年或 6 年，而非只要品行良好即可终身任职，为了公共正义的正当实施和宪法的稳固支持，而人民拥有的唯一保障将是，在其短暂的任期内依赖于行政长官对其任命的法官，可以并且将更全面地代表当时每一位继任行政长官的宪法意见；由此实施了行政长官的统治制度。比起现行的制度，这种做法将更明智、更可靠，或者更是为了宪法的永久或为了维护人民的自由吗？在那个时候，司法部门还在实际上是一个独立的、同等的部门吗？它将还能保护人民反对野心勃勃的或腐败的行政长官吗？或者限制立法机关制定违宪的法案吗？

事实是，即使最有保障的品行良好期间的终身任职，危险也不在于法官在顶住大众舆论压力、捍卫私人权利或公共自由的过程中太坚定了；而在于他们太轻易地使自己屈服于当时的激情、政见和偏见。在君主国中，法官正直和公正地履行其职责总是可以获得政府中某些部门的支持，或者至少有人民的支持。而在共和国中，他们有时可以发现，其他部门勾结在一起与司法部门敌对；并且，甚至人民在有些时候受到了党派情绪和狂躁派别的影响，而心甘情愿地随波逐流。很少有人能够拥有顶住大众舆论洪流压力的坚定。为了挣得尽职尽责下的微薄报酬，为了注定会有的、但却遥遥无期的人民的感谢，为了重大的但却需要开导的子孙报答，而牺牲当前的安逸和公众爱戴，这样的人更少了。①

　　如果在一般推理之后诉诸经验的教训，就存在所有的因素可以说服我们相信，对一个共和国而言，只要品行良好即可终身任职的司法部门是安全的；一般说来，司法最有独立性，正义就将有最好的实施。在州宪法中，24 部州宪法只有 5 部规定了其他任期，不是这种品行良好即可终身任职的任期；从国家政府组建以来，被承认加入合众国的新州所采

---

① 霍普金斯（Hopkinson）先生（现任法官）以精巧的方式对待这个事项，……我从他在蔡思大法官先生（Mr. Justice Chase）弹劾案的辩护词中摘录以下内容，他的辩护非常准确、明智和雄辩。

　　"对任何人而言，纯正和正直的实施司法是极端重要的，政府的其他活动没有如此的普遍利害关系。谁应是总统，或者应缔结什么样的条约或者一般性的制定法，只有少数爱管闲事的政客操心，但这些事情没有触及或者很少触及社会大众的私人利益和幸福。但是，私人争议的解决、在个人与个人之间实施法律、在公民私人事务和利害关系中分配正义和权利，将涉及每一个人的切身利益，并且对每一个人的富足和幸福是根本的。因此我将我们国家的司法部门视为政府各部门中最重要的，它的纯正和独立对每一个人都具有最重大的意义。当体面地和全面地保障它免受恩惠或恐吓的影响，或者免受任何方面的压力之时，人民的境况从来不会是非常地悲苦或恐惧。但是，如果一个法官永远处在这样的危险之中，仅仅根据纯粹的反复无常的念头就因其公务行为而遭到指控和弹劾，或者仅仅根据徒有常识之表象的偏见意见将遭到指责，他如何能够坚定稳固地履行他那重要职能所要求的职责？根本不能，即使他拥有钢铁般的意志，在如此危险的境地下也会发抖。……当众议院最经常地来源于人民这一权力的伟大渊源，它们宣称最有权力了解和表达人民的意志，当然有权力对其他部门拥有支配性的影响力。我的观点恰恰与此相反。

　　"……在共和国中……这种［司法］独立性作为反抗压迫的保障更加必不可少。每一页的历史都证明了，暴政和压迫并不局限在专制政体中，在共和国中也经常会发生，不论是古代的还是现代的共和国；差别是——在后者，压迫来自于激情或偏见的突然喷发的冲动，而在前者，它是政体的内在组成部分和原则有系统的安排和追求；如果其激情不是人为的阴谋所激发，人民不会故意破坏，而会回到反思和正义。然而，当激情发作的时候，他们的毁灭和残暴比起最凶残的暴君还要更加恐怖和无法控制。……如果我们经历了……在共和国的妄想之下屠杀了一个苏格拉底……"

纳的法官任期，只有两个或者三个新州是例外，其他的都是终身任职。没有人会犹豫地认为，在那些法官只要品行良好即可终身任职的州中，司法的实施是明智、适度和坚定的；在最危急的时刻，公众对司法部门的信任毫不减少。如果对其他州——即法官任期不是那么持久的州——而言，也可以有同样的说法，那也不能回应这样的推理，除非它也能证明：法官从未因与其自身美德彻底无关的政治原因而遭到解职，并且还可以经常地经过深思熟虑而使他们自己与民众舆论保持不一致。

上面的考虑导致这样的结论，在共和国里，事实上比在君主国有更强烈的理由要求法官独立任职，只要品行良好即可终身任职。实际上，如果没有一个足够独立的司法部门来制衡篡夺、保护公共自由、执行私人权利，具有有限宪法的共和国将像一个没有任何法律制约的社会一样，是虚妄的和可笑的。它将成为一个无限权力的民主政体（democracy），通过它的统治者行使着普遍的专制主权。有限权力的受制衡的共和国的真正理论，预设着控制和抵制任何权力越界的某些有组织手段。人民可以——如果他们愿意——将所有权力暂时提交给他们的统治者，但在那时候，政府应接受它真正的名称和性质。它将是一个暴君的政府，是经过选举没错，但仍然是暴君；它将更加残忍、恶毒和残暴，因为它将在其内部永远孕育着派别，这些派别的胜利是通过其对手的毁灭而实现的。恐怖统治和无能统治将交替成为它的特征。它是腐蚀性的，如同它是危险的。它将构成另外一种放荡和残忍的民主政体的模型，在法国大革命之时，这样的民主政体以其"丰功伟绩"使得法国的命运黯淡无光，留给人类可怕的教训，在民众骚动的狂潮中丧失了美德、宗教、精神、学识、智慧的权威和清白的诉求；在自由的旗帜下、以自由之名，可以赞同最恶劣的罪行、可以宣扬最具摧残性的原则。在人类政府中，只有两种支配性力量：暴行的力量和法律的力量。如果司法部门不能超越所有恐惧、超越所有指责而实施后者，前者必定盛行，并且这样将导致军事机关成功地凌驾于民事机关之上。我们宪法的制定者拥有深刻的智慧，将我们国家共和政体的基石置于司法机关的永久独立之中。在这个问题上，他们的投票是全体一致的。他们采纳了文明经验的成果。他们没有被人类完美的梦想所诱惑，而去相信由统治者私人的雄才大略或个人美德不受制衡地运用权力竟然能够是安全的。在另一方面，他们也没有丧失对人类关切的正当评估，认为必须将信心置于某个地方，如果在政府方案中要考虑到效能或安全的话。他们详细地规定了立法和行政权力之后，建立了一个制衡轮（a balance-wheel），该制衡轮通过它的独立性调整着不规则现象，并且制约着制度的偶然反常运动。

引人注意的是，宪法规定，合众国下级法院法官与最高法院法官一样，都应是品行良好即可继续任职。在这个方面，英国的政体和我们自己的之间存在显著的对比。在英国，该终身任职是专门赋予高级法院的法官，甚至不是涵盖了所有法官。实际上，在整个王国，所有民事和刑事事务的极大一部分是由那些只为此次目的（Pro hac vice）而任命的人们所处理的，他们仅为了单次巡回审理（a single circuit）而定期签发的委任状项下的目的。一般来说这是对的，它是由王座法院（King's Bench）、普通民事诉讼法院（Common pleas）和理财法院（Exchequer）所实施的，并且时间已经很长了；但不是仅仅依据职权（virtue officii），而是根据特别委任状，这些法官随时与该委任状中所列明的其他人一起被赋予了权威。这些委任状有听审并判决（oyer and terminer）委任状、巡回审判（assize）委任状、监狱移交（gaol delivery）委任状和巡回民事审判（nisi prius）委任状，根据这些委任状，所有民事和刑事案件的事实审在巡回区（the circuits）和大主教教区（the metropolis）进行。但是，根据合众国宪法，所有刑事案件和民事案件的管辖权必须被专门地赋予品行良好即可终身任职的法官；尽管国会可以随时在下级法院中分配司法管辖权，如同它可以随时设立、随意撤销一样，但是国会并没有资格将司法管辖权赋予临时法官或通过特别委任状进行授权。甚至在这种情况下，如果英国的制度可以很好地适应国家的需要，在王国内保障司法明智有益的实施——无疑就是如此；但仍然是明显的，在我们的民众政府（popular government）中，如果将民事和刑事司法的整体实施托付给由总统随意任命的专员（commissioners）的话，那将是一个非常巨大的权力。对合众国的宪法而言，对那些享有宪法优点的人们来说，没有其他类型的法官，只有品行良好即可终身任职的法官。

宪法的下一项条文规定，最高法院和下级法院的法官应"在规定的时间因其服务而获得报酬，此项报酬在他们任职持续期间不得减少"。没有这样的规定，像终身任职等的其他规定将是彻底没有价值的，实际上不过是一种嘲弄。《联邦党人文集》对此有非常直接和使人信服的说明，以至于不需要其他论证。

"除了任职的永久，没有什么比得上法官报酬固定的规定，更有助于法官的独立。有关总统的评论在此同样适用。在人性的一般情况下，针对一个人生活的权力就等于针对他的意志的权力。如果司法部门在财政资源上依赖立法部门的偶然施舍，不管在任何制度下，我们都从未希望会在实践中看到司法权力与立法权力完善分立的实现。在每一个州里，支持良好政府的开明人士都痛心地看到，州宪法对此缺乏确切和明确的事先规定。这些州宪法中有一些确实规定，应为法官确立永久工资；但是有些情况下的经验表明，这样的规定不足以充分界定以排除州议会的规避。某些更肯定和毫不含糊的规定应是必需的。因此制宪会议的方案规定，合众国的法官'应在规定的时间因其服务而获得报酬，此项报酬在他们任职持续期间不得减少'。

"考虑到所有情况，这是能够设计出来的最恰当规定。立刻就可以想到，币制和社会状态的波动使得在宪法中规定固定数量的报酬是不可取的。在今天可能是丰厚俸禄，在半个世纪之后可能极其微薄，不足以糊口。因此就有必要由立法机关拥有自由裁量，改变报酬规定以符合情况的变化；然而又要对那个机关施加一定的限制，它没有权力使得个人状况变得更坏。这样一个人就可以确保有立足之基础，不会担心被置于更惨的境地而放弃职责。刚才引述的那项条文就结合了这两个优点。只要情况需要，司法官员的工资可以随时调整，但是从来不会降低任何特定法官任职开始之时的报酬。值得注意的是，制宪会议对总统和法官的报酬规定是有所不同的。前者的报酬既不能提高也不能降低。后者的报酬只是不能降低。这可能是来源于二者任期的不同。由于总统的选举不会超过 4 年一次，几乎不会发生这样的情况，在任期开始之时确定的足够薪水，到任期结束时却不够了。但是对法官就不同了，他们得到保障只要品行端正就可终身任职，就可能发生这样的情况，特别是在政府的早期阶段，法官被任命之时非常充足的薪金随着他们任职时间的延续，将会变得非常不值一提。

"这条关于法官报酬的规定，表现了所有的审慎和功效；与法官终身任职的规定一起，可以可靠地确认，比起任何州宪法对其自己法官的保障，该规定为法官独立展现了更好的期望前景。关于他们责任的预防措施规定在有关弹劾的条款中。如果他们行为不端（malconduct），众议院可提出弹劾，由参议院审判；如果被定罪，将被解职，丧失拥有其他职位的资格。在这个方面，这是唯一与司法地位的必要独立性相一致的一条规定，并且是我们自己宪法中唯一与我们自己法官有关的一条规定。"

几乎没有必要再说，尽管宪法如此小心翼翼地努力维护司法部门免受政府其他同等部门势不可当的影响力或权力的影响，宪法并没有规定，法官滥用权威可以不受任何追究或不承担任何责任。相反，法官的任何徇私舞弊或玩忽职守都将遭到弹劾（如同我们已经看到的），定罪之后将被解职。这样，一方面，公共正义的清廉和独立实施就有了充分保障，另一方面，充分保障了对人民忠诚的重大责任。

（选自 ［美］约瑟夫·斯托里《美国宪法评注》第三编第三十八章，毛国权译）

第二十讲 什么是法律，什么不是法律？

[法] 弗雷德里克·巴斯夏

弗雷德里克·巴斯夏（Frédéric Bastiat，1801—1850），法国经济学家和政治活动人士。他继承了一笔财产，在经营企业之余阅读、写作。1834 年 4 月开始发表第一篇文章，在经济学领域，主张自由贸易及更广泛意义上的经济自由。在政治上，则坚定地捍卫财产权、公民自由，批评某些政客操纵法律以牺牲一个群体利益为代价增进另一群体利益的机会主义做法。他的主要著作结集为《经济学的诡辩》（*Economic Sophisms*，1845）《政治经济学文粹》（*Selected Essays on Political Economy*，1848）和《和谐经济论》（*Economic Harmonies*，1850）。

什么是法律，什么不是法律？ [①]

[法] 弗雷德里克·巴斯夏

【编者按：巴斯夏敏锐地指出，缺乏宪政约束的"民主"制度具有一部分人利用法律剥夺另一部分的倾向，这样的法律背离了自己的根本宗旨：防止不义。这样的法律，当然与法治无关。而这个问题也是托克维尔、哈耶克等人关心的问题。本文选入时有删节。】

法律已经走上了邪路！与法律一体的国家的所有集体性力量也都走上了邪路！我不得不说，法律不仅仅已经将自己的正当目标抛置一旁，反而在追求一种完全相反的目标！法律变成了形形色色的贪婪之心的工具，而不是其约束者！法律本身就正在犯下本来它应该惩罚的那些罪行！当然，如果事情果真如此，那就是一种相当严重的问题，我想提请我的同胞们对此予以关注。

我们从上帝那儿获得了一种赐予，对我们而言，就是一切天赋的根本：生命——肉体的生命、理智的生命和道德的生命。然而，生命并不能仅靠自身维持。上帝在赐予我们生命的时候，也把维护它、发展它、保护它的责任留给了我们。

---

① 本文写作于 1850 年。——原编者

　　为此目的，上帝也向我们提供了种种不可思议的本领。他也把我们安置在各种各样的资源之中。通过把我们的能力运用到这些资源中，就形成了吸收利用和占有的现象，借此，生命得以完成自己特定的历程。

　　生存、能力、吸收利用——换句话说，人身、自由和财产权——这就是人之为人的本质所在。

　　如果不听信种种蛊惑人心的诡辩，那么，对于这三项，我们就可以说，它们要先于并且优越于所有的人为立法。

　　并不是由于人们制定了法律，人身、自由和财产权才得以存在，恰恰相反，是因为已经存在着人身、自由和财产权，人们才去制定法律。

　　那么，法律到底是什么？我在别的地方曾经说过，法律就是个人行使其正当自卫权利的集体性组织。

　　我们每个人当然都从自然、从上帝那里获得了保卫自己的人身、自由和财产的权利，因为它们是构成或维系生命的三个基本因素。这三大因素是互为补充的，要理解它们，三者不可缺一。因为，如果我们不延伸我们的人身，那我们如何具备各种能力，如果我们没有扩展我们的能力，那又何来财产？

　　如果每个人都有权保卫他的人身、自由和财产，甚至可以使用暴力，那么，若干人也就有权团结起来，获得某种共识，组织某种集体性暴力，正规化地提供这种防卫服务。

　　因此，集体性权利的基本准则，其存在的理由，其合法性基础，乃在于个人之权利；据此，我们可以说，集体性暴力除了它所替代之个人性暴力的目的和作用之外，不可能具有其他的目的和作用。

　　因此，如果个人使用暴力侵害另一个个体的人身、自由和财产的行为不可能是合法的，那么，由于同样的原因，运用集体性暴力摧毁个人或阶层之人身、自由和财产权也不可能是合法的。

　　因此，不管出于什么样的理由，不正当地使用暴力，都是与我们的前提相对立的。谁敢说，我们被赋予暴力，不是为了捍卫我们的权利，而是为了要摧毁我们的兄弟同样的权利？如果每个个体个别地滥用暴力是不正当的，那么，无非是个别的暴力之有组织的联合的集体性暴力之滥用，又怎能是正当的？

因此，如果真有什么东西是不言自明的，那就是：法律乃是行使天赋之正当自卫权利的组织；它是用集体性暴力替代个人的暴力，它只能在它有权行使之范围内行使，只能做它有权做的那些事情，即确保人身、自由和财产之安全，使正义之治降临于所有人。

假如某个国家是据此而建立的，那么，在我看来，秩序就将在那里取得实际的统治地位，如同理论中所描述的那样。在我看来，这样的国家必然会是最单纯的、最经济的，是负担最轻的，烦扰最少的，干预最少的，最公正的，因而也可以设想，它的政府是最稳定的，不管它采取什么样的政治形态。

因为在这样的政治制度之下，每个人都将清楚地领会，他的生命的全部享受，以及由此而带来的全部责任，都属于他本人，并且只属于他本人。只要他的人身受到尊重，他可以自由地劳动，他的劳动果实绝对不会遭受任何不公正的侵犯，那么，绝对不会有人会拒绝接受这样的国家。在走运的时候，我们不会把我们的成功归功于国家——这确是实情；而在陷入不幸的时候，我们也不会将自己的不幸归罪于国家，就像我们的农民不会把自己的不幸归罪于冰雹或霜冻一样。我们仅仅是在感受到安全的无以估量的好处时，才知道国家之存在。

我们还可以肯定，正是由于国家没有干预私人事务，欲望和满足需求之物才会沿着其自然的秩序发育成长。我们不会看到贫穷的家庭在获得面包之前从文学中寻找教导。我们不会看到，以牺牲农村为代价把人口移民到城市，或牺牲城市而把人口迁往农村。我们不会看到由于立法措施所导致的资本、劳动和人口的那种严重脱节，这种脱节已经使生存所必需的最基本的东西陷入不确定和不稳定之中，从而把那么巨大的责任加之于政府肩上。

不幸的是，法律已根本不再被局限于其正当的作用之范围内了。它不仅仅已成为冷漠和值得质疑的东西，已经不再发挥其合法的职能，它的情况比这还糟糕，它走上了与其自身目的完全相反的道路，它已经摧毁了它自身的目标：它已经被用来取缔正义，而本来是应该维护正义的；它已经越过了权利的界限，而职责本来是该尊重这些界限的；它已经使集体性暴力服务于那些利用他人的人身、自由和财产，为自己谋利的人没有任何风险，也不再有任何顾忌；它已经把掠夺粉饰为一种权利，旨在保障这种权利，而它也已经把正当防卫说成是一种犯罪，从而可以惩罚这种防卫行动。

法律是如何被人如此滥用的？这种滥用造成了什么样的后果？

法律是在两个大相径庭的理由下被人不正当地利用的：愚蠢的自私自利和虚伪的仁爱之心。

我们先来谈谈第一个理由。

自我维系和自我发展是所有人共同的欲望，因此，如果每个人都可以自由地发挥他的能力，自由地支配其成果，那么，社会的进步就必然会是持续的、不间断的和无穷无尽的。

但是，还有一种倾向也是所有人共有的，那就是：如果可能的话，就以他人为代价来求得自己的生存和发展。这并不是一个轻率的指控，也不是孤僻和悲观主义精神状态的表现。历史可以为这一点作证：史书上充满了漫长的战争、大规模的迁徙、教会专制统治的法令、普遍实行奴隶制、商业欺诈、垄断，等等。

这种倾向的根源就在于人性本身，在于那种驱使人们追求自身幸福而规避痛苦的那种原始的、普遍的、无法克服的天性。

人们只有通过不断地吸收、利用和占有，也就是说，通过劳动，把自己的能力持续作用于一些东西，才能够生存，并享受生活。这就是财产的由来。

然而，事实上，他也可以通过利用和占有他人劳动之成果维持自己的生存，并享受生活。这就是掠夺的起源。

唉，劳动本身是痛苦的，而人们的本能也倾向于避免痛苦，于是结果就是——历史已经证明了——不管在什么地方，只要掠夺比劳动更省劲，就必然会大行其道。在这种情况下，任何宗教或道德规范都不能阻止人们这么干。

那么，掠夺什么时候才会收场？只有在掠夺比起劳动来更费力、也更危险时。

因此，再明显不过了，法律的目标就应该是运用集体性暴力强大的阻碍作用，阻止这种有害的倾向，因而，法律就应该保护财产权而反对掠夺。

然而，在通常情况下，法律是由某个人或某个阶层的人制定的。而由于如果没有制裁措施，如果没有占有优势之暴力的支撑，法律就无法存在，因而，这种暴力不可避免地会落到那些制定法律的人手里。

这种无法避免的现象，再加上我们看到的、存在于人内心深处的不良倾向，可以解释最常见的不正当地利用法律的现象。据此，我们可以理解，法律是如何沦落为某些人从事不公正行为的工具，而不是约束这些不公正。事实上，法律已经成为那些人最无可匹敌的工具。据此也可以理解，与立法者的权利相应，在不同程度上，法律为了立法者的利益，通过奴隶制摧毁了其他人的人身权利，通过压迫摧毁了他们的自由权利，通过掠夺摧毁了他们的财产权。

人天生就必然反抗导致他们成为牺牲者的那种不公正。因此，只要存在着立法者为了自己的利益通过法律进行的掠夺，那么，遭受掠夺的各个阶层必然会通过和平或革命的手段，寻求介入制定法律。这些阶层在努力获取自己的政治权利时，根据其所获得的文明启蒙程度之不同，可能提出两种不同的目标：他们可能会希望彻底埋葬法律中的掠夺行为，他们也可能会要求自己享有掠夺的权力。

对于国家来说，不幸的是，当轮到群众掌握制定法律的权力的时候，他们却总是被后一种想法完全控制了。

在此之前，仅仅是少数人在干那些从法律上掠夺多数人的行径，因为在大多数国家，制定法律的权力集中控制在少数人手中。然而，现在，制定法律的权力成了普遍的权力，于是，如果想做到公平合理，平衡各方利益，就必然鼓励普遍的掠夺行径。于是，社会不公正并没有被消除，反而变得更普遍了。曾经被剥夺了特权的阶级一旦获得了它们的政治权利，涌现出的第一个念头，并不是消除掠夺现象（这对它们而言应该是比较明智的），而是组织一个报复其他阶级的体系，这种报复其实对它们自己也有害无益；仿佛在正义统治之前，必须让所有人都遍尝某种严酷的报复，有些人是由于其曾经对他人不公而招致报复，而有些人则完全是因为其无知而希望通过报复获得正义。

一个社会中所实行的制度，再也没有比下面一点更不幸、更邪恶的了；那就是把法律变为掠夺的工具。

这种不正当地利用法律的后果是什么呢？要想全面描述这些后果，需要写好几本书。我们这里仅指出其荦荦大者。

首先，销蚀了每个人的良知，使他们不能区分何者是正义，何者是不正义。

如果尊重法治的态度在某种程度上不能占据主流，那么，任何社会都维持不下去；但是，令法律得到人们普遍尊重的最可靠的办法，其本身是值得尊重的。如果法律和道德规范是冲突的，民众就会发现自己陷入一种两难境地，要么是丧失其道德感，要么是不尊重法律，这两种罪恶彼此不相上下，人们恐怕很难从中作出抉择。

法律的本质就在于使正义获胜，因而在普通民众的心目中，法律和正义完全就是一回事。我们所有的人都具有一种强烈的倾向，就是尊重正当的法律，因而有很多人，在很大程度上，就错误地认为一切正义皆源于法律。这种认识就足以使法律把掠夺行径神圣化、赋予其合法性，从而在很多人的良知中，掠夺行径也似乎成了正义的、神圣的。奴隶制、贸易限制、垄断都不仅在从中得利的群体中获得了支持者，甚至在那些蒙受其害的群体中也能找到辩护者！如果你企图对这些制度的道德性提出一丁点儿质疑，人们就对你说："你是个危险的革新者，乌托邦分子，理论空谈家，蔑视法律的家伙；你正在破坏我们社会的根本基础。"如果你试图开设伦理学或政治经济学课程，官方组织就会向政府发出这样的呼吁：“自此以后，经济科学不仅不能从自由贸易（或者是自由、财产权、正义）的角度来讲授，而且尤其不能触及法国工业界目前占主流的事实与法律（这些正好违反了自由、财产权和正义）。”

“由于教职员工的工资都是由国库支付的，因此，教授们必须坚决避免哪怕是最轻微地损害目前民众对于法律的尊重态度。”[①]

这样看来，如果确实存在着支持奴隶制、垄断、压迫或掠夺的法律，不管其以何种形态存在，人们恐怕都不敢谈论它；因为，只要你谈论起它，怎么可能不损害人们对该项法律的尊重？而且，伦理学和政治经济学也必然是从法律的角度讲授的，也就是说，这些课程将基于下面的假设：仅仅因为它是法律，所以它就是正义的。

这种可悲的滥用法律的另一个后果是，使政治激情和政治斗争，事实上是政治领域的一切的一切，具有某种异乎寻常的重要性。

我可以从各个角度证明这一主张。不过，下面我仅举一个例子，从最近非常热门的一个话题来分析一下这一问题：普选权。

卢梭的学派自认为非常进步，不过我相信，他们要比时代落伍了20个世纪，不管他们对普选权（指这个词比较严格的含义）有何看法，反正我觉得，普选权并不是什么神圣的教条——似乎仔细地考察它或者怀疑它，就是一种犯罪。

我们可以郑重地提出很多理由反对实行普选权。首先，“普遍的”这个词就掩盖着一个明显的诡辩。法国有 3600 万人口，如果选举权确实是普遍的，那么，就必须将其赋予 3600 万选民。在最广泛的选举制度中，也只有 900 万选民是合格的。这就是说，4 个人中就有 3 个被排除在外，更有甚者，他们是被那第四个人所排斥的。那么，这种排斥根据的是什么样的原则？根据是有些人不具备能力。于是，普选权就仅仅意味着那些具有能力的人的普遍的选举权。不过这里就有一个问题：什么样的人算是具备能力的人？仅仅根据年龄、性别、犯罪记录，就可以

---

① 制造业、农业与商业委员会（1850 年 5 月 6 日会议记录）。——法文版编者

确定一个人不具备能力？

如果我们更进一步地考察这个问题，很快就会察觉到为什么普选权要以能力为取舍标准的理由了。就此而言，最普遍的选举制度与最有限的选举制度唯一的区别在于，它们是根据不同的特征来判断一个人是否具备能力。这仅仅是一种程度上的差异，而非本质上的区别。

理由就在于，选民的行动不仅是为了他自己，也是为了所有人。

如果像具有古希腊、罗马遗风的共和派所宣称的那样，普选权是每个人与生俱来的权利，那么，成年男子限制妇女和儿童参加选举就是不公正的。为什么不让他们参加选举？因为他们被认定不具备能力。为什么把不具备能力作为排斥他们的一个理由？因为承担一个选民的投票之后果的，并不仅仅是该选民本人；因为每一票都会涉及和影响整个社会；因为社会显然有权要求获得投票决定的法案所提供的某些保障，社会的安宁与生存都赖于此。

我知道，对此人们会作何反应，我也知道，人们会如何反驳。不过，这里并不是深入争论这一问题的地方。我只是想提请大家注意，如果法律正当地履行了其所应当履行的职责，那么，这一极具争议性（也最具政治色彩），曾经令整个国家骚动不安、纷纷扰扰的问题，就不至于这么重要了。

事实上，如果法律仅限于保障所有人的人身、自由和财产权利；如果它仅仅是个人行使其正当自卫权、预防、监督、惩罚所有压迫和掠夺行径的组织，那么，我们这些平民百姓干吗还要这么激烈地争论什么选举权是否应该是普遍的？这样的纷争难道不是已经威胁到了社会最大的利益，即公众的和睦吗？被剥夺的阶层为什么不愿和平地等待他们时来运转？难道不是因为那些既得利益者过于贪恋他们的特权？我们不是已经看得很清楚了，所有人的利益都是一致的、共通的，被赋予投票权的人们的投票行为并不会给其他人带来多大的不便？

然而，一旦实行那种灾难性的原则，在组织、管制、保护或者鼓励的借口下，法律拿走一些人的东西给另一些人，把所有阶层创造的财富中的一部分抽取出来以增加某个阶层的财富，不管这个阶层是农民、制造商、商人、船主，还是艺术家或演员什么的，那么，在这种情况下，很自然地，每一个阶层都有最充分的理由要求插手立法过程，都会宣称自己拥有投票的权利，都觉得自己是合格的选民；而如果他们未能获得这种权利，就都会威胁要推翻现有的社会秩序。甚至乞丐和流浪汉都可以向你证明，他们也拥有不容争辩的选举权利。他们会告诉你："我们买酒、烟和盐的时候，从来没有说我们可以不纳税，而这些税款中有一部分，却由法律以奖赏和补贴的形式，让那些比我们更有钱的人拿跑了。另有一些人则利用法律人为地提高了面包、肉食、铁制品和布料的价格。既然所有的人都在利用法律为自己谋利，那我们也要这么干。我们希望法律能够赋予我们获得公共救济的权利，这是穷人应该掠夺的那一份。为此，我们也必须成为选民和议员。这样，我们就可以为我们阶层组织大规模的救济，因为你们也已经为你们阶层的利益搞了大规模的保护性关税。别跟我们说，你们会代表我们的利益，你们肯定会把我们踹到一边，就像米默勒尔先生[①]提议的那样，用600万法郎收买我们，扔下一根骨头让我们啃，再让我们安安静静地待着。我们有很多要求，不管怎么样，我们要自己掌握自己的命运，因为其他的阶层也都是只为自己的利益奔波！"

对这样的要求，我们能怎样回应？是的，只要我们从原则上承认，法律可能会偏离其真正的使命，它可能会侵犯财产权，而不是保障财产权，那么，每个阶层就都必然想制定法律，不管是为了保护自己不受他人的掠夺，还是想为了自己的利益而搞掠夺。于是，政治问题就必然弥漫在社会的方方面面，在社会中占据支配地位，也最为吸引人。简而言之，人们都会不断地争相叩击立法机关的大门。而立法机关内部的斗争

[①] Pierre Auguste Remi Mimerel de Roubaix(1786—1872)，纺织品制造商和政客。1848—1849年，他是活跃的贸易保护主义活动分子，曾激起过巴斯夏的愤怒。这之后，他被拿破仑三世任命为国务顾问和制造商委员会委员。1849年他当选为议员，1852年被拿破仑三世指定为参议员。——英译者

也同样激烈。欲了解这一点，不需要观察法国和英国议会中正在进行的斗争，只要看看那里都在争论哪些问题，就足以明白了。

这种对法律的可恶的滥用，正是仇恨、混乱和社会失序的根本原因所在，这一点还用特意提出证据予以证明吗？看看美国就够了。在这个世界上，恐怕没有哪个国家像美国那样，法律非常严格地局限于履行其正当的职能，即保障所有人的自由和财产权的范围内。同样，在这个世界上也没有哪个国家像美国那样，其社会秩序建立在相当稳定的基础上。尽管如此，即使是在美国，也存在两个问题，而仅仅就是这两个问题，自其建国以来，已经好几次将其政治秩序推入危险境地。这两大问题是什么呢？奴隶制问题和关税问题，而这两个问题，恰恰与这个共和国的一般精神相冲突，而体现了相关法律的掠夺性质。奴隶制是对人的权利的一种侵犯，却得到法律的认可。保护性关税是对财产权的侵犯，也得到了法律的认可；当然，更引人注目的是，很多其他方面的争论也是肇端于这两大掠夺性法律。这是它从旧世界继承的恶劣的遗产，而其中的随便一个，都有可能导致联邦的瓦解。法律成为不正义的工具，确实难以想象一个社会还会有比这更严峻的局面了。如果这一在美国属于例外的事实，给美国已经造成了这样可怕的后果，那么，在这种情况随处可见，并且已自成体系的欧洲，其后果将何等严重？

德蒙塔朗伯尔先生[①]吸收了卡尔利埃先生[②]在其非常著名的宣言中表达的思想，他曾经说过："我们必须对社会主义开战。"这里的"社会主义"，按照查尔斯·迪潘先生的说法，其实是指掠夺者。

不过，他所说的是哪种类型的掠夺？因为存在着两类掠夺：一类是未经法律授权的掠夺，一类是法律上的掠夺。

未经法律授权的掠夺，跟盗窃和坑蒙拐骗一样，是由刑法所界定

---

① Count de Montalembert（1810—1870），政论作家，自由主义天主教的代表人物。——英译者

② Pierre Carlier（1799—1858），法国政客和警官。1830 年到 1848 年革命期间长期担任巴黎警察局局长，1849 年被任命为法国警察总监。——英译者

的，在刑法中有相关规定，并会受到刑法的惩罚，我觉得我们不能笼统地将其装进社会主义的概念中。系统地威胁着社会根基的，并不只是社会主义。除此之外，反对这类掠夺的斗争是不用等到德蒙塔朗伯尔先生和卡尔利埃先生打响信号后才开始的，事实上，自从人类诞生以来，这场斗争就一直在进行着。远在二月革命以前，甚至在社会主义出现之前，法国就一直与这种非法掠夺进行斗争，一整套的法庭、警察、宪兵、监狱、地牢、绞架等就是进行斗争的工具。法律本身一直在进行着这场战争，在我看来，法律对掠夺行径始终如一地保持这种态度，实在是应该的。

然而，事情并非总是如此。法律有时竟然会站到掠夺者的一边。有时，法律自己就干下掠夺的行径，为的是减少其受益者良心上的羞耻、危险和担心。有时，法律会使一整套法庭、警察、宪兵、监狱体系服务于掠夺者，而遭受掠夺的人如果进行自卫，反而会被投进监狱。换言之，存在着一种法律授权的掠夺行为，毫无疑问，这才是蒙塔朗伯尔先生所说的那种掠夺行径。

这种法律上的掠夺行径可能只是国家立法活动中的一个不怎么常见的瑕疵。如果真是这样，那么，我们所要做的，就不是愤世嫉俗，唉声叹气，而是尽可能迅速地清除这些瑕疵，尽管这样做可能让既得利益者恼羞成怒。

那么，如何确认这种法律上的掠夺现象？非常简单，我们只需看看，法律是否将某种东西从其拥有者手中拿走，然后将其给予本来不拥有这些东西的人。我们只需看看，法律是否为了一个公民的利益，而损害其他人的利益，而如果是后者自己这样干，却不可能不被指控为犯罪。必须毫不迟疑地废除这样的法律。这种法律本身就是不公正的，同时它也是各种不公正的肥沃的土壤，因为它会招致报复，而一不留神（开始时的例外），很快就会变成普遍的现象，自我复制繁殖，最后就发展成一种有自己的生命力的制度。毫无疑问，受惠于该法律的人，必然会对废止该法律大声抗议，他会利用他所获得的一切权利阻止废除这种法律。他会说，国家有义务保护和促进他所在的产业；他会宣称，国家让他富裕对国家也有利，因为他富裕起来后，就会花更多的钱，从而会给穷困的工人撒下更多工资。千万小心，不要听信这种诡辩，因为系统地阐述这些说法，恰恰会使法律上的掠夺行径制度化。

实际上，已经出现了这种局面。我们这个时代很流行的一种幻想是，能够通过互相牺牲最后实现所有阶层的共同富裕——在用法律组织掠夺的幌子下，使掠夺行径普遍化。现在，人们可以用数不胜数的借口去干法律上的掠夺行径。于是，也就存在着数不胜数的组织掠夺行径的方案：关税，贸易保护，补助金，补贴，优惠政策，累进的所得税，义务教育，就业权，利润权，工资权，获得救济的权利，生产资料权，无息贷款，等等。而所有这些方案的共同点就是，它们都是法律授权的掠夺行径……

…………

我们必须毅然决然地解决这种法律上的掠夺问题了。我们只有三条路可走：

> 少数人掠夺多数人；
> 所有的人掠夺所有的人；
> 没有一个人掠夺他人。

部分地掠夺，普遍地掠夺，消灭掠夺——我们必须作出选择。法律只能从这三条道路中选择其一。

只有一部分人享有选举权时就会出现部分的掠夺制度……

自从选举权普及之后，我们就一直面临着普遍的掠夺制度的威胁，刚刚获得选举权的群众所形成的想法，正是在他们未获得选举权之前的立法者们所运用过的法律上的掠夺原则。

不存在掠夺，则是正义、和平、秩序、稳定、和谐、理智的原则，

我会竭尽我的肺部的所有力量宣示这种原则，死而后已。^①

说实话，对于法律，除了要求它不存在掠夺之外，夫复何求？具有必要的制裁力量的法律，除了用于保障每个人的权利之外，我们还能将其合理地用于干别的事情吗？我怀疑，把法律扩展到这一界限之外，难保不会滥用它，因而也难保不会使之成为侵害人的权利的力量。而这是我们能够想象到的最可悲、最不合理的社会乱象。因此，我们必须清楚地认识到，在经历了艰难的上下求索之后，社会问题唯一的解决之道，就包含在下面非常简单的一句话中：法律是有组织的正义。

这样看来，通过法律——也即借助暴力——来妥善安排正义，就必然要排除运用法律或借助暴力组织任何活动的想法，不管这种活动是劳动、善举、农业、商业、工业，还是教育、高雅艺术或宗教；因为，用法律组织所有这些次一级的活动，都不可避免地会摧毁根本性的结构——正义。说实话，我们怎么可以设想，侵害公民自由的力量竟然不会被用来损害正义本身，从而恰好与其正当目标背道而驰呢？

在这里，我与当代最流行的偏见存有冲突。人们不仅希望法律是正义的，还希望法律是博爱的。正义应当保障每个公民自由而不受妨碍地发挥其肉体、智力和道德发展之能力，他们不满足于此，还要求法律在整个国家范围内直接提供福利、教育和道德规范。

然而，我想重复一遍，法律的这两个功能是彼此冲突的。我们必须从中作出抉择。一个人，不可能同时是自由的和不自由的。拉马丁先生曾写信给我说："你的理论只说出了我的一半纲领，你只停留在自由层面，我则进一步说到了博爱互助。"我回信给他说："你那另一半纲领将会毁掉这一半。"事实上，在我看来，根本不可能把"互助友爱"这个词活生生地从"自愿"中分离出来。在我看来，绝对不能设想，互助友爱竟然可以运用法律强制地实现。如果是这样，自由不被法律摧毁，正义不被法律踩在脚下，那才叫怪事呢。

---

① 巴斯夏在这里提到了肺病，后来正是这种病要了他的命。——英译者

　　法律上的掠夺有两大根源：一个就是我们前面提到的人的自私自利，另一个则是虚伪的博爱之心。

　　在进一步论述之前，我觉得应该解释一下我赋予"掠夺"一词的含义。①

　　我绝不是在某种含糊的、不确定的、近似的或比喻的意义上使用这个词的，而一般人经常这样使用这个词；我是在其精确、科学的意义上使用这个词的，是指那种与财产权相对立的理念。如果财产未经其所有者的同意，未给予补偿，不管是通过暴力还是通过欺骗，将该财产从拥有它的人手里，转移到并未创造它的某个人手里，我就要说，财产权受到了侵害，发生了掠夺行径。我觉得，这种行径，恰恰是要法律予以查禁的，不管其发生在何时何地。如果法律本身就干下了这种它本来应当予以查禁的行径，我要说，它仍然是一种掠夺行径，就其对社会的影响而言，这是一种更为恶劣的掠夺行径。而在这种情况下，要对此行径承担责任的，并不是干下掠夺的具体的人，而是法律，是立法者，是社会本身，而其政治危险恰恰就在于此。

　　令人遗憾的是，"掠夺"这个词是个贬义词。我曾经徒劳无益地努力找到另一个词来表示这个含义，因为我从来不愿意，尤其是在这个时候，不愿意给我们已经喧闹的纷争中再添乱。因此，不管大家是不是相信我，反正我自己觉得，我并不想用这个词来贬低任何人的动机和道德水准。我之所以批判这种观念，是因为我相信，这种观念是错误的，这种体制在我看来是不正义的，这种不正义或许是在我们每个人获得好处的时候不期而至的，我们已经遭受了损害，却依然处于懵懵然无知的状态……

　　………………

　　法律乃是暴力，因而，把法律的正当功能扩大到其正当的暴力范围之外，就不可能是正当的了。

---

① 法文原文是 Iaspoliation，英语使用 phundelr 要比 spoliation 合适。——英译者

如果法律和暴力欲将一个人限制于正义的界限之内，那除了某种纯粹的否定之外，它们不能再把任何东西强加于他。它们唯一可以强加于他的义务乃是避免伤害他人。它们不能侵害他的人身、自由或财产。它们只能保卫所有人的人身、自由和财产。它们处于防卫的地位，它们捍卫所有人的平等的权利。它们所履行的这种职责，显然是无害的，其益处是明白无误的，其正当性也是不容争辩的。

我的一位朋友曾经评论说，法律的目标就是使正义获得胜利。根据上面的分析可以知道，严格地说，这种说法是不准确的。我们应该说：法律的目标是防止不正义占据支配地位。事实上，使法律得以存在的，不是正义，而是不正义。只有在不正义不存在之时，才能获得正义。

然而，如果法律在其不可避免的执行机构、暴力的干预下，把某种劳动制度、某种教育的方式和目标、某种信仰或宗教强加于人，那它就不再是否定性的了，而是肯定性的了。它以立法者的意志取代个人的意志，用立法者的计划取代了个人自己的计划。如果果真如此，那么，人们就无法协商、比较、事先制订计划了，而法律本来就是为他们进行这些活动而设。他们不再是真正意义上的人了，因为他们丧失了他们的人身、自由和财产。

你能想象在不践踏自由的前提下，法律可以把某种劳动制度强加于社会吗？在不侵犯财产权的情况下，竟然能够实现财富的转移？如果这些情况都不能想象，那么，你就必须承认，法律不能组织管理劳动和工业，假如你不想制造不正义的话。

如果某位政治理论家在埋头书桌之余，抬头看一眼书斋外面的社会，他一定会为社会中存在的种种不正义现象所震惊。他会为我们如此多的兄弟承受如此沉重的苦难而扼腕叹息，而社会另一极所呈现的奢靡和富裕，更加重了他们的痛苦，这一点更足以令我们的这位理论家拍案而起。

面对此情此景，这位政治理论家应该问自己，这种社会状况的根源，难道不正是在古代征服活动中的掠夺行径，是最近在法律的干预下的掠夺行径？他应该考虑到，假如说所有的人都渴望幸福和自我实现，那么，正义占据支配地位，难道不足以使进步的力量进入到迅速发展的轨道，从而实现最大限度的平等？这种平等是与上帝所规定的个人所应承担的责任相一致的，即个人的美德和罪行必将得到公平的报偿。

然而，这位政治理论家却根本不是这样想的。他的想法已经转向了计划、安排，合法的或者说人为的进行组织管理。然而，他所开出的药方，却只能使产生这些病态的条件强化、永久化。我们已经看到，正义乃是一种纯粹否定性的概念，那么，所有这些肯定性的法律安排，怎么可能不包括法律上的掠夺的原则？

你会说"确实有一些人，他们实在是没有钱啊"，于是你诉诸法律。然而，法律并不是一只自己会产奶的乳房，法律所分泌的乳汁除了取自社会外，不可能凭空自天而降。如果不迫使某个公民或某个阶层奉献出自己的财富，那么，国库是不可能用这些财富来造福于另一个公民或另一个阶层的。如果每个人拿出某些财富，然后又能获得同等数量的财富，那么，你的法律确实不是掠夺性的，然而，这样的法律对于那些没有钱的人，也没有任何意义，它也根本不能促进收入的平等。法律要想成为实现平等的手段，就只有一个办法，那就是从一个人那儿拿走财富，送给另一个人，而这恰恰就是掠夺的办法。为证明这一点，你不妨仔细考察一下保护性关税，补贴，保证获取利润的权利，保证就业的权利，获取公共救济的权利，获得教育的权利，累进税制，无息贷款，公共工程，等等。你总会发现，这些东西所依据的，正是法律上的掠夺，有组织的不正义。

你会说"有些人确实是缺乏教育啊"，于是你就诉诸法律手段。然而，法律并不是一支自己可以发光照亮远方的火炬。放眼整个社会中，总是有些人具有知识，而有些人没有知识；有些人想要学习知识，而有些人则愿意教这些知识。而要让他们各得其所，只有两种办法：一种是让这种交换自由进行，也就是说，让那些想要教书的人自愿地去满足想要学习的人的需求；另一种办法就是使用强制，从某些人那里拿走一些钱，支付给教师，然后指派他们去教那些没有钱的人。然而，第二种办法却不可能不侵害有的人的自由和财产，也就是说，它不可能不是一种法律上的掠夺。

你会说"有些人确实缺乏必要的道德和宗教信仰"，于是你诉诸法律手段。然而，法律乃是一种暴力，我是否还有必要特意指出，把暴力引入到这些领域，是十足狂热和愚蠢的行径呢？

…………

……陈腐的经典无处不在地告诉我们，在被动的社会的后面，有一种神秘的力量，被冠以法律或者立法者之名。有时则用别的术语，将其称为具有某种无可辩驳的影响力和权威的不具名的人或群体，"他们"鼓动、控制、造福或改造人类。

博絮厄

让我们先来看看博絮厄（Bossuet，路易十四国王的皇太子的导师）的一段话：

> 埃及人的心灵中留下（由谁？）的最强烈的印象，乃是对他们的国家的热爱……任何人都不得拒绝效力于国家。法律为每个人都指派了相应的职业，这种职业父子代代相传。没有人可以拥有两种以上的职业。没有人可以从这个职业跳槽去干另一种工作……但是，有一项职责，没有任何人可以拒绝顺从：这就是学习法律和智慧。不能以任何理由为借口不去了解国家的宗教和政治规章。而且，每项职业都被指定（由谁指定？）限制于特定的地区……在所有这些良好的法律中，最好的规定是每个人都必须接受培训（谁的培训？）来服从这些法律。其结果就是，埃及人的心智中充满了非凡的创造力，所有能使生命更安逸、更宁静的东西，都不会逃过他们的慧眼。

于是，在博絮厄看来，人单靠自己什么也干不出来：爱国主义、财富、产业、智慧、发明创造、管理和科学，所有这些，人们都只能经由法律或国王的调教才能获得。普通人所唯一要做的，就是服从他们的领导。

博絮厄坚持国家乃是一切进步之源泉的看法甚至达到一种荒唐的地步。有人说，埃及人曾经抵制过摔跤和音乐，博絮厄不由大怒。"这怎么可能呢"，博絮厄说，"因为这些艺术本来就是特利斯墨吉斯忒斯①所发明的嘛。"

至于波斯人，博絮厄也声称，他们的所有东西都是由法律和国王所赐：

> 君王的首要职责之一是促进农业发展……必须要设置官职来确定军队的规章制度，同样，他也必须设置官职来指导农业生产……波斯人对皇室的权威尊重到了极点。

在博絮厄看来，古希腊人，尽管非常聪明，但仍然不能控制他们自己的命运，就像马和狗一样，靠他们自己，甚至发明不出哪怕是最简单的运动项目。在古典思想中，人们通常都认为，所有的东西都来自外力，没有什么是人类自己所成就的。

> 古希腊人之所以很聪明、很勇敢，是因为早年他们受到过来自埃及的国王和殖民者的熏陶教育。正是从埃及人那里，他们学到了体育锻炼、竞走、赛马和战车比赛……而埃及人教给古希腊人的最好的东西则是人应该温顺听话，应该为了共同利益而由法律塑造他们。

---

① Trismegistus，即 Hermes Trismegistus，埃及智慧之神 Thoth 的希腊名，其职司与希腊神话中的 Hermes 相似，相传曾著有魔术、宗教、占星术、炼金术等方面的书籍。——中译者

费纳隆

这些古典理论（晚近的教师、作家、立法者、经济学家和哲学家心目中的理论）都坚持，人所享有的每一样东西都源于他们本身之外，这一点是毋庸置疑的，我们可以再举费纳隆① 的例子。

他见证了路易十四的权势。他接受了古典正统学派的教育，非常羡慕古代，因而，自然地，费纳隆接受下面的看法：人类应当是被动的；人的不幸与兴隆——邪恶与美德——都是由法律和立法者所加之于他们身上的外部力量影响所致；因而，在其构想的萨朗蒂姆的乌托邦② 中，他将人——连同他们的兴趣、才能、欲望和财产——都置于立法者的绝对支配之下。不管是什么事情，他们都不能自行作出决断，而必须由君王决定他们的命运。构成国家的群众是不成形的，而君王则是他们的灵魂。思想、远见、所有的进步和一切组织的法则，都存在于君王心中，因而，一切责任均系于他一人之身。

为了证明这一点，我本来应当引述费纳隆的整整十卷书。不过，我希望读者自己找来看一看，我自己则从这本名著中随便摘录了几段，就足以令我对他的所有论述大表钦佩了。

崇拜古代社会人士的一个典型特征是盲目地轻信。费纳隆认为，埃及人个个幸福，而他们的幸福，并不是源于自己的智慧，而是来自国王的统治。这种想法，忽视了理性的权威和基本的历史真相。

> 富裕的城镇乡村，人人安居乐业；从来不休耕的农田里，年年都是五谷丰登；牧场上，牛羊成群；工人被沉重的粮食压弯了

---

① François de Salignac de La Mothe-Fénelon（1651—1715），加莱地方天主教大主教、作家、教育家，路易十四的孙子勃艮地公爵的导师。他支持寂静主义，主张限制王权、教会脱离政府控制，为国王及教会所贬斥。著有寓言集《死人对话》（*The Dialogues of the Dead*）和《泰雷马克历险记》（*Tèlèmaque*）。——中译者

② Salentum，在法语中，是一个传说中的城市，费纳隆在其著作《泰雷马克历险记》中，在那里构想了他的乌托邦政府。——英译者

腰，这是大地奉献给耕耘者的；牧人的笛声，一遍一遍地回响在大地上。对所有这一切，我们不能视而不见。太傅①说："幸福属于那些在一位明君统治下的人民。"

接下来，太傅要我们注意，整个埃及，22000个城镇，无处不洋溢着幸福丰裕。他羡慕这些城镇中完善的市政管理，羡慕劫富济贫的公正制度，也羡慕孩子所受的健康的教育，使他们学到了顺从、勤奋、冷静、热爱艺术和学问；也羡慕他们在所有的宗教仪式中所体现的细心；羡慕他们的慷慨、高度敬重荣誉、彼此信任、敬畏神灵，每个父亲都会把这些教给自己的孩子。他并不是仅仅羡慕这个国家的繁荣，他告诉我："那些由一位明君按这种方式统治的人民是幸福的。"

费纳隆对克里特岛②的描述更加诱人，那位太傅接着说：

在这个迷人的海岛上，你所能看到的一切，都是米诺斯③的法律的成果。他规定孩子所接受的教育必使他们的身心都健全而强壮。他们从小就习惯了朴素、节俭而勤勉的生活，因为法律认定，一切欢快的感觉都会使他们的肉体和心灵脆弱。这些法律所允许他们享受的，只有美德所带来的快乐和获得荣誉后的欢乐……在这里，法律惩罚三种罪恶：忘恩负义、伪善和贪婪，而在其他民族那里，这些是不会受到惩罚的。法律从来不需要限制人们摆阔气、挥霍浪费，因为这些东西根本就不为克里特人所知……他们从来不准拥有名贵的家具、华丽的服饰或金碧辉煌的官殿。

于是，太傅准备——毫无疑问是以最良好的动机——把他的学生塑

---

① 在《泰雷马克历险记》中，太傅是年轻的君王的导师。——英译者
② Crele，位于地中海东部，这里是古希腊文明的发源地之一。——中译者
③ Minos，克里特岛国王，宙斯和Europa所生之子，秉公治国，死后为阴曹地府三判官之一。——中译者

造、锤炼为伊萨卡人①，而为了让他的学生信服这些观念所蕴含的智慧，太傅就向他讲述了萨朗蒂姆的榜样。

正是从这类博爱之心中，我们获得了我们的最重要的政治观念！人们教导我们，对待人，就要像德瑟雷斯②教导农民整治和照管土壤那样。

孟德斯鸠

现在，我们来听听伟大的孟德斯鸠是如何谈论这一问题的：

> 为了维护商业的精神，就需要一切法律都有利于它。这些法律，也必须把商业活动所创造的财富按相应比例进行分配，应当向每个穷人都提供充分安逸的环境，从而使他们能够跟其他人一样生活工作，并使每个富人的条件适度地降低，从而使他们为了生存或改善自己的生活而不得不努力工作。

于是，法律决定着所有财富的安排！

> 尽管财富的平等是民主国家的本质所在，但是，我们很难说，十全十美地做到这一点，总是有利的。只要大家达成一种共识，在一定程度上缩小或者调整财富的这种分化，就已经足够了。只要做到这一点，那么，向富人课税以救济穷人，实现财富平等，就可以留给具体的法律来解决。

这里，我们再次看到了，要用法律、用暴力来实现财富的平等。

在古希腊，存在过两类共和国：一类是军事性的，比如斯巴达；另

---

① Ithace，史诗《奥德赛》中主人公奥德修斯的家乡，在希腊西岸爱奥尼亚海中。——中译者
② Olivierde Serres（1539—1619），法国农业之父，亨利四世的顾问。——英译者

一类则是商业性的，如雅典。在斯巴达，国家希望公民无所事事，而在雅典，国家则努力地引导公民热爱劳动。

我想提请读者注意斯巴达立法者所具有的伟大的天才：他们贬低所有公认的习俗——故意混淆所有公认的美德观念——他们早就知道，整个世界都会佩服他们的智慧。把公正的精神视同盗窃罪，把最极端的自由跟最残酷的奴隶制画等号，把最伟大的中庸之道看作最残暴的感情，通过这样一些办法，莱克格斯①给他的城邦带来了稳定。他似乎使他的城邦抛弃了它的一切资源、艺术、商业、货币和防卫；在斯巴达，人们有野心，但没有改进物质生活的指望；在那里，人的自然天性得不到宣泄，因为他们不是某人的儿子，或某人的丈夫，或某人的父亲；甚至贞洁都不再被看作是高尚的了。正是由此，斯巴达通往了伟大和光荣……

希腊的各项制度中所能看到的那些异乎寻常的现象，在我们这个时代的退化与堕落的人们中间也可以看到。某位凑巧出现的诚实的立法者塑造了一个民族，于是，在这个民族中间，人们天生就是诚实的，就像斯巴达人天生就勇敢一样。比如，彭威廉先生②就是一位真正的莱克格斯，尽管莱克格斯将战争作为自己的目标，而彭威廉先生却以和平作为自己的目标，但他们有一点是相同的，即他们都对自由人施加了自己的道德影响，从而使他们能克服偏见，约束激情，领导他们各自的人民走上正途。

巴拉圭国家③则给我们提供了另一个例子，说明了民族是由其立法者所塑造的。一个人，如果认为发号施令的纯粹的愉悦感，乃是生活中最大的快乐，那么，他就可能对社会犯下大罪，这一点毋庸置疑；但

---

① Lycurgus，传说公元前 9 世纪斯巴达的立法者。——中译者
② 疑即 William Penn（1644—1718），英国基督教新教贵格会领袖，北美宾夕法尼亚殖民地创建人（1681），曾与印第安人缔结和平条约。——中译者
③ Paraguay，当时的巴拉圭，要比今天大得多。它是由耶稣会士建立的殖民地，让印第安人定居在村庄中，他们的统治更加温和，总的来说，印第安人由此而免受了更加热衷权势的征服者的更加残暴的统治。——中译者

是，按这样的方式进行统治并使统治者能够更为幸福，也总是一种高尚的理想……

那些想要建立这样的制度的人，必须照下面的原则做：就像在柏拉图的共和国那样，确定财产的共同所有权；要像柏拉图所要求的那样敬畏上帝；要使本民族与外国人严格区分开来，以维护本民族的道德规范；应由国家，而不能由公民自己来搞商业。立法者应该向我们提供艺术，而不是奢靡，他们应当满足我们的基本需求，而不是横流的人欲。

那些没有脑子、稀里糊涂的大众会惊呼说："孟德斯鸠曾经这样说过，所以，这是高尚的，也是崇高的！"但是我还是鼓足勇气有话要说。我想说的是：

"什么？你竟然说它优美？也太厚颜无耻了！"[①]

而这也太可怕了！可恶！这些从孟德斯鸠的著作中随便拿出来的话——我还可以再加上一些——揭露了，在孟德斯鸠看来，人的人身、自由、财产，人类的一切，无非是立法者用以炫耀其聪明才智的物料而已。

卢梭

现在，我们来看看卢梭在这方面的思想。这位政治理论家，民主的最高权威，将社会的大厦建立在公意的基础上。尽管如此，我们完全不能接受他下面的看法，他把人类看成是操纵在立法者手中的完全被动的东西：

> 如果伟大的君主确实比较罕见，那么，伟大的立法者是不是更罕见呢？君主只能遵循立法者所创造的那些典范。立法者是发明创造这台机器的设计师，而君主仅仅是操作它运转的工人而已。

---

① 这是 Alceste 对他的朋友 Philinte 的答复，这位朋友曾伪善地赞美一首非常差劲的十四行诗（见莫里哀《愤世嫉俗》第一幕第二场）。——英译者

那么，在这中间，普通人算什么？他们不过是这台被人创造和操作的机器而已，事实上，他们也许只不过是用于制造这台机器的原材料而已！

因此，立法者与君主之间的关系，就相当于农业专家与农民之间的关系；而君主与人民之间的关系，就类似于农民与他的田地之间的关系。那么，这位政治理论家又比人类高多少档次呢？原来，是卢梭本人支配这些立法者，他用下面这些命令的口气教导他们如何从事自己的职业：

> 你们想不想实现国家的稳定？如果想的话，那就要尽一切可能把极端的因素清除干净。既不要宽容富人，也不要纵容穷人。
>
> 如果土壤过于穷乏或贫瘠，或者国家对其居民来说过于狭小，那么，就要致力于发展工业和技艺，来换取你所需要的粮食产品……而如果生活在土地肥沃的地方，居民稀少，那么，就全神贯注于发展农业，因为这可以使人口成倍增长，同时要取缔一切技艺，因为这只能使国家人口减少……
>
> 如果你占有漫长而可以利用为港口的海岸线，那么，就充分地发展船运业。但你的人民的生命会辉煌而短暂；如果你的海岸线上净是无法利用的悬崖绝壁，那么，就让你的人民停留在野蛮状态，以渔猎为生，他们的生活会更宁静——或许更美好——当然，他们也会比那些航海家更幸福。
>
> 一句话——这也是所有民族共通的一条公理——每个民族都有自己具体的独特环境，这就意味着其立法活动只能适应于自己的环境。
>
> 因而，以前的希伯来人、最近的阿拉伯人，将宗教作为他们首要追求的对象；而雅典人追求的是文学；迦太基人和推罗人[①]追

---

① 迦太基，约公元前 814 年由推罗殖民者在今突尼斯湾所建立的古代国家，经营海上贸易是迦太基人致富之源。推罗，古代腓尼基的重要城市，今黎巴嫩的苏尔（Sur），其文明在公元前 10 世纪强盛，积极从事海外贸易和殖民活动。——中译者

求的是商业；罗得岛人①追求的是航海，斯巴达人的志向是战争；罗马人追求的是美德。《论法的精神》的作者孟德斯鸠已经向我们揭示了，立法者应当通过什么样的技巧来指导教育以追求这些目标……

然而，如果立法者错误地理解了他的目标，采取了一条与他的人民自然天性所显示的不同的原则，会发生什么样的事呢？如果他选择的原则，一会儿是创造奴隶制，一会儿是追求自由；有时是追求财富，有时是实现人口增长；有时是和平，有时是征服，又会发生什么样的情况呢？立法者目标混乱的结果，必然是逐渐地削弱法律，破坏宪法。国家必然会陷入持续的动荡局面，最终可能毁灭或发生变革，而无敌的自然又会恢复其控制。

但是，如果自然是如此的不可征服，会恢复其控制，那么，为什么卢梭不承认，最初就根本不需要立法者来实现这种控制？为什么他不承认下面一点：人，按着自己的本性行事，即使没有某个莱克格斯或梭伦或卢梭的非常容易出错的干预，自己就完全能够知道，如果土壤肥沃，就应该从事农业，如果海岸线漫长而良好，就应当进行海上贸易？

不管怎样，我们已经看到，卢梭所加之于社会的创建者、组织者、领导者、立法者、操纵者身上的，是多么可怕的重担！于是，他对他们提出了非常高的要求：

不管是谁，如果想要勇敢地投身于创造一个民族，那他就应当相信，他具有改造人性的能力，而他本人则必须是完美的，与众不同的，他能够把每个人改造成为一个更大的整体的一个小小的组

---

① 罗得岛位于爱琴海东南部，古典时期，该岛人主要从事海上贸易，于公元前900年制定了世界上最早的海商法。——中译者

成部分，只有通过这一整体，个人才能获得其生命和其存在的全部或某一部分。这个立志创造一个民族的人应当相信，他有能力改造人的体质，可以增强人的体质，可以用一种道德的、作为整体的组成部分的存在，来取代其肉体的、独立的存在。[①] 一句话，他必须清除人身上自然的力量，赋予其不同于其天性的力量。

可怜的人类！如果他们把自己交付给卢梭的信徒，不知道人的尊严是否还有立足之地？

雷纳尔[②]

现在，我们来看看雷纳尔对立法者如何塑造人的论述：

气候，也即空气和土壤，是立法者最重要的指导原则。他所占有的资源决定着他的使命。他首先必须考虑自己的地理环境。一个生活在沿海地区的民族必须制定处理航海问题的法律……如果是在内陆有一块居住区，那么，立法者就必须考虑土壤的类型和肥沃程度……

立法者的智慧尤其会体现在财产的分配中。不管什么时代，世界上所有国家在建立一块居住地时，要把土地分配给所有人，也就是说，每个人都要获得足以维持其家人生存的土地。如果你是把孩子移居到一个无人居住的孤岛上，那么，你只要任真理的种子随着孩子们理性的发育成熟而健全完善起来就可以了……但

---

① 在卢梭看来，社会人的存在，在其完全成为社会的一部分后，就是作为整体的部分的存在，只有在他知道自己是如此的存在后——并且从整体的立场来思想和感觉——他才是道德的。——英译者

② Abbé Guillaume Raynal（1713—1786），法国历史学家、哲学家，其论述法国中世纪文学的著作最为出名。——英译者

是，如果你是想把一个具有历史的民族安置在一个新国家，那么，立法者的技巧就在于允许人们继续保持其古老的、有害的心态和习俗，如果无法改造、纠正的话。如果你希望这些有害的心态和习俗不要传递给子孙后代，那就要让所有孩子都到公共学校中接受教育。君主或立法者如果不首先指派圣贤指导年轻人，就不可能建立起一个国家……在一个新国家中，那些希望人们的习俗和行为方式纯正的立法者，有充裕的机会实现自己的理想。如果他具有美德和天赋，那么，他能够支配的那些土地和人民就将激发他形成自己的社会计划。理论家们事前对这个计划只能根据一些不怎么可靠的假设形成某种含糊的设想，由于环境的千差万别，高度复杂，所以，很难事前对其作出详尽的预测，想出完善的办法……

雷纳尔向立法者提出的如何管理人民的教导，就相当于农业教授讲给他的学生管理农作物的方式：气候是农民要考虑的第一个指导原则。他的资源决定着他的耕作方法。他首先必须考虑他所在的地理位置。如果他所在的地方属于黏土土壤，他就应该如此这般，如果土壤是沙质的，那他就必须如彼那般。农民如果想平整和改进他们的土壤，到底需要做哪些事，事前都是未定的。如果他具有比较出众的能力，那么，他就会在某个时间发现可能需要施肥了，而对这样的计划，农业教授事前只能根据不怎么可靠的一个大概的设想，而环境是千差万别的，因而事先很难准确地预测和处理。

啊，多么高尚的理论家！不过，您或许应该记住，你如此随意地处理的这些黏质土、沙质土，这些肥料，都是人啊！他们跟你是一模一样的人，他们跟你一样，是有理智的自由人。你所具有的能力，他们也同样都从上帝那里获得了，他们也可以进行观察，事前作出计划，进行思考，并为自己作出判断！

马布利的临时专政论[1]

下面是马布利关于法律和立法者的论述。他想象某个国家的法律由于忽视了安全而被废止，由此他继续发挥说：

> 在这种情况下，政府的发条就松弛了。而只要重新再上一下（这个话，马布利是讲给读者听的），就又可以防止罪恶了。必须予以惩罚的错失的数量减少了，而需要奖赏的事情却多了。这样，你就会使你的共和国恢复青春的活力。正是因为自由人对这种办法一无所知，他们就失去了他们的自由。但如果罪恶已经相当严重，以至于用通常的管理手段都不能解决，那么，就必须恢复实行特别行政官制，其任期更短，权力则更大。如此一来，公民就再也不敢胡思乱想了。

他的整整二十卷著作中，都贯穿着这种想法。

在这种学说——它源于古典教育——的影响下，必然会出现这种局面：每个人都希望把自己置于人类之外和之上，从而可以按照他自己的方式管理人类、组织人类、教育人类。

孔狄亚克[2]

下面来看看孔狄亚克对立法者和人类的看法：

---

[1] Gabriel Bonnotde Mably（1709—1785），法国历史学家、哲学家、空想共产主义者。他认为私有制是一切社会灾难之源，但消灭私有制、恢复公有制已经不可能。因此，他主张不消灭私有制而尽可能做到平等，主张人民是最高主权的体现者，人民有权以暴力方式改变现存政权。——英译者

[2] Étienne Bonnotde Condillac（1715—1780），法国哲学家，启蒙运动的重要人物，他发展了约翰·洛克的所有知识和经验都来自感觉的理论，认为感觉是人类知识的基础，著有《论人类知识的起源》和《感觉论》。他关于政治经济学的看法则可参见其《商业与政府》（*Le Commerceetle gouvernement*）。——英译者

啊，上帝，如果没有莱克格斯或梭伦这样的人物，人类将会怎样？在你读完这篇文章之前，你肯定会对把法律赋予那些野蛮人的想法嗤之以鼻。然而，让这些游牧部落定居下来，教导他们圈养牛羊……努力地让上帝深植于他们内心深处的良知发育完善……强迫他们开始履行人的使命……使用惩罚措施，令肉欲的享乐在他们眼里成为讨厌的东西。然后，你就会发现，你所订立的每条律法，都促使这些野蛮人放弃邪门歪道而得到美德。

所有的民族都拥有法律，但他们中只有少数能获得幸福。为什么会这样呢？因为立法者本身对于社会的目标——即通过公共利益把所有的家庭团结为一体——也通常总是一无所知。

法律的公正包括两层意思：同时实现公民在财富上的平等和人格尊严上的平等……只要你的法律实现了更大程度的平等，在每个公民眼里，法律才更值得珍惜……如果实现了所有人在财富和尊严上的平等……如果法律使破坏这种平等的所有企图都没有实现的机会……那么，人们怎么会为贪婪、野心、放荡、懒惰、羡慕、憎恨、嫉妒等等情感而疯狂呢？（随后是一段田园牧歌式的描述。）

在这一问题上，斯巴达的共和国的做法对你有何启示？没有任何一个国家制定的法律，比它更严格地合乎自然的秩序，即平等的秩序。①

17世纪和18世纪的理论家把人看成是某种没有生命的物体，可以接受伟大的君主、伟大的立法者、伟大的天才给予他们的任何东西，比如外形、体格、冲动、运动和生命等等。在这两个世纪中，人们醉心于古典历史的研究。而古典时代，各个地区，埃及、波斯、希腊、罗马等古代文明所呈现的，都是少数人按照自己一时的兴致，通过暴力和欺骗塑造大多数人的

① 在《学位与社会主义》一文中，作者接连引用了类似的段落，再次揭露了同样一些谬种流传的错误。——法文版编者

情景。然而，这并不能证明，这种局面就是可取的。它只能证明，由于人和社会是具有进步的能力的，因此，在人类发展的初期，必然是错误、无知、专制、奴隶制和迷信相对来说比较盛行而已。我上面所提到的那些理论家的错误，并不在于他们发现了古代的制度是这样的，而在于他们要求未来的人们也敬畏和效仿这些制度。他们的错误在于，盲目地赞赏古典时代这些矫揉造作的社会中那些不能容忍的东西，即其壮丽、尊严、道德和幸福，他们没有丝毫的批判精神，非常幼稚，盲目崇拜传统。他们没有认识到，文明教化的发展和传播是需要时间的，只要人类获得了文明教化，就不必再用暴力来维护权力了，社会也就重新获得了自行发展的权利。

　　而事实上，我们今天所看到的世界上的政治斗争都是什么性质的斗争呢？无非都是所有民族本能地争取自由的斗争。[①] 那么，这种自由是什么？仅仅是自由这个词，就使人们激动万分，就撼动着整个世界。自由不就是所有自由权利——良心自由、教育自由、结社自由、新闻自由、迁徙自由、劳动自由、交换自由——的总和吗？一句话，自由，不就是每个人充分地发挥自己的才能的自由，只要他不妨害他人也发挥自己的才能？或者换句话说，自由不就是摧毁一切专制统治吗？哪怕是法律授

[①] 如果一个民族想要幸福，那绝对不可或缺的一点就是：构成该民族的个人必须具备远见、审慎及彼此的信任，只有彼此信任，才有安全感。

　　而这些素质，只有通过经验才能获得。在不具备远见的情况下吃了亏，人们就会变得深谋远虑；只有当人们因为草率行事而受到惩罚，他们才会学会审慎行事，等等。由此我们可以得出结论，自由在最初阶段总是伴随着一些不幸，这些不幸乃是由于人们未经深思熟虑运用自由所带来的后果。

　　看到这些，有些人就跳出来，要求禁止自由，他们说："还是让国家来强制每个人深思熟虑、审慎行事吧。"

　　对此，我有以下疑问：

　　1. 这是否可能？从一个没有任何经验的民族中，能否形成一个经验丰富的国家？

　　2. 最起码，这种做法是不是从一开始就会妨碍人们丰富自己的经验？如果通过暴力强制人们干具体的事情，那么，个人如何能从他的行动的后果中总结教训？那么，他是否永远处于别人的监护之下？

　　而国家，如果要控制一切东西，那它也就必须对一切东西承担责任。

　　在这里，蕴含着无穷无尽的革命的火种，因为人们已经获得了新的经验，却被禁止不准进步，他们必然要发动革命。（摘自作者手稿）——法文版编者

权的专制统治。说到底，自由不就是把法律限制在其合理的范围内吗？也即协调个人合法自卫和限制不公正的权利。

我们必须承认，人类热爱自由的这种天性在很大程度上受到了阻挠，尤其是在法国。这主要是由于在我们的政治理论家中普遍存在的一种致命的幻想，一种从古典教育中熏陶出来的幻想，他们幻想，可以把自己置于人类之上，因而他们可以按照自己喜欢的方式安排人类、管理人类、教育人类。

社会正在为实现自由而斗争，然而，那些自命为社会灵魂的大人物们却满脑子装的都是 17 世纪和 18 世纪的精神。他们只想着让人类服从他们自己所发明创造出来的仁慈的暴君。就像卢梭一样，他们想强迫人类温顺地接受他们自己幻想出来的那种共同幸福的枷锁。

这一点在 1789 年时非常明显。旧制度刚被推翻，大革命的领导人就把同样是人为设计的制度强加于社会，这种制度总是建立在同样的前提之上的：法律是万能的。

我们来听听那时的理论家和政治家们都是怎么说的。

圣鞠斯特[①]："立法者掌控着未来。正是他决定着人类的利益。正是他能使人成为他所想望之人。"

罗伯斯庇尔："政府的作用就在于指引民族的物质和道德力量趋向于实现政府赖以建立之目标。"

比洛德 - 瓦朗纳[②]："一个民族要想获得自由，就必须经过一番改造。因为必须摧毁旧的成见，改变旧的习俗，改正那些堕落的倾向，限制那些过多的欲望，根除那些根深蒂固的恶习……为此就需要强大的力

---

① Louis Antoine Léonde Saint-Just（1767—1794），法国大革命时期雅各宾派领袖之一，罗伯斯庇尔的助手，曾任公安委员会委员（1793—1794），是大恐怖的始作俑者，残酷镇压了埃贝尔派和吉伦特派。在热月政变其恐怖统治被推翻后，他跟其导师一样，被送上了断头台。著作有《圣鞠斯特全集》《圣鞠斯特演说与报告集》。——英译者

② Jean Nicolas Billaud-Varenne（1756—1819），法国大革命时期国民公会委员，最初是罗伯斯庇尔的朋友，后来两人反目成仇，在大恐怖时期被驱逐出国——英译者

量，有力的行动……莱克格斯的不容挑战的严厉统治所造就的公民，是斯巴达共和国的稳固基础，而梭伦的软弱和轻信，则使雅典沦为奴隶制社会。这两种态度及其结果贯穿在有关政府的整个科学中。"

勒佩勒蒂埃[①]："考虑到人类目前堕落的程度，我确信，人类必须经历一个再造过程，换句话说，如果可能的话，必须创造出新人来。"

你现在明白了吧，人只不过是原材料而已。在这些人士看来，人不可能靠自己取得进步，他们根本没有这种能力。根据圣鞠斯特的说法，只有立法者有这种能力。人仅仅是立法者随心所欲塑造出来的东西而已。

按照罗伯斯庇尔的观点——他则是照搬卢梭的思想，立法者必须先决定国家所欲追求的目标。在确定了这一点后，政府唯一要做的就是指引全国的物质和道德力量迈向这一目标。而此时，民众则是完全处于被动状态的。根据比洛德 - 瓦朗纳的理论，除了立法者要求他们所具有的见解、喜好和要求之外，普通人是不得有任何成见、习俗和欲望的。他甚至于宣称，某个人的不可动摇的严厉统治，乃是共和国的基础。

如果所谓的罪恶非常严重，以至于用常规的治理程序无法矫正，马布利就建议实行专政，以增进人的美德。他说："就必须实行特别行政官制，其任期更短，权力则更大。如此一来，公民就再也不敢胡思乱想了。"这种学说从来就不乏信奉者，听听罗伯斯庇尔的说法：

"共和国政府的原则是美德，而建立美德必须要用的手段就是恐怖。在我国，我们希望用道德代替自私，用诚实取代面子，用原则取代习俗，用责任取代礼仪，用理性的治理取代时尚的暴政，用鄙视恶行取代鄙视不幸，用自豪感取代傲慢，用心灵的充实取代空虚，用热爱荣誉取代热爱金钱，用好人取代好好先生，用功劳取代诡计，用天才取代小聪明，用真相取代夸饰，用幸福的魅力取代及时行乐的倦意，用普通人的伟大取代大人物的渺小，用慷慨、强大、幸福的民族，取代伪善、琐屑、

---

① Louis Michel Lepéletierde Saint-Fargeau（1760—1793），法国大革命时期国民公会委员，在他投票赞成处死路易十六后遇刺身亡。——英译者

颓废的民族，一句话，我们希望用共和国全部的美德和奇迹，取代君主制下的一切恶行和愚蠢行径。"

罗伯斯庇尔把他自己置于人类之上的一个多么居高临下的地位！也请注意他的话里透露出的自负。他并不满足于仅仅表达自己对人的精神大觉醒的希望，也没有说通过一个常规的政府来实现他的目标。不，他所希望的是改造人类，并且是借助恐怖手段。

从上面所引罗伯斯庇尔的那一大串对比中我们可以看出，他是想解释应当指导革命政府的道德原则。注意，罗伯斯庇尔要求实行专政，绝不是为了抵抗外国入侵，也不是为了镇压反对派。相反，他之所以要求实行专政，是为了把他的道德原则强加于整个国家。他是说过，这只是制定一部新宪法之前的一个临时性措施，然而实际上，他的全部欲望就是使用恐怖手段从法国彻底根除自私自利、好面子、习俗、礼仪、时尚、空虚、爱钱、好好先生、诡计、小聪明、淫荡和贫乏。在他，罗伯斯庇尔完成这些奇迹——他曾正确地称之为奇迹——之前，他是不会让法律重新统治社会的。啊，你这无耻之徒，你竟然如此的自负！你竟然认为人类是如此的无足轻重，你竟然想改造一切。先改造你自己吧！这对你来说就是个艰巨的任务了。

然而，一般来说，这些老爷们——改造家、立法者、政治问题理论家——倒也并不是直接要求对人类进行专制。啊，不，他们要中庸、仁慈得多，所以不会直接提出这种要求。相反，他们所要求的只是法律的专制、绝对统治和无所不能。他们仅仅要求制定这种法律。

要想揭露这种奇怪的念头在法国知识分子中是如何的普遍，我不仅要研究马布利、雷纳尔、卢梭、费纳隆的所有著作——还得加上博絮厄、孟德斯鸠长长的语录，恐怕还得逐字逐句摘录国民公会的会议记录。我再也没有兴致做这桩事了，读者们可以自己找这些文献来看看。

拿破仑

这种观念对拿破仑有异乎寻常的吸引力，是一点都不奇怪的。他热烈地信奉这些观念，并且积极地将其付诸实施。拿破仑自认为是个化学家，他把整个欧洲都看成自己作试验的材料。然而，很不幸，这些材料起的反应却竟然是推翻了他。在圣赫勒拿岛①，拿破仑基本上醒悟过来了，似乎终于认识到，人是似乎具有某种主动性的。在认识到这一点后，他对自由的敌意似乎有所消解。尽管如此，这并没有使他在遗嘱中把自己的这一教训传承给儿子，他仍然宣称"统治就是提升和传播道德、教育和幸福"。

我们似乎用不着再小心翼翼地引用摩莱里②、巴贝夫③、欧文、圣西门、傅立叶的陈词滥调了。不过，这儿想请读者看看布朗基④论述劳动组织的著作中的一句话："在我们的方案中，社会发展的动力乃是政府。"

那么，政府给予社会的这一推动力量是什么样的力量？就是使用暴力把布朗基先生的方案强加于社会。而社会，无非就是人类。因而，按照布朗基先生的定义，人类只能从布朗基先生那里得到动力。

当然，据说，人们可以自由地决定接受还是拒绝这一方案。诚然，

---

① 1815 年 6 月，拿破仑（1769—1821）在滑铁卢被反法同盟军击败，第二次退位，被流放至该岛，并口述了回忆录。——中译者

② Morelly，18 世纪法国空想共产主义者，摩莱里为其笔名，本名及生平均不详。他热情地渴望改革当时的社会弊端（参见其论著 *Essai sur l'esprit humain*，*Essai sur le Coeur humain*，1745；*Physique de la beauté*，1748；*Le Prince...systeme d'un sage gouvernement*，1751），从唯理论和社会契约论出发，描述了共产主义理想，带有强烈的平均主义和奇特的父权民主制色彩。其著作《巴齐里亚达》（*Naufrage desiles flottantes ou Basiliade*，1753）是一本乌托邦"史诗"，《自然法典》（*Code de la nature*，1755）则包含着空想共产主义的激进观念，对巴贝夫产生了强烈影响。——英译者

③ IBabeuf（1764—1797），法国空想共产主义者、法国大革命时期的政治家。革命期间曾领导"先贤祠俱乐部"、建立"平等会"和密谋起义委员会，因密谋泄露而被处死。他认为革命应依靠少数人组成的密谋团体以暴力方式发动，从革命开始到共产主义完全建成的过渡时期，应实行革命专政，新政权将建立国民公社，集中管理，人人劳动，剥夺私有财产。其充满禁欲主义和平均主义色彩的理想，对布朗基派产生了重大影响。——英译者

④ Louis Blanc（1811—1882），法国革命家、空想共产主义者、历史学家，长期从事反政府活动。有 33 年在狱中度过。他从道德和理性出发批判资本主义，认为社会的罪恶源于竞争的压力，因而要"按需分配，按能贡献"；强调组织秘密团体举行武装起义，建立少数革命家的专政，建立新社会。著有《社会批判》《武装起义指南》《祖国在危急中》。——英译者

人们可以自由地接受或拒绝任何人给予他们的意见。然而，布朗基先生
却不是这么看待这一问题的。他希望把他的方案转化成法律，然后借助
暴力将其强加于人：

> 根据我们的方案，国家只需要制定一系列法律（当然也请执行
> 之），借助这些法律，工业活动能够、并且必然会完全自由地发展。
> 国家只需要把社会放在一段下坡路上（仅此而已吗？），然后，社
> 会就会在其自身力量的驱使下、在既定机制的自然作用下，自己一
> 路滚下去。

那么，布朗基所说的这段下坡路是什么呢？这条路难道不正是通向
深渊？不，它通往幸福。如果真是幸福，那么，社会为什么没有自己选
择这条路呢？因为社会不知道自己需要什么，社会必须要有一种来自外
部的驱动力量。那么，这种驱动力量是什么？就是政府。那么，谁能为
政府提供驱动力量呢？啊哈，就是这种机制的创造者，就是布朗基先生
本人。

恶性循环

我们永远难以走出这一恶性循环：人类是被动的，所以需要伟人利
用法律的力量来驱策人类。

一旦社会被置于这个斜坡上，社会是否将享受某些自由？当然当
然，那么，请问布朗基先生，自由到底是什么？

"我们坚定地认为：自由不仅仅是某种被赋予的权利，更在于个人
被给予在公正的统治下和法律的保护下，发挥和发展自己才能的某种能
力。"这种区分并不是无足轻重的：其含义是极其深刻的，其后果是难
以估量的。一旦我们承认，人想要真正自由，就必须具备发挥和发展自
己才智的能力，那么，我们就必然得承认，每个人都有资格要求社会提

供某种教育，从而能使自我发展。也必然得承认，每个人都有权利要求
社会提供生产资料，因为没有这种资料，就不可能真正有效地从事人的
活动。那么，由谁来进行干预，迫使社会给予其每个成员必要的教育和
必要的生产资料？不是国家，还能有谁？

于是，自由就等于能力。那么，这种能力是指什么？是指接受教
育？是指被赐予生产资料？谁来提供教育和生产资料？社会，社会对每
个人都负有不可推卸的责任。社会要通过什么途径向那些不拥有生产资
料的人提供生产资料？当然是通过国家干预了。那么，国家会从谁那儿
得到这些东西呢？

读者不妨想想这个问题。你会注意到，国家的手已经伸进了我们的
腰包，正在拿走我们的东西。

我们这个时代最奇怪的现象之一——肯定会让我们的子孙后代惊奇
的现象——就是建立在下面三个假设之上的理论：人类从根本上说是没
有主动性的，法律是全能的，立法者则是不会出错的。这三种观念，已
经成为自称为彻底的民主党人的那些人士的神圣的象征。

他们也自命为社会的。由于他们讲究民主，所以他们对人类有无
限信心。但又由于他们讲究社会性，所以他们就把人类当成泥巴随意揉
搓。我们更细致地分析一下这种矛盾。

如果讨论的是政治权利，如果立法者是从人民中间选择出来的，这
位立法者会怎样看待人民呢？在他看来，啊，人民具有某种天生的智
慧，他们被赋予了令人倾倒的直觉能力，他们的意志总是正确的，公意
是不可能出错的。

选举权已经十分普遍了。很显然，在投票选举的时候，社会没有
要求任何选民具有充分的选举能力。人们认为，理所当然地认为，他们
具有明智地抉择的意志和能力。人民怎么可能犯错误呢？我们不正生活
在启蒙时代吗？什么？怎么能够把人民永远置于监护状态下？他们不是
已经付出了巨大的努力和牺牲而赢得权利了吗？他们不是已经提供了足
够证据证明他们的明智和智慧了吗？他们不是已经成熟了吗？难道他们

没有能力作出自己的判断？难道他们不知道什么对自己最有利？竟然有人，或有个阶层胆敢声称自己有权把自己置于人民之上，代替他们作出判断、采取行动？绝对不允许这样，人民是自由的，也应该是自由的。他们希望自己治理自己的事务，他们一定能做到这一点。

　　然而，一旦立法者被选择出来，不再受承诺的约束，哈，他的口气就完全变了。人民又成了被动的，死气沉沉的，没有自觉意识的；而立法者则成了全知全能的人物。现在轮到他来创造、指挥、驱使和组织了。人类则除了服从之外别无选择。专制时代又降临了。现在，我们看到了这种致命的观念：在选举过程中还那么明智、那么道德、那么完美的人民，现在，却不再具备任何自然的天性了，当然，如果说他们还有什么天性的话，那就是不断堕落的趋势。而你们却要让他们保留一点点自由！孔西代朗①曾经说，难道你们不知道吗，自由必然会导致垄断。我们认为，自由就意味着竞争，而在布朗基先生看来，竞争，必然会使商人破产，并毁灭人类。因此，一个民族越自由，就越接近于破产和毁灭（布朗基先生或许应该看看竞争在瑞士、荷兰、英格兰、美国等国的成就）。布朗基先生又说了，竞争会导致垄断。于是他告诉我们，由于同样的原因，低价也必然会导致高价；竞争最终会耗尽所有人的消费能力，从而使生产变成为破坏性活动；竞争力量在迫使生产增长的同时，也会使消费减少。由此必然会得出结论，自由人的生产并不是为了消费，自由就意味着人们中间的压迫和疯狂；而布朗基先生必然会得出这样的结论。

　　那么，立法者应该为人们保留多大程度的自由？

　　良心自由吗？但是，如果允许他们有这种自由，我们就会看到，人们就会利用这个机会堕落成无神论者。

　　教育自由吗？然而如果他们拥有这种自由，父母们必然热衷于花钱

---

① Victor Considérant(1808—1893)，傅立叶学派的社会主义者，是巴斯夏经常批评的对象。——英译者

请老师教导他们的孩子不道德和错误的东西。此外，根据梯也尔^①先生的看法，如果人们拥有教育的自由，那么，就会国将不国，我们肯定会向我们的孩子传授土耳其人和印度人的观念。万幸的是，现在我们实行的是教育的合法的专制，因而，我们的孩子很幸运地能够学习罗马人的高尚的思想。

那么，赋予人们劳动自由？然而，劳动自由必然意味着竞争，进而必然导致生产出很多消费不了的东西，让商人倒闭破产，毁灭整个民族。

或许可以实行自由贸易？然而，众所周知——贸易保护主义者一遍又一遍地证明给我们看了——贸易自由将使每个从事这一行当的人破产，因此，为了使社会繁荣昌盛，就必须取缔贸易自由。

结社自由呢？然而，按照社会主义者的理论，真正的自由与自愿结社是互相对立的，因为，他们的目的就是：为了强制人们真正自由地团结在一起，所以就要剥夺他们的结社自由权利。

现在，我们就明白了，即使是好心肠的社会民主党人，也不可能允许人们拥有自由，因为他们相信，人的本性总是趋向于陷入形形色色的堕落和不幸。因此，很自然地，就需要立法者来为他们制订方案，拯救人类。

既然如此，一个饶有兴趣的问题就是：如果人类是如此的无能、不道德、无知，那他们为什么嚷着要捍卫这些人的普选权？

这些人类的组织管理者所提出的种种要求还让我们想到了另一个问题。我常常跟他们提起这个问题，然而，据我所知，他们从来没有正面回答过：如果人类的自然天性是如此的恶劣，根本就不能赋予他们自由，那么，为什么这些组织管理者的天性却偏偏是那么好呢？这些立法者和他们的手下不也都属于人类吗？难道他们真的相信，比起别人来，自己是用特殊材料制成的？这些组织管理者宣称，社会如果不加以指

---

① Louis Adolphe Thiers（1797—1877），法国政治家与历史学家，反对自由贸易，在巴斯夏时代，他也鼓吹法国应对英国采取进攻性政策。——英译者

挥，就必然会一路走向毁灭，因为人性就是如此的执迷不悟。立法者要求获得权力以阻止人类在这条自我毁灭的道路上越滑越远，使人类走上正道。那么，很显然，立法者已经从上帝那儿获得了某种才智和美德，从而使之超越人类，高于人类，而这给了他们表现自己优越性的资格。他们想让自己成为牧羊人，想要我们成为他们的绵羊。而这种安排的前提条件当然是，他们天然地优越于我们这些凡人，那么，呼唤这些的立法者和组织管理者，在我们堕落之前来验证他们的优越性，就是完全正当的了。

请注意，我并不是想否定人家发明创造社会秩序的权利，不想否认人家宣传自己、推广自己的信念，进行社会试验的自由，只要他是自己付出代价，自己承担风险即可。我只是觉得，他们没有权利通过法律——借助暴力——把自己的发明创造强加于我们，并且强迫我们用我们的税款为他们的试验买单。

我没有说，卡贝主义者①、傅立叶主义者、蒲鲁东主义者②、古典主义者、贸易保护主义者等形形色色的社会主义理论的支持者应该放弃他们自己的观念。我只是说，他们应该放弃他们中间共同的一种想法，他们应该放弃下面的想法：他们有权用暴力强迫我们接受他们的社会组织方式，接受他们的社会工厂，接受他们的无息银行，接受他们希腊罗马时代的道德规范，接受他们对商业的限制。我只是请求他们高抬贵手，允许我们有权自己决定是否采用这些方案，而如果我们觉得这些方案可

---

① 法国社会主义者、理论家、试验者卡贝（Étienne Cabet, 1786—1856）的追随者。他们在法国、在美国得克萨斯州的红河和伊利诺伊州的 Nauvoo 创办了合作社，以实践卡贝著作《伊加里亚旅行记》中所设想的社会制度。——英译者

② 蒲鲁东（Pierre Joseph Proudhon, 1809—1865）是法国社会主义者，无政府主义创始人之一，著有《什么是财产？》《哲学的贫困》《一个革命者的自白》《税收理论》等等，宣扬激进的无政府主义思想。巴斯夏曾与他就无息贷款问题展开过激烈辩论。他的学说和政治活动在法国工人运动中形成了一种很有影响力的改良主义和无政府主义思潮——蒲鲁东主义，认为最理想的社会是以个人所有为基础的"互助制"社会，同时敌视一切政府、组织。——英译者注

能会损害我们的利益，或者有违我们的良心，请不要直接或间接地使用暴力强迫我们接受它们。

　　然而，这些组织者希望通过征税和法律的暴力来实践他们的方案。这种想法除了是压迫性的、不公正的之外，还蕴含着一个致命的自负：组织者是不会出错的，而人类是低能的。然而，我们又得问一句，如果人类的能力低下，根本不配自主判断自己的事情，那么，他们干吗都在大谈特谈普选权？

　　很不幸但合乎逻辑的是，这种观念上的自相矛盾在法国诸多历史事件中都能看到。比如，法国人一直在争取权利——或者更准确地说，追求政治权利——的斗争中走在欧洲各国的前头。然而，这一事实却没有阻止法国人成为欧洲受统治最严密、受管制最多、受强制最严重、受束缚最紧、受剥削最深重的民族。比起其他国家来说，法国也是革命最频繁，并且最有可能继续发生革命的国家。在这种背景下进行分析，那种自相矛盾就不难理解了。

　　只要我们的政治理论家们仍然接受布朗基先生曾经很精辟地表述过的观念——"社会发展的动力来自政府"，那么，这种局面还将持续下去。只要人类仍被看作是消极被动的；只要人们觉得自己没有能力运用自己的才智、通过自己的努力来改进自己的生活，增进自己的幸福；只要他们仍然指望法律赐予他们一切，一句话，只要他们认为自己跟国家的关系就等同于羊群与牧羊人的关系，那么，这种革命不断的局面就不会改观。

　　同时，如果上面的观念占了上风，那么，很显然，政府的责任就必然是无限的，一个人是幸运还是不幸，是富裕还是贫穷，社会是平等还是不平等，个人具有美德还是恶行，所有这些，都必然得依赖政治当局。我们把所有事务都托付给它，由它来处理一切问题，它无所不为，因此，它就要对一切负责。如果我们很幸福，我们当然会满腔热情地感谢政府，而如果我们身处不幸，政府就成了我们唯一的替罪羊。我们的人身和财产现在不都成了政府可以随意处置的了吗？法律不成了全能的了吗？

由于实行的是教育的垄断，所以政府必须设法满足已经被剥夺了自由的父母对孩子教育的期望，如果这种期望落了空，除了政府，还能归罪于谁？

由于政府管制了经济，因此，就有义务使经济繁荣，如果做不到这一点，政府剥夺经济自由就没有道理。那么，如果经济遇到了困难，人们不怪罪政府还能怪罪谁？

政府既然通过征收关税而扰乱了贸易的平衡，那么，就有责任实现贸易的繁荣。它如果不能做到这一点，反而使贸易衰退，那么，责任还能由谁承担？

如果政府剥夺了国防工业的自由而将其置于保护之下，那么，就有义务使其赢利，如果这些企业最后竟然成了纳税人的负担，那么，谁该对此负责？

如果不是政府自己要承担起这些责任，那么，人们也不会由于上面这些事而怪罪政府。因此，政府的每一次处理不周就导致法国面临一次革命的威胁，这又有什么奇怪的呢？

面对这种威胁，人们提出的又是什么样的救治之道呢？无限制地扩大法律管辖的范围，也就是说，无限制扩大政府的责任范围。

然而，如果政府承诺要控制和提高工资，而它没有做到；如果政府承诺照顾所有缺衣少食的人，而它没有践诺；如果政府保证要扶持事业工人，而它无力做到；如果政府答应了向所有借贷者提供无息贷款，而它后来失信了；总之，如果政府很遗憾地没有做到拉马丁先生下面的话中提出的要求，"国家自以为它的目的就是教化、发展、提高、加强、尊重人们的心灵，并使之富有灵性"；如果政府没有做到所有这一切，那会发生什么事？难道还不清楚吗，在每一次政府的失灵之后——唉，它却总是容易失灵！——不可避免地总会爆发一次革命。

现在，回到本文的主题，经济科学与政治科学之间的关系。政治经济学的发展从逻辑上必须要先于政治学。从本质上说，经济学是研究人们的利益是天然地和谐还是互相冲突，而政治学则首先要搞清楚政府的正当职能。政治学的第一个最为重要的问题就是：

法律是什么？它应该做什么？它的正当性的范围何在？它的界限何在？因而立法者的特权应该止于何处？

我毫不迟疑地回答：法律就是用以防止不正义的集体性暴力手段，简而言之，法律就是正义。

立法者对我们的人身和财产不拥有绝对的权力。因为，这些早在立法者出现之前就存在着了，因而他的职责不过是为其提供保障而已。

法律的职责不在于管理我们的良心、我们的观念、我们的意志、我们的教育、我们的意见、我们的工作、我们的生意、我们的才能和我们的娱乐。法律的正当职责是保护我们自由地行使这些权利，并防止任何人侵犯他人同样自由地行使自己的这些权利。

由于法律必然要求暴力的支撑，所以，法律的正当范围仅仅在于那些必须合法使用暴力的领域，也即正义。

每个人都有使用正当自卫之暴力的权利，因此，集体性暴力——它不过是个人暴力之有组织的联合而已——也只能用于同样的目的；用于其他的目的，都是不正当的。

因此，法律不过是在法律出现之前就存在的个人所拥有的正当自卫权之结合所形成的组织。法律就是正义。

法律的使命绝不是压迫个人，掠夺他们的财产，即使这么做是出于博爱利他之心。因为它的正当使命是保护人身与财产。我们绝对不能说，如果法律不作出任何压迫或掠夺行径，那么，就可以是博爱利他的：这种说法是自相矛盾的。法律不可避免地会对人身和财产产生影响，法律如果不是保护我们而是干任何除此之外的什么事情，那么，它的任何行动，仅仅是它的存在本身，就必然会侵害我们的人身、自由和财产。

法律即公正。

法律就是这么简单、明了、精确而有限度。每个人都可以理解这一点，人人都可以看到这一点，因为公正是固定的、永恒的、不可能改变的，除了这一点之外，不可能是别的什么。

如果你超出这个正当的界限，如果你企图通过法律追求宗教目标，实现兄弟友爱，实现社会平等、博爱，促进经济、文学和艺术发展，那么，你必然会迷失在一个未知的领域中，你必然会陷入模糊与不确定性之中，堕入某种强制的乌托邦，或者更糟糕，会搞出好多个乌托邦争相篡夺法律，并将其强加于你我。因为，兄弟友爱、博爱利他之类的东西，跟公正不一样，是没有准确明晰的界限的。那么，一旦走上这条路，什么时候才是个尽头？法律的最终界限在什么地方？德圣克里克先生[①] 想把他的博爱之心仅仅赋予某些产业，他希望法律能够控制消费者从而使这些制造商赚钱。孔西代朗先生则捍卫劳工阶层的利益，他要求利用法律来保证他们获得最低限度的衣服、住房、食品等生活必需品。第三位是布朗基先生，他以同样的理由说，这种最低限度的保障只是通向彻底的兄弟友爱的一个基本的开端而已，他会说法律还应该向每个劳动人民提供生产资料和免费教育。第四位又说，这种安排仍然可能导致不平等，因此他呼吁法律应该为每个人——即使是生活在最遥远偏僻的村落的村民——提供奢侈品、文学和艺术。于是，你就直接通向了共产主义，或者是立法活动将成为——事实上现在已经成为——形形色色的梦想和毫无顾忌的贪欲互相争夺的战争。

法律即公正。

如果我们接受这一命题，我们就可以构想出一个简单而持久的政府。我倒要听听，如果政府的有组织的暴力仅仅局限于取缔不公正的行径，那么，革命、起义，或者哪怕是小骚乱的念头，又从何而来呢？在这样的政治制度下，必然会实现社会的繁荣，这种繁荣景象会为更多人平等地分享。而面对自己无法摆脱的那些痛苦不幸，人们就不会想到要去怪罪政府。这是因为，如果政府的暴力仅仅局限于镇制不公正，那

---

① 法国著名慈善家，Society of Saint Vincent de Paul 领袖，政治上是一位温和的保守主义者。——英译者

么,政府当然就与这些痛苦不幸无关,就如同政府与气温的变化没有任何关系一样。为了说明这一点,不妨考虑一下这一问题:你是否见过有谁跑到上诉法院或某个治安法官那里聚众闹事,要求获得更高的工资、无息贷款、生产资料、保护性关税或政府创造的就业机会?人人都知道,这类事情根本就不在上诉法院或治安法官的职权范围之内,如果政府把自己限制在其正当范围之内,那么,每个人也都会清楚,这些事情是在法律的管辖范围之外的。

然而,如果法律是根据友爱的原则制定的——从而表明不管是好是坏,都是法律的结果,法律会为每个人的不幸和所有的社会不平等承担责任——那么,政府就不可能摆脱无穷无尽的抱怨、愤怒、动乱、革命了。

法律即公正。

如果法律真做除此之外的事情也算正当,那实在是太奇怪了。公正不就是正当吗?正当不就是平等吗?那么,法律强制我遵守米默勒尔先生、德默伦先生、梯也尔先生或布朗基先生的方案,有何正当性?如果法律这么做也具有道德上的正当性,那么,法律为什么不强制这些先生们遵从我的方案?难道你们觉得我没有从上帝那里得到足够的想象力从而梦想不出一个乌托邦?难道法律的作用是从这种种荒诞的白日梦中随便挑出一个然后就运用政府的一切有组织力量来实现这一梦想?

法律即公正。

我们不要再大谈——然而事实上人们却一直在这样说——什么法律应该是无神论的,是个人主义的,或者是冷酷无情的;说什么法律应该按这些观念塑造人类。这实在是荒唐的结论,只有那些盲目崇拜政府,以为人类无非是法律的创造物的人,才会这样想。

我们如果能够自由行动,这些政府崇拜者是否就得出结论,说我们会什么也不干?在这些政府崇拜者看来,如果法律没有赋予我们动力,我们就根本没有任何动力了;如果法律仅仅局限于保障我们自由地发挥自己的才能,我们就根本没有什么才能可以发挥的了;如果没有法律来把某种宗教、合作模式、教育方式、劳动规则、贸易规章、慈善计划等等强加于我们，我们必然马上会堕落成无神论者，陷入孤僻、无知、贫穷、自私之中？在他们看来，如果我们自由了，我们就体认不到上帝的力量和仁慈；我们就不会互助友爱，互相帮助，就不会爱我们的同胞，救助我们的不幸的兄弟，就不会研究自然的奥秘，也不会努力地提高自己、最充分地发挥自己的才能。

法律即公正。

只有在公正的治理下，在正义的治理下，在自由、安全、稳定和责任感的影响下，每个人才能实现他存在的真实的价值和真正的尊严。只有在公正之法律的治理下，人类才能以某种坚实而有序的方式，迈向——虽然很缓慢，但方向是确定无疑的——上帝为人类设计的目的。

在我看来，这个真理是在我这一边的。对于我们讨论的任何问题——不管是宗教哲学、政治或经济问题；不管是涉及繁荣、伦理、平等、正义、公正、进步、责任、合作、财产、劳动、贸易、资本、工资、税收、人口、财政或政府——不管我们从科学的角度探讨哪个问题，我们都无一例外会得到同样的结论：各种社会问题的解决之道都在于赋予人们自由。

经验能不能证明这种看法？看看当今世界的现状吧。哪个国家的人民最和平、最道德、最幸福？是那些法律对私人事务干预最少的国家的人民。在这样的国家中，人们几乎难以察觉到政府的存在，个人拥有最大的活动范围，自由的公共舆论具有最大影响；在这些国家，行政权力最小，也最简单；税负最轻，也最接近平等，引起的公众的不满最小，这种不满也最没有理由；在这里，个人和群体最积极地履行自己的责任，因而即使这里的道德并不完美，也必然会逐渐地改进提升；在这些国家，贸易、集会、结社所受的限制最少，而劳动、资本、人口被强制安置的可能性最小；在这里，人类基本上接近于顺乎自己的天性生活，人的发明创造与上帝的法则最为和谐；一句话，最幸福、最道德、最和平的民族，是那些最接近于遵从这一原则的民族：人类是不完美的，尽管如此，在公平的范围内，人类社会的一切希望都系于人的自由、自愿的行动；人们使用法律或暴力，仅仅是为了追求普遍的正义，除此之外，别无所求。

是啊，这个世界上有那么多"伟"人——立法者、组织者、社会的奠基人、民族领袖、国家创建人，等等，等等。这么多人都把他们置于人类之上，这么多人俨然以组织管理人类、统治人类为己责，要人类对他感恩戴德。

人们也会对我说：你看，你自己不就十分关注人类嘛。

这没错。不过，你必须承认，我是从完全不同的角度关心人类的，我的关心跟他们是截然不同的；如果说我也跻身于所谓改革家之列，那么，我的唯一目标就是说服这些改革家们高抬贵手，饶过这些凡人吧，让他们自己决定自己的事情。我绝不会像旺科松看待他的自动机器那样对待人类。相反，我会像一位生理学家对待客观存在的人体那样，也接受人类的现状。我只是研究人类，并对人类创造了那么多奇迹感到惊奇。

我对待其他人的态度，跟下面这个故事中所描述的这位著名的旅行家的心态一样：有一天，他来到了一个野蛮的部落，正巧有个妇女在生孩子。一大群戴着指环、吊钩，穿着长袍的占卜者、巫师、庸医围在这里。一位说："如果我不拉长他的鼻孔，这个孩子以后恐怕品尝不了烟斗的芳香。"另一位说："如果我不把他的耳朵扯得耷拉到肩膀上，这孩子以后就是个聋子。"第三位则说："如果我不弄歪他的眼睛，他以后恐怕看不到阳光了。"还有一位说："如果我不弄弯他的腿，他就站不直。"第五位又说了："如果我不抹平他的头盖骨，那他以后就不会思考。"

这位旅行者大喊一声："停停停！该上帝做的，他已经做得很完美了。别假装自己比上帝还有能耐。上帝赋予了这种脆弱的生物以各种器官，那就让这些器官自己发育，并通过实践、试错过程、体验、自由而生长出越来越强大的能力。"

上帝已经赋予人类应付其命运所必需的所有能力。我们已经幸运地获得了人的某种存在形态，也幸运地拥有了某种社会形态。而人类的这些社会机制是由上帝构造的，因而它们必能在自由、清新的空气中和谐地发育成长。因此，我们应该远离那些庸医和计划者们，远离他们的指环、项链、吊钩、镊子等等！远离他们人为的体系。远离他们的社会工厂、空想的共产村庄，远离他们的国家主义、他们的中央集权，远离他们的关税、他们的大学、他们的国家宗教、他们的无息贷款或金融垄断、他们的管制、他们的限制，远离他们虔诚的道德说教，也拒绝他们通过税收实现平等的计划。在那么多立法者和空想的社会改革家把那么多人为的制度强加于人类，但最终我们发现这一切是徒劳无益之后，我们也许该回到我们的起点了：让我们赶走所有这些人为的制度，而给自由一个机会——自由，正是对上帝及其作品的信心的认可。

(选自 [法] 弗雷德里克·巴斯夏《财产、法律与政府》第二章，秋风译)

第二十一讲　法治平衡民主

[法] 托克维尔

阿历克西·德·托克维尔（Alexis-Charles-Henri Clérel de Tocqueville，1805—1859），出生在法国贵族家庭，学习法律，毕业后出任法官，1831年4月为躲避国内政争，与一位好友以考察监狱制度为名赴美国，持续九个多月，回国后，写作《论美国的民主》（De la démocratie en Amérique）。作为自由主义政治传统的主要代表人物，托克维尔也积极参与法国政治，担任议员，参与起草第二共和国宪法，并一度出任外交部部长。1851年12月2日，路易·波拿巴军事政变后曾被逮捕，旋被释放，此后退出政治舞台，开始写作另一本重要著作：《旧制度与大革命》（L'Ancien Régime et la Révolution）。托克维尔也写过一本《回忆录》（Recollections，1851），详述法国二月革命的内情。

法治平衡民主

[法] 托克维尔

【编者按：今人谈到优良制度，多言民主。然而，法治和民主是现代优良治理之两翼，缺一不可。托克维尔看到了民主制度广泛流行的趋势，但对民主制内在的缺陷有清醒认识。在美国游历期间，托克维尔敏锐地观察到，在美国，有一种力量在平衡民主，那就是法律家。一个没有法治约束的民主，必将沦为托克维尔所担心的"多数人的暴政"。】

美国的司法权及其对政治社会的影响

根据写作计划，我要专用一章来讨论美国的司法权。美国司法权的政治作用极大，所以我觉得必须着重说明，免得因一笔带过而被读者忽略。

除了美国之外，其他一些国家也有联邦的组织。共和政体不单存在于新大陆的海岸，而且也见于世界上其他地方。代议制已为欧洲好几个国家所采用。但我认为，迄今为止，世界上任何一个国家，还没有像美国这样建立过司法权。

使一个外来者最难理解的，是美国的司法组织。在他看来，简直是没有哪一政治事件不是求助于法官的权威的。因此，他自然会得出结论说，法官在美国是很强大的政治势力之一。当他继而考察法院的组织时，他一眼就可以看清司法的特点和程序。他可以看到，法官好像只是偶然干预公共事务，但这种偶然性却是天天出现。

当巴黎的最高法院驳回政府的法案或拒绝为政府的法令备案时，或当它本身传讯一个被控渎职的官员时，人们可以认为这是司法权在发生政治作用。在美国，却看不到这类事情。

美国人仍然保留了司法权的一切人所共知的特征。他们严格地把司法权局限于有章可循的范围之内。

司法权的第一特征，表现在所有国家都是对案件进行裁判。要使法院发挥作用，就得有争讼的案件。要使法官进行裁判，就得有提交审理的诉讼案件。因此，只要没有依法提出诉讼的案件，司法权便没有用武之地。司法权存在那里，但可能不被行使。在法官审理一个案件而指责与此案件有关的法律时，他只是扩大了自己的职权范围，而不是越出了这个范围，因为在审理案件之前，他一定要对该项法律进行一定的判断。但在法官开始审理案件之前就对法律说三道四，那他就完全是越权，侵犯了立法权。

司法权的第二个特征，是审理私人案件，而不能对全国的一般原则进行宣判。在法官判决某一私人案件，由于他坚信某一一般原则的一切推论都有毛病而认为它无效并加以破坏时，他并没有越出应有的职权范围。但是，在法官直接指责一般原则或没有待审的私人案件而破坏一般原则时，他就越出了所有国家都同意应予限制的法官的职权范围，因为他擅自取得了比一般官员更重要而且或许是更有用的权限，但他却因此不再是司法权的代表。

司法权的第三个特征，是只有在请求它的时候，或用法律的术语来说，只有在它审理案件的时候，它才采取行动。这个特征不如其他两个普遍；但我认为，尽管有一些例外，仍可以把这个特征视为最重要的特征。从性质来说，司法权自身不是主动的。要想使它行动，就得推动它。向它告发一个犯罪案件，它就惩罚犯罪的人；请它纠正一个非法行为，它就加以纠正；让它审查一项法案，它就予以解释。但是，它不能自己去追捕罪犯，调查非法行为和纠察事实。如果它主动出面以法律的检查者自居，那它就有越权之嫌。

美国人保存了司法权的这三个显著特征。只有在有人起诉的时候，美国的法官才能审理案件。它从无例外，只受理私人案件，而且总是要在接到起诉书后才采取行动。

因此，美国的法官跟其他国家的司法官员完全一样，但他们被授予巨大的政治权力。

这是怎样产生的呢？既然他们的权力范围和行动手段与其他国家的法官并无二致，那他们为什么又拥有其他国家法官所没有的权力呢？

其原因只在于：美国人认为法官之有权对公民进行判决是根据**宪法**，而不是根据**法律**。换句话说，美国人允许法官可以不应用在他看来是违宪的法律。

我知道，其他国家的法院有时也要求过类似的权力，但它们从来没有得到。而在美国，所有方面都承认法官的这项权力，没有一个政党，甚至一个个人，对此提出过异议。

这个现象的存在，可从美国宪法规定的这项原则得到解释。

在法国，宪法是不可修改的，或被认为是不可修改的，任何权威均不得对宪法作任何修改，这是公认的学说。

在英国，国会有权修改宪法。因此，在英国，宪法是可以不断修改的，[①] 或者毋宁说它根本没有宪法。国会既是立法机关，又是制宪机构。

在美国，政治理论比较简单和比较合理。

美国的宪法并不像在法国那样被认为是不可修改的，但也不像在英国那样可被社会的公认权威所修改。它是一部与众不同的法典，代表全体人民的意志，立法者和普通公民均须遵守；但可以按照规定的程序，

---

① 托克维尔指出的现象今后或许不再经常发生，在当时却是严重的问题。参看马里奥特：《现代国家机构》（牛津，1927）。——法文版编者

在预先规定的条件下，根据人民的意志加以修改。

因此，美国的宪法是可以改动的，但只要它存在一天，一切机构和个人均须照旧服从。只有它拥有唯一无二的权威。

由此不难看出，这些差异一定会影响我所说的这三个国家的司法机关的地位和权力。

假如法国的法院可以以法律违宪为理由而不服从法律，那么，法国的制宪权实际上就将落于法院之手，因为只有它们将会有权解释谁也无权更改其条文的宪法。因此，它们将会代替国家和统治社会，而且司法权固有的弱点也会促使它们这样做。

我知道法国的法官无权宣布法律违宪，所以法国的宪法修改权便间接地赋予了立法机关，因为没有合法的障碍来阻止它修改宪法。但我还是认为，把人民宪法的修改权赋予即使是部分地代表人民意志的人，也比赋予除了代表自己谁也不代表的人为好。

假如授予英国法官以抵制立法机构的意志的权利，那将更加不合理，因为制定法律的议会也制定宪法，从而在任何情况下，凡由国王、上议院和下议院公布的法律，都不能认为是违宪的。

这两个推论都不能用于美国。

在美国，宪法也像制约普通公民一样制约立法者。因此，美国的宪法是一切法律之首，其他任何法律均不能修改它。可见，法院在服从法律的时候要优先服从宪法，也是正确的。这正是坚持司法权宗旨，即法官在选择合法的处置办法时，要从其中选择最合乎根本大法的办法，乃是他的天然权利。

在法国，宪法也是一切法律之首，法官均有权以它作为判决的根据。但在行使这项权利时，他们又可能侵犯比这项权利更为神圣的其他权利，即侵犯他们所代表的国家的权利。在这种情况下，普通理由必须对国家理由让步。

在美国，国家永远可以通过修改宪法的办法使法官服从，所以不必害怕这种危险。因此，在这一点上，政治和逻辑是一致的，而人民和法官也都保存了他们各自的特权。

因此，在要求美国的法院援引一项在法官看来是违宪的法律时，法官可以拒绝援引。这项权利虽然是美国法官所特有的，却产生了巨大的政治影响。

实际上，法律很少能够长期逃脱法官的验证分析，因为法律很少不涉及私人利益，而且诉讼当事人在涉及他的利益时也可以且必然向法院提出异议。

于是，自法官在办案中拒绝应用某项法律之日起，这项法律便将立即失去其一部分道德力。这时，利益受到损害的人就会找到方法不去履行该项法律所规定的义务，以致此类诉讼案件开始增加，而该项法律也将变得无力。不是人民修改宪法，就是立法机构宣布废除该项法律，结果两者必择其一。

可见，美国人虽赋予法院以无限的政治权力，但在法院强迫他们服从的时候，他们也可以通过司法手段来抵制，即可以大大减少这种权力的弊端。

如果法官可以从理论方面和以一般方式抵制法律，可以自主行动和弹劾立法者，那他就显然进入了政治舞台，变成某一政党的支持者或反对者，激起全国人民纷纷参加战斗。但是，当法官在一件不甚重要的政治纠纷和私人案件中抵制法律的时候，其抵制的重要意义可能不被公众注意。这时，他的判决只影响到个别人的利益，而法律也只是偶然受到了损害。

还有，受到损害的这项法律并没有被废除，因为只是它的道德力减弱了，而它的实际效力还没有中止。只有经过一步一步的抵制，在无数判例的反复验证下，该项法律最后才能作废。

而且也不难理解，允许私人弹劾法律，使对法律的审判与对人的审判紧密地结合起来，才会保证法制不至于轻易地受到攻击。由于采用这种办法，法制便不再天天遭到政党的侵扰。在指责立法者的错误时必须服从实际的需要，即必须实事求是和有据可查，因为这要作为审理案件的依据。

我很清楚，美国法院的这种做法不仅十分有利于公共秩序，而且十分有利于自由。

假如法官只能从正面攻击立法者，他有时就不敢这样做；而在另一些时候，党派精神又在天天驱使他敢于如此。结果，制定法律的权力机关软弱时，法律就要受到攻击；在这个机关强大时，人们便不敢吭声，老老实实服从法律。也就是说，当人们感到尊重法律对自己最有好处时，法律最常遭到攻击；而当法律容易以自己的名义进行压迫时，法律反而会受到尊重。

但是，美国的法官是不由自主地被拉上政治舞台的。他们之所以要审理法律，是因为有要审理的案件，而他们又不能拒不审理。需由他们定案的政治问题，都与当事人的利益有关，只要他们不否认正义，他们就不能拒不审理。他们履行法官职业的严肃职责，就是在尽公民的义务。不错，在这种制度下，法院对立法机构进行的司法弹劾，是不能毫无差别地扩及所有法律的，因为有些法律绝不会引起那种被称为诉讼的针锋相对的争端。即使有可能出现这种争端，仍然可以预料没有人愿意把它送交法院解决。

美国人也经常感到这种办法的不便，但他们甘愿修修补补，不作彻底修正，唯恐修正之后会在各种案件上产生危险的后果。

授予美国法院的这种范围有限的可以宣布某项法律违宪的权力，也是人们迄今为反对议会政治的专横而筑起的强大壁垒之一。

授予美国法官的其他权力

我不知道是否有必要谈一谈在像美国这样的自由国家，所有公民均有权向普通法院的法官控告公职人员，和所有法官均有权判处公职人员的问题，因为人们以为在自由国家这是自然的。

在行政官员犯法时责成法院惩治他们，并非是授予法院以特权，而是法院行使其禁止犯法的当然权利。

在我看来，美国让全体公职人员对法院负责，并未削弱政府的权限。

相反，我觉得美国人在这样做的时候，却使政府应当享有的尊重得到加强，而政府也更加注意工作，以免遭到批评。

我从来没有见到哪个国家的政治诉讼案件像美国那样少，而且我也不难说明其原因。不管案件的性质如何，诉讼总是一件困难和费钱的事。在报章杂志上指责一个普通人很容易，但要把他拉到法庭去受审，就不能没有重大的理由。因此，要依法对一个官员起诉，就得有控诉他的正当理由。如果官员们害怕被控告，那他们就绝不要向人们提供这样的理由。

这种情况并非决定于美国人所采用的共和制度，因为同样的情况也可以每天发生于英国。

这两个国家的人民都不曾认为把国家的主要官员置于法院的监督之下，他们的独立就有了保证。他们认为要想确保自由，与其依靠他们从未求助过的或很晚才能提出的大诉讼程序，不如依靠普通老百姓在任何时候都可以提出的小诉讼程序。

在很难抓住在逃罪犯的中世纪，法官逮捕几个罪犯之后，往往要对这些落网的人处以可怕的酷刑，但这并未减少犯罪案件的数目。人们以后发现，审判越是正确和温和，就越是有效。

美国人和英国人主张，应把虐待和专横都视为盗窃，所以他们简化了审讯程序和减轻了刑罚。

法兰西共和国第八年公布了一部宪法，其第75条写道："部长级以下的政府官员因职务关系而犯罪时，只有根据行政法院的决定才得被捕。这时，可向普通法院起诉。"①

第八年宪法已经废除了，但这一条并没有被废除，至今仍被保留，而且每天都在遭到公民的公正抗议。

我曾多次向美国人和英国人解释，试图叫他们理解这第75条的意义，但我很难做到这一点。

---

① 参看迪盖等：《一七八九年以来法国的宪法和主要法律》（巴黎，1952，第116页）。关于最近8年的宪法，在普雷洛的《政治制度和制宪权》（巴黎，1961，第340页）中，有精湛的分析。

他们原来以为，法国的行政法院（Le Conseild'Etat）原来是王国中央常设的一个大法院，而首先要把所有的原告都推到那里去，在他们看来是一种暴政。

但是，当我一再解释，告诉他们行政法院不是一般所说的司法机构，而是其成员直接隶属于国王的行政机构，因而国王钦命的他的一个叫作省长的臣仆违法之后，可以钦命另一个叫作行政法院法官的臣仆去使前者免受惩处的时候；当我向他们说明因君主的敕命而受到损害的公民只能向君主本人要求损失赔偿的时候；他们总是不相信天下会有如此荒谬的事情，指责我胡说和无知。

在大革命以前的法国君主政体时代，往往是由最高法院下令逮捕犯罪的公职人员。有时王权进行干涉，使诉讼无效。于是，专制政体暴露出它的真面目，而人们只是在压力之下才屈服于它。

可见，我们又后退到我们祖先所处的状态，因为今天的法国，依靠暴力而强加于人的事情，在司法权的掩盖下得到了合法的名义。

美国的法学家精神及其如何成为平衡民主的力量

我在走访一些美国人和研究美国法律之后，发现美国人赋予法学家的权威和任其对政府施加的影响，是美国今天防止民主偏离正轨的最坚强壁垒。在我看来，这个效果来自一个一般原因，而研究这个原因则很有好处，因为它在别处可能再现。

500多年以来，法学家在欧洲一直参加政界的各种运动。他们时而被政权用作工具，时而把政权作为自己的工具。在中世纪，他们为王权的扩大效了犬马之劳，从那以后，他们却坚定不移地致力于限制这个权力。在英国，他们同贵族结成了亲密的联盟。在法国，他们以贵族的最危险敌人的面目出现。那末，法学家是不是被偶然的和暂时的冲动左右过呢？或者是不是因为环境而被他们天生的和经常重现的本性驱使过呢？我想弄清这个问题，因为法学家在行将诞生的民主政治社会或许负有首要的使命。

　　对法律作过特别研究的人，从工作中养成了按部就班的习惯，喜欢讲究规范，对观念之间的有规律联系有一种本能的爱好。这一切，自然使他们特别反对革命精神和民主的轻率激情。

　　法学家在研究法律当中获得的专门知识，使他们在社会中独辟一个行业，在知识界中形成一个特权阶级。他们在执业当中时时觉得自己优越。他们是一门尚未普及的不可缺少的科学的大师，他们经常在公民中间充当仲裁人；而把诉讼人的盲目激情引向正轨的习惯，又使他们对人民群众的判断产生一种蔑视感。除此而外，他们还自然而然地形成**一个团体**。这不是说他们彼此已经互相了解和打算同心协力奔向同一目标，而是说犹如利益能把他们的意愿联合起来一样，他们的专业相同和方法一致使他们在思想上互相结合起来。

　　因此，在法学家的心灵深处，隐藏着贵族的部分兴趣和本性。他们和贵族一样，生性喜欢按部就班，由衷热爱规范。他们也和贵族一样，对群众的行动极为反感，对民治的政府心怀蔑视。

　　我不想说法学家的这些本性已经顽固到足以把他们死死捆住的地步。支配法学家的东西，也和支配一般人的东西一样，是他们的个人利益，尤其是眼前的利益。

　　有一种社会，其法律界人士在政界不能获得他们在民间所处的地位。在这种社会体制下，我们可以肯定法学家必将成为革命的急先锋。但是，应当研究他们走上破坏或改造现实的原因是出于他们的固有本性还是出于偶然。不错，1789 年推翻法国的君主政体，主要应当归功于法学家。但是，他们所以能够如此的原因，是出于他们研究了法律还是出于他们没有能参与制定法律，尚有待于研究。

　　500 多年以来，英国的贵族曾多次领导人民，并代人民发言；但在今天，他们却维护王位，并为捍卫王权而斗争。但是，贵族仍保持其特有的本性和偏好。

　　因此应当注意，不要以偏概全，即不要把团体的个别成员视为团体本身。

在所有的自由政府中，不管其形式如何，法学家总是在各党派中居于首列。这种看法亦适用于贵族政体。激发群众起来行动的民主运动，几乎都是由贵族发动的。

一个群英荟萃的团体，永远满足不了它的全体成员的各种野心。其成员的天才和激情往往没有用武之余地，所以很多人因不能很快享有团体应有的特权而攻击这些特权，以便尽快升到上层或另建新的团体。

因此，我不认为将来会出现一个**全由**法学家做主的局面，也不认为法学家在**任何**时候大部分都能表现自己是秩序的友人和改革的敌人。

我认为，在一个社会里，如果法学家安居高位而无人反对，那他们的思想将是极其保守的，并将表明是反民主的。

当贵族政体为法学家关上晋升的大门时，法学家就会变成它的最危险的敌人。这个敌人在财力和权力上虽然不如贵族，但在活动上可以独立于贵族，并认为自己的智力与贵族不相上下。

但是，每当贵族愿意将其某些特权分给法学家时，这两个阶级便能十分容易地联合起来，甚至可以说能够成为一家人。

我也偏于相信，一个国王经常可以轻而易举地使法学家成为自己政权的最有用的工具。

尽管法学家往往与人民联合起来打击行政权，但法学家与行政权之间的自然亲和力，却远远大于法学家与人民之间的这种亲和力。同样的，尽管经常看到社会的高层阶级与其他阶级联合起来反对王权，但贵族与国王之间的自然亲和力，却大于贵族与人民之间的这种亲和力。

法学家之爱秩序甚于爱其他一切事物，而秩序的最大保护者则是权威。另外，也不应当忘记，即使法学家重视自由，他们一般也把法治置于自由之上。他们害怕暴政不如害怕专断。而且，如果立法机构以立法剥夺人们的自由，并对此承担责任，法学家也不会有什么不满。

因此我认为，一个君主面临日益高涨的民主而欲削弱国家的司法权和减弱法学家的政治影响，那将是大错特错。他将失去权威，而徒有权威的外表。

我不怀疑，让法学家参加政府，对国王是比较有利的。如果政府的专制是以暴力进行的，那末，在把政府交给法学家管理以后，专制在法学家手里将会具有公正和依法办事的外貌。

民主政府有利于加强法学家的政治权力。如果把富人、贵族和君主撵出政府，法学家在政府里就将总揽大权，因为那时唯有他们是人民能够找到的最聪明能干的人了。

法学家一方面因其爱好而自然倾向于贵族和君主，另一方面又因其利益而自然倾向于人民。

因此，法学家虽然也喜欢民主政府，但没有民主的偏好，没有承袭民主的弱点，从而能通过民主并超过民主使自己加倍强大。

在民主政体下，人民也信任法学家，因为人民知道法学家的利益在于为人民的事业服务；人民听法学家的话而不气恼，因为人民预料法学家不会出什么坏主意。事实上，法学家根本不想推翻民主创造的政府，而是想不断设法按照非民主所固有的倾向，以非民主所具有的手段去领导政府。法学家，从利益和出身上来说，属于人民；而从习惯和爱好上来说，又属于贵族。法学家是人民和贵族之间的天然锁链，是把人民和贵族套在一起的环子。

法学家的行业，是唯一容易与民主的自然因素混合，并以有利于己的方式与其永久结合的贵族因素。我并非不知道什么是法学家精神的固有缺点，但民主精神如不结合法学家精神，我怀疑民主是否可以长期治理社会；而且，如果法学家对公务的影响不随人民权力的增加而增加，我也不相信在我们这个时代一个共和国能够有望保住其存在。

我从法学家精神中见到的这个贵族特点，在美国和英国比在其他任何国家都表现得明显。[①] 其原因不仅在于英国和美国的法学家参与了立

---

① 参阅霍尔兹沃思：《英国法律史》（共 9 卷，伦敦，1922—1926）；沃伦：《美国法律史》（剑桥，1912）。韦伯在其《经济与社会》（杜宾根，1925）和《政治论》（慕尼黑，1921）中，曾强调律师在政治生活中的优越作用。再参看我（梅耶）的《马克斯·韦伯和德国政治学：关于政治社会学的一项研究》（伦敦，1945）。——法文版编者

法工作，而且在于立法工作的性质本身及法律解释者在这两个国家所处的地位。

英国人和美国人保留了比附先例的立法办法，即他们继续依据祖先的法学观点和法律定则来建立自己在法律方面应持的观点和应守的定则。

一个英国或美国的法学家，几乎总是把对古老东西的敬爱和尊重与对正规的和合法的东西的爱好结合起来。

这对法学家的精神面貌，随后又对社会的动向还起着另一种影响。

英国或美国的法学家重视既成的事实，法国的法学家重视何以出现此事实，即前者注重判决的本文，后者注重判决的理由。

当你倾听英国或美国的法学家的陈述时，你会为他们三番五次地引证他人的观点，极少发表自己的见解，而感到吃惊。在法国，情况就与此不同。

法国的律师在处理一个小案时，也不能只是进行一般的陈述而不引证他所持的成套法学思想。他将滔滔不绝地引述法律的立法原则，以劝说法庭采取变通办法后退几步。

英国和美国的法学家，从思想上就反对这种做法，因为这与他们祖先的思想不符。这种盲从祖先思想的百依百顺，必然使法学家精神沾染上畏畏缩缩的习性，使其在英国和美国养成的惰性比在法国严重。

法国的成文法往往很难理解，但人人都可以研讨。相反，对于普通人来说，再也没有比以先例为基础的法律更使他糊涂和莫名其妙的了。英国和美国的法学家对先例的这种尊重，他们在教育中养成的这种尚古思想，日益使他们脱离人民，并终于使他们成为一个与众不同的阶级。法国的法学家都是学者，而英国或美国的法律界人士，则好像是埃及的祭司，并像埃及的祭司一样，只充当一种玄奥科学的解释者。

法律界人士在英国和美国所处的地位，对他们的习惯和思想起着一种不算不大的影响。一心将一切在本性上与已有某些类似的东西拉到自己方面来的英国贵族，极为尊重法学家，并赋予他们以极大的权力。在英国的社会里，法学家虽然没有进入最高等级，但他们满足于现在所在的等级。他们是英国贵族中的少壮派，他们爱戴和尊敬他们的老大哥，而且不去同他们争权。这样，英国的法学家便把他们活动圈子里的贵族思想和情趣，与他们职业的贵族利益结合起来。

我试图描绘的这种法学家的形象，在英国表现得最为突出。英国法学家之所以尊重法律，并不是因为法律良好，而是因为法律古老；即使他们要对法律进行某些修改，使其适应社会的时势，他们也是万变不离其宗，对祖先留下的东西进行修修补补，只发展祖先的思想，只完善祖先的业绩。不要期待他们会以革新者的面貌出现，他们宁愿被人指为荒谬绝伦，也不愿承担冒犯老祖宗遗训的大罪。这就是英国人对待法律的态度。这种态度毫不关心事物的实质，只重视法律的条文，宁肯违反理性和人情，也不改动法律上的一文一字。

英国的立法工作就像侍弄一棵古树，立法者向这棵树上嫁接各式各样的枝条，希望枝条结出千奇百怪的果实，或至少让繁茂的枝叶簇拥支撑着它们的树干。

在美国，既没有旧式贵族又没有文士，人民不信任富人。因此，法学家形成了一个高等政治阶级。他们是社会上最有知识的部分。于是，他们只能舍弃改革，使自己的爱好秩序的本性增添了保守的志趣。

假如有人问我美国的贵族在何处，我将毫不迟疑地回答：他们不在富人中间，富人没有把他们团结在一起的共同纽带。美国的贵族是从事律师职业和坐在法官席位上的那些人。

我们越是深思发生于美国的一切，就越是确信法学界是美国的能够平衡民主的最强大力量，甚至可以说是能够平衡民生的唯一力量。

我们在美国不难发现，法学家精神是如何因其优点，甚至还可以说如何因其缺点，而适于中和平民政府所固有的弊端的。

当美国人民任其激情发作，陶醉于理想而忘形时，会感到法学家对他们施有一种无形的约束，使他们冷静和安定下来。法学家秘而不宣地用他们的贵族习性去对抗民主的本能，用他们对古老事物的崇敬去对抗民主对新鲜事物的热爱，用他们的谨慎观点去对抗民主的好大喜功，用他们对规范的爱好去对抗民主对制度的轻视，用他们处事沉着的习惯去对抗民主的急躁。

法院是法学界对付民主的最醒目工具。

法官都是法学家，他们除了喜爱在研究法律的过程中获悉秩序和制度以外，还因其职位的终身性而酷爱安宁。他们的法学知识，早已保证他们可以在同胞中出人头地。他们的政治权力，可以把他们推上高人一等的地位，并使他们养成特权阶级的习性。

有权宣布法律违宪的美国司法官员，管理日常的司法事务。他们不能强制人民立法，但至少可以强迫人民信守他们自己制定的法律，要求他们言行一致。

我并非不知道，在美国存在着一种驱使人民削弱司法权的潜在趋势。大部分州的宪法，都规定州政府可以应两院之请撤换法官。某些州的宪法，规定法庭的成员由**选举**产生，并准许多次连选连任。我敢大胆预言，这项改革迟早要产生极坏的后果，而且将来总有一天要发现，这样削弱司法官员的独立性，不仅打击了司法权，而且打击了民主共和制度本身。

此外，千万不要以为，在美国只有法院才有法学家精神。这种精神早已远远扩展到法院以外。

由于法学家是人民信赖的唯一知识阶级，所以大部分公职自然都被他们占去。他们既垄断了立法机构，又主持了司法机构。因此，他们对法律的制定和行使具有极大的影响。但是，他们必须服从对他们发生牵制作用的舆论。即使他们不受限制而自由行动，人民也不难及早发现其不轨的苗头。在政治法方面作了很多改革的美国人，却在民法方面只作了微小的改革，而且这一小点改革还费了很大周折。尽管民法中的许多规定与美国社会的现实格格不入，但他们还是如此泰然处之。造成这种情况的原因是，在公民权利的问题上，多数往往托付法学家去处理，而自行其是的美国法学家却不肯改革。

一个法国人，在美国听到人民抱怨法学家有惰性和喜欢维持现状时，确实大为吃惊。

法学家精神的影响，大大超过了我已确切指出的范围。

在美国，几乎所有政治问题迟早都要变成司法问题。因此，所有的党派在它们的日常论战中，都要借用司法的概念和语言。大部分公务人员都是或曾经是法学家，所以他们把自己固有的习惯和思想方法都应用到公务活动中去。陪审制度更把这一切推广到一切阶级。因此，司法的语言差不多成了普遍语言。法学家精神本来产生于学校和法院，但已逐渐走出学校和法院的大墙，扩展到整个社会，深入到最低阶层，使全体人民都沾染上了司法官的部分习性和爱好。

在美国，法学家形成一个并不足惧但难于察觉的权力。这个权力没有自己的旗帜，能够极其灵活地迎合时代的要求，不加抵抗地顺应社会的一切运动。但是，这个权力却扩展到整个社会，深入到社会上的每一个阶级，在暗中推动社会，默默地影响社会，最后按自己的意愿塑造社会。

美国视陪审团为政治机构[①]

由于我的讲题自然引导我去叙述美国的司法制度，我就不能在此略而不谈陪审制度。

在讲述陪审制度时，必须把这个制度的两种作用区别开来：第一，它是作为司法制度而存在的；第二，它是作为政治制度而起作用的。

---

① "陪审制度"是盎格鲁—撒克逊人实行的一种审判制度或"普通法"。即在一定的地区（英语称 venue——审判管辖区）从公民中选出或指定几名陪审员，参加某些案件的审判工作。这些陪审员组成陪审团审理民事和刑事案件，并在辩论后作出自己的判断。为了使陪审员能作出正确的判断，法官或法庭应告知陪审员该案将适用哪些法律。一般均把"陪审制度"与1215 年的《大宪章》联系起来，但它在这之前早已存在了。——法文版编者

如果要问陪审制度在哪一方面有功于司法行政，特别是在民事方面是否有功于健全的司法行政，我承认陪审制度的功用问题可能引起争论。

陪审制度初建于社会尚不发达的时期，那时提交法院审理的案件只是一些简单的诉讼。但是，要想使陪审制度适应高度发展的社会的需要，便不是一件容易的任务了，因为这时人们之间的关系已经非常复杂，多种多样，并具有需要用科学和理智加以判断的性质。[1]

现在，我的主要目标是向陪审制度的政治方面走去，其他任何途径都会使我离题。对于陪审制度作为司法手段的问题，我只能少谈几句。当英国人采用陪审制度的时候，他们还是一个半野蛮的民族。后来，他们发展成为世界上最文明的民族之一，而他们对于这一制度的爱慕，仿佛也随着他们的文明而剧增。他们走出自己的国土，向世界的各地发展。结果，有些地方成了他们的殖民地，而另一些地方则建立了独立的国家。一些国家仍然承认英王是它们的君主，而许多殖民地却建立了强大的共和政体，但各处的英裔国家都一律提倡陪审制度。[2] 它们不是到处建立陪审制度，就是马上恢复陪审制度。这个伟大民族所提倡的司法制度，后来便长期存在下来，并在文明的各个阶段，被各个地区和各种

---

[1] 把陪审制度作为司法制度来研究，探讨这个制度在美国产生的效果，考察美国人是怎样以这个制度来牵制政党的，将是一项有益而有趣的工作。如果只考察这个问题，你可以找一本全书研究这个问题的著作，和一本专为法国人写的著作。这样，你可以从中研究美国陪审制度的哪些部分能够用于我国和对我们有多大帮助。在美国，使我们最了解这个问题的州，是路易斯安那州。这个州的居民有英裔和法裔。这个州的两种法制，使他们形成了两个并立的民族，但他们也正在逐渐融合。可以向读者推荐的好书有两部：一部是两卷本的《路易斯安那州法令汇编》（本书的全名、出版地点和年月为：《路易斯安那1804—1827年立法机关通过的法令汇编》，新奥尔良，1828）；另一本是讲述民事诉讼程序的，它可能更好一些，系用英法两种语言写成的，书名为《论民事诉讼程序》，1830年由布依松先生出版于新奥尔良（见美国国会图书馆藏路易斯安那州法令、文件集）。这部书特别便于法国人阅读，因为其中附有英法对照的术语表，并对这些术语作了精确的和权威性的解释。在所有国家，法律用语都有其一定的含义，特别是在英国，同一法律用语，其含义就不同于其他国家。

[2] 英国和美国的法学家，在这一点上是意见一致的。现任联邦最高法院法官的斯托里先生，在其《美国宪法评注》中，一再称道民事案件实行陪审制度的好处。他说："赋予陪审团参加民事案件审理的宝贵特权，完全不亚于陪审团参加刑事案件审理的特权，因为这实质上等于让人人享有政治自由和公民自由。"（第三卷第三十八章第654页）

政府所采用，而且没有遭到司法界的反对。[①]

但是，我们不谈这个问题。把陪审制度只看作一种司法制度，这是十分狭隘的看法，因为既然它对诉讼的结局有重大的影响，那它由此也要对诉讼当事人的命运造成重大的影响。因此，陪审制度首先是一种政治制度。应当始终从这个观点去评价陪审制度。

所谓陪审制度，就是随时请来几位公民，组成一个陪审团，暂时给予他们以参加审判的权利。

我认为，在惩治犯罪行为方面利用陪审制度，会使政府建立完美的共和制度。其理由如下：

陪审制度既可能是贵族性质的，又可能是民主性质的，这要随陪审员所在的阶级而定。但是，只要它不把这项工作的实际领导权交给统治者，而使其掌握在被统治者或一部分被统治者手里，它始终可以保持共和性质。

强制向来只是转瞬即逝的成功因素，而被强制的人民将随即产生权利的观念。一个只能在战场上击败敌人的政府，也会很快被人推翻。因此，要加强政治工作，而政治方面的真实法律惩治，必须体现在刑法里面。没有惩治，法律迟早会失去其强制作用。因此，主持刑事审判的人，才真正是社会的主人。实行陪审制度，就可把人民本身，或至少把一部分公民提到法官的地位。这实质上就是陪审制度把领导社会的权力

---

① 要想详说作为司法制度的陪审制度的好处，还可以找到许多论据。现举几个如下：

陪审员参加审判工作，可减少法官的人数，而且不致给工作带来不便。这就是一个很大好处。当法官的人数多而又采用晋升制度时，只有在职的法官死去才能出缺，使活着的法官晋升。因此，司法人员总是希望他人早死，而这种心理又自然使他们依附于多数或有权指定补缺的人。法官的这种晋升办法，犹如军衔的递进。这种办法，是与良好的司法行政和立法机构的意向格格不入的。有人主张实行法官终身制，使法官保持独立。这样，只要法官不自愿辞职，任何人也不得罢免他，亦不失为一种好办法。

当法官的人数很多时，其中不免有人滥竽充数。但是，责任重大的法官绝不应当由普通人担任。因此，由平庸之辈组成的法庭，应当是法院组织中的最坏环节。

至于我，我宁愿把一个案件交给由一位精明强干的法官领导的不太懂法的陪审团审理，也不愿意把它交给绝大多数只对法学和法律一知半解的一伙法官审理。

置于人民或这一部分公民之手。①

在英国，陪审团系由该国的贵族中选出的。贵族既制定法律，又执行法律和惩治违法行为。一切都得经贵族同意，所以英国简直是一个贵族的共和国。而在美国，这一个制度则应用于全体人民。每一个美国公民都有选举权，都有资格参加竞选，都有资格当陪审员。在我看来，美国人所同意实行的陪审制度，像普选权一样，同是人民主权学说的直接结果，而且是这种学说的最终结果。陪审制度和普选权，是使多数人能够进行统治的两个力量相等的手段。

凡是曾想以自己作为统治力量的源泉来领导社会，并以此取代社会对他的领导的统治者，都破坏过或削弱过陪审制度。比如，都铎王朝曾把不想作有罪判决的陪审员投入监狱，拿破仑曾令自己的亲信挑选陪审员。

尽管前人提供的大部分真理十分明显，但并没有打动所有的人，而且在我们法国，人们还往往对陪审制度持有混乱的观点。要想知道什么人可以当选陪审员，那就只是把陪审制度当作一种司法制度，讨论参与审判工作的陪审员应当具备什么知识和能力就可以了。其实，在我看来，这是问题的无关紧要部分，因为陪审制度首先是一种政治制度，应当把它看成是人民主权的一种形式。当人民的主权被推翻时，就要把陪审制度丢到九霄云外；而当人民主权存在时，就得使陪审制度与建立这个主权的各项法律协调一致。犹如议会是国家的负责立法的机构一样，陪审团是国家的负责执法的机构。为了使社会得到稳定的和统一的管理，就必须使陪审员的名单随着选民的名单的扩大而扩大，或者随其缩小而缩小。依我看，这一点最值得立法机构经常注意。其余的一切，可

---

① 但应当作一个重要注释：

　　不错，陪审制度使人民拥有了监督公民行为的一般权利，但它并未给予人民以在一切场合进行这项监督的手段，也没有让人民经常以暴力方式实行这种监督。

　　当一个专制君主可以自行指定他的代表处罚犯人时，被告的命运可以说是早就注定了。但是，如果由人民审判，则陪审团的决定及其不可驳回性，尚会为无辜者提供有利的机会。

以说都是次要的。

由于我相信陪审制度首先是一种政治制度，所以在把这一制度应用于民事诉讼时，我依然是这样看它。

法律只要不以民情为基础，就总会处于不稳定的状态。民情是一个民族的唯一的坚强耐久的力量。

当陪审团只参与刑事案件的审理时，人民只能逐渐地发现它的作用，而且只能从个别的案件中发现。人民没有在日常生活中应用陪审制度的习惯，只把它看作获得公道的一般手段，而没有把它视为获得公道的唯一手段。[①]

反之，当陪审团参加民事案件的审理时，它的作用便可经常被人看到。这时，它将涉及所有人的利益，每个人都来请它帮助。于是，它深入到生活的一切习惯，使人的头脑适应它的工作方法，甚至把它与公道等量齐观。

因此，只用于刑事案件的陪审制度，必永远处于困境，而一旦把它用于民事案件，它就经得起时间的考验和顶得住人力的反抗。假如英国的统治者能像从法律中那样容易排除陪审制度而从英国人的民情中排除陪审制度，英国的陪审制度早在都铎王朝时期就不复存在了。因此，事实上拯救了英国的自由的，正是民事陪审制度。

不管怎样应用陪审制度，它都不能不对国民性发生重大影响。不过，它越早应用于民事案件，这种影响更会无限加强。

陪审制度，特别是民事陪审制度，能使法官的一部分思维习惯进入所有公民的头脑。而这种思维习惯，正是人民为使自己自由而要养成的习惯。

这种制度教导所有的阶级要尊重判决的事实，养成权利观念。假如它没有起到这两种作用，人们对自由的爱好就只能是一种破坏性的激情。

这种制度教导人们要做事公道。每个人在陪审邻人的时候，总会想

---

① 当陪审制度只用于某些刑事案件时，这个论点尤其是真理。

到也会轮到邻人陪审他。这种情况，对于民事陪审员来说，尤为千真万确。几乎没有人不害怕有朝一日自己成为刑事诉讼的对象，而且人人又都可能涉讼。

陪审制度教导每个人要对自己的行为负责。这是大男子汉的气魄，没有这种气魄，任何政治道德都无从谈起。

陪审制度赋予每个公民以一种主政的地位，使人人感到自己对社会负有责任和参加了自己的政府。陪审制度以迫使人们去做与己无关的其他事情的办法去克服个人的自私自利，而这种自私自利则是社会的积垢。

陪审制度对于判决的形成和人的知识的提高有重大贡献。我认为，这正是它的最大好处。应当把陪审团看成是一所常设的免费学校，每个陪审员在这里运用自己的权利，经常同上层阶级的最有教养和最有知识的人士接触，学习运用法律的技术，并依靠律师的帮助、法官的指点、甚至两造的责问，而使自己精通了法律。我认为，美国人的政治常识和实践知识，主要是在长期运用民事陪审制度当中获得的。

我不知道陪审团是否对涉讼的人有利，但我确信它对主审的法官有利。我把陪审团视为社会能够用以教育人民的最有效手段之一。

以上所述，是就一切国家而言；而以下所述，则是专门就美国和一般民主国家而言。

我在前面已经说过，在民主政体下，法学家和司法人员，构成了唯一能够缓和人民运动的贵族团体。这部分贵族并没有任何物质力量，只对人们的精神发生保守性的影响。但是，他们的权威的主要根源，就存在于民事陪审制度之中。

刑事诉讼是社会反对某人的斗争，陪审团在参加这种诉讼的审理时爱把法官视为社会权威的消极手段，对法官的意见持怀疑态度。但是，刑事诉讼要完全以常识容易辨认的单纯事实为依据。在这一点上，法官和陪审员是平等的。

在民事诉讼上，情况就与此不同了。这时，法官是激烈争论的两造之间不偏不倚的仲裁人。陪审员要对法官表示相信，洗耳恭听法官的仲裁，因为法官的法律知识远远高于陪审员。当着陪审团的面陈述陪审员们已经记不清的各项法律根据的，是法官；引导陪审团经过曲折的诉讼程序的，也是法官；向陪审团指明事实的要点和告诉它应当如何回答法律问题的，还是法官。法官对陪审员的影响几乎是无限的。

人们可能问我为什么对于陪审员在民事案件中没有能力引证法律根据一事表示坦然？

因为在民事诉讼中，凡是不涉及事实的问题，陪审团都几乎无从置言，而只是在形式上参与了司法审理。

陪审员宣布法官所作的判决。一般来说，他们都是以他们所代表的社会权威，以理性和法律的权威认定法官的判决。

在英国和美国，法官对于刑事诉讼的结局具有法国的法官从来没有听说过的影响。这种情况的产生原因是不难理解的：英国和美国的法官先在民事诉讼中确立了自己的权威，而后又把这种权威全盘搬到他们在其中本无权威的另一个舞台。

对某些案件，而且往往是重大案件，美国的法官有权独自宣判。[①]这时，他们的地位有时与法国法官的通常地位一样，但他们的道义力量却大得多，因为陪审团的影响还在帮助他们，他们的声音几乎与陪审团所代表的社会的声音同样洪亮。

他们的影响甚至大大超过法院本身的影响，这是因为美国的法官在私人的娱乐中和在政治活动中，以及在公共场所和在立法机构内部，都不断遇到一些惯于认为自己的智慧总有些不如法官的人向他们致敬；而且在他们处理完案件以后，他们的权力还在影响着在办案当中与他们结识的那些人的整个思维习惯，甚至影响着这些人的内心世界。

因此，表面上看来似乎限制了司法权的陪审制度，实际上却在加强司法权的力量；而且，其他任何国家的法官，都没有人民分享法官权力的国家的法官强大有力。

---

① 联邦的法官几乎总是独自解决直接触犯联邦政府的问题。

　　美国的司法人员之能把我所说的法治精神渗透到社会的最低阶层，借助于实行民事陪审制度之处最多。①

　　因此，作为使人民实施统治的最有力手段的陪审制度，也是使人民学习统治的最有效手段。

　　　　　　　　　　　　（选自［法］托克维尔《论美国的民主》
　　　　　　　　　　第一部分第六章、第二部分第八章，董果
　　　　　　　　　　良译）

---

① 参阅韦伯：《经济与社会》第 404 页。另参阅拉德克利夫和格罗斯：《英国法治》（伦敦，1937），詹克斯：《英国法读物》（伦敦,1928）第 97 页及以下几页，梅特兰等：《英国法史略》（伦敦，1915）第 45 页及以下几页。为了能对"陪审制度"及其在英美的实际运用有个明确的认识，可阅读《社会科学百科全书》的"陪审员"条（第八卷第 492 页及以下几页）。——法文版编者

第二十二讲　法律主治

[英] 戴雪

　　阿尔伯特·韦恩·戴雪（Albert Venn Dicey，1835—1922）毕业于牛津大学，1863 年成为律师，1882 年被任命为牛津大学英国法教授，晚年离开牛津进入新成立的伦敦经济学院。他最著名的著作是《英国宪法导论》（*An Introduction to the Study of the Law of the Constitution*，即《英宪精义》，1885），阐述了英国宪政的基本原则，尤其是对"巴力门主权"和"法治"进行了权威的解释，并首次提出英国宪法是"不成文法"的观点。他还著有《枢密院》（*The Privy Council*，1887）《论英国的法律与公共舆论之间的关系》（*Lectures on the Relation Between Law & Public Opinion in England*，1905）等。

法律主治

[英] 戴雪

【编者按：法治的正宗在英国，而对英国法治之精髓的解说，最精准者莫过于戴雪的这篇论述。现代人关于法治的观念，受到很多欧陆观念的影响，生出种种误解。回归法治的英国正宗，方能理解法治究竟是什么。】

引论

自诺尔曼征服[①] 以来，英格兰的政治制度呈露两件异彩，它们的存在与运行足以使英国所有制度别异于他国所有。

两件异彩中之第一件是：中央政府在通国之中居于至尊地位。当民族历史初期，这种国家的威权集中于君主一人的身上，因此之故，元首所有权力实足以代表国家所有。英王在此时不但是保安的靠山，而且是法律的渊源。所以当时法院有一格言："一切权能都寄附于他的身上，

---

① 诺尔曼征服（The Norman Conquest）开始于 1066 年，自此之后凡 150 年间，英格兰常受外族宰治。但正因在外族宰治之下，复因在征服者威廉（William the conqueror）领导之下，封建制度虽得盛行又确立于西方欧罗巴，终不能存在于英格兰。在英国，以中央政府甚强有力之故，贵族不能恣肆，君国根基遂日见巩固。参考 Green《英吉利人民历史》第一册第一卷第四章"封建制度与君国"。

而且从他一人自身发轫。"①② 这句格言，从造端时说起，原来根据一件现成的及无疑的事实而发出。如今，时移势易，王室固有的至尊权力已经禅让于巴力门，而变成巴力门的主权。巴力门的主权是本文所有主题之一，唯上文早已阐发题义而无余蕴，是以在此毋庸深论。

两件异彩中之第二件与第一件甚相关切，它是法律的至尊性，或称法律主治。这是我们的政治所有怪异性质，法院有一条老规矩（oldlaw）最能将此项性质表白清楚，即是，这种法律是最贵国宝，为君主所有；全国人民以至君主本身都须要受治于法。倘使法律不能为政，以致全国无法律，必致全国无君主，复无任何遗产之可言。③

这个法律的至尊性，倘自别的视点观察，是个人权利的一种保证，为英宪所授予。它是英宪所有第二异彩，因之，它的奥义即为本文所欲探讨。

外人之觇国者，对于此项英吉利政情，深兹怪异，复不觉感慨系之。于是政论名家，如伏尔泰（Voltaire）、狄龙（DeLolmc）、笃奎尔④或格乃士（Gneist）一流，⑤ 虽则均属外产，然而他们所有观感英吉利政治制度的印象，实较任何英国本国人为深刻。依他们的观察，英格兰是

---

① 此格言系用诺尔曼的法文（Norman-French）写成，兹录原文如下：
"tout fuit in luy et vient de lui al commencement."——原注
② 见年鉴第二十四册，在爱德华三世时代报告。格乃士在他的《英吉利行政法》（Englische Verwaltungsrecht）第一册第454页引用此语。——原注
③ 见年鉴第十九册，在亨利六世时代报告。格乃士在《英吉利行政法》（Englische Verwaltungsrecht）第一册第455页引用此语。——原注
④ 即托克维尔。——原编者注
⑤ 按，狄龙、笃奎尔及格乃士与英吉利制度之一段因缘，上章已经解明；唯有伏尔泰的行事尚待叙述。伏尔泰以1694年生，以1778年死，生死皆在巴黎。年9岁，入 Collège Louis-le-Grand，17岁离校，伏尔泰以能文著名。1716年伏氏以文字因缘获罪摄政 Duc d'Orléans，始则被逐，继则被押于狱中，出狱之后，他仍继续文字生涯，数年间，文名愈噪，不幸又以得罪当时贵人 Chevalier de Rohan—Chabot 之故。初次受鞭挞，再次仍受囚入狱。最后，伏尔泰卒须声明自愿离开法国，乃得恢复自由。自1726年起，此不幸的诗人遂入居英国。关于他的生平以 Gustave Desnoiresterres 所著为最详，书分八册；以 Morley 所著为最简明，较便参考。——原注

一个国家，有独与其他国家立异的一点：就是法律主治。法律精神与英国人的习惯，两相结合，牢不可破。因此之故，他们关于此一异点最多感触。就所有上列诸人之中，莫如笃奎尔最能道达这种惊讶，或叹美的情绪。笃奎尔尝就守法精神一要旨，取 1836 年之瑞士，与 1836 年之英格兰，相互对勘，而得到下文的结论。

笃奎尔曰："我在此颇不欲以合众国比瑞士，[①] 唯欲以英格兰与之相比。倘若你要考察瑞士与英格兰时，或则纵使偶尔行过两国时，你终要自然而然也感觉到两国间所相互异点。两相比较之余，我们尽可概括地下一断语，即是，英格兰到底是比这个希勒弗惕民国（The Helvetic Republic）[②] 更富有平民政治的精神。这一点差异，随处可在两国制度中寻见，尤可在他们的风习（moeurs）中寻见。

"（1）在几乎全数的瑞士州郡中，报纸的言论自由，只是一件最近才有的事。

"（2）又在几乎全数的州郡中，个人的自由并不被充分保证，因之一个人可受行政处分，而至于被逮及被押狱中，无须经过许多法律手续。

"（3）大概言之，瑞士法院未有完全独立的地位。

"（4）在全数州郡中，以陪审制度折狱，至今未有。

"（5）在几处州郡中，他们的居民在 38 年前丝毫不有政治权利。

"征实言之：鸦皋（Aargau）、苏皋（Thurgau）、惕星（Tessin）、弗奥特（Vaud）的全部，及沮利克（Zurich）、比恩（Berne）的一部，皆属此类。

"上方所得结论，用以批评瑞士风习，较之批评制度更见真实。

---

① 读者须知笃奎尔所下评语是在 1836 年发出，当是时瑞士联邦宪法尚未创造，故所有政象迥异 1848 年以后所有。由是，评语所指责者有许多已不适用于 1902 年之瑞士。——原注（译者按，本书系在 1902 年翻版第六次，戴雪即于是年加入这条注脚，故云。其实，我可以代补一句：当云在此类评语中有许多批评更不适合于 1902 年以后之瑞士所有政情。）

② 按，希勒弗惕民国尝建立于今之瑞士，自 1798 年起，至 1814 年止，为法国所建立。而希勒弗惕（Helvetic）之名在罗马时代已有。在故典用语中，即指今代瑞士。——原注

"（1）在许多瑞士州郡中，大多数国民对于自治十分无兴味，因之，并未有这种习惯。倘若国家有变乱发生，他们尽管尽心经营私事，绝少留心公务。至于英吉利人民则异是：他们尽瘁国事，绝不以私害公。

"（2）瑞士报纸，以新得自由之故，往往好滥用此项权利。故以瑞士新闻报与英吉利新闻报相比较，前者常倾向革命论调，后者尚属实际而切当时势。

"（3）瑞士人似乎仍视集会结社为一种革命的工具，此类倾向正与法国人无异。他们还不能及英国人民专以集会结社为一种极缓却又极稳妥的政治改革的方法。原来集会结社不但是一种技能，而且是一种国民应有权利，瑞士人民似尚未认清此旨。

"（4）就爱直道一端论，瑞士人民远不及英吉利人民。瑞士的法院在政治措施中不能置喙，而且不能以法律意见引导舆论。以法律意见领导政治行动与爱直道两事，原来是自由人民的最显特性。

"（5）最后，瑞士人民究竟尚缺乏几种政治习惯，即是，尊重直道，爱好法律与不黩武力。数事皆自由人民所以能存在的要素，最显著于英国。

"继此我当以数语总括前论。

"无论何人，倘若曾在合众国游观，必不能自禁其为一件事实所感动，即是，以自由的精神能固结亚美利坚人民的习惯若是，复以他们又能笃嗜自由若是，合众国的国体只好是民主国家。同样以英吉利人民所有政治习尚论之，倘谓英国的政体，除却自由政府外，竟可成为专制政体或其他政体者，实不符于事理。至于瑞士则异是。假使现有民主制度竟被暴力摧残，瑞士人民，或不免于短期间变故之后，习视自由的失去为常事。故以三国所有政情互勘，英美两国所有自由在人民的风习中实较在法律中为盛；瑞士所有，适与英美两国相反。"[1]

综观笃奎尔所批评，就中有两要旨，恰与法律主治的题义十分

---

[1] 参看《笃奎尔全集》，第八册，第455—457页。——原注

关切：第一，他的议论足以提示法治是英吉利制度所有显著特性；第二，这种议论足以指点英吉利民族的一个品性实在可以注意，然而极难以言语形容。笃奎尔在观察中盖遇有一难题焉，他明明认识一件异彩的存在，但仍不能区别这件异彩于他种政治心理以外。所以他不免有时竟使这异彩与自治的习惯、秩序的爱好、直道的尊敬及法律的倾向等事互相混淆。本来诸如此类之政治心理原互相连属，然而他们绝不是同一事实。倘若竟将彼此互相印证，混为一谈，则又不免陷于不正确之病。虽然，笃奎尔评衡政治，素称精细，但仍不免有此失，至为可惜。况旁观者清，当局者迷，我们自己于此必知所自儆。是以通常我们论及英国，我们辄谓英吉利人民尚法治，或谓英吉利宪法具有法律的至尊性。此类用语，在发言者自观，虽则含蓄真际的义理，然而在他人闻之，只觉广泛无稽。然则将欲领会法律主治或法律的至尊性，或法律的优势（rule, supremacy or predominance of law）等术语所包含奥义，我们必不可不先确定此类术语所有真谛，至为明白易见。

法律主治的三个指意

每逢论及法律的至尊性，或法律主治，是英吉利宪法的一个主要特性，我们通常概括三个分明而又联立的概念。兹当分别提示之。

第一目　武断权力的不存在

第一，概念指明凡人民不能无故受罚，或被法律处分，以致身体或货财受累。有一于此，除非普通法院曾依普通法律手续，讯明此人实已破坏法律不可。用在如此指意时，法律主治与下文所陈一个政制刚相反。这个相反的政制是：在政府中有一人或数人能运用极武断又极强夺的制限权力。

今代英吉利人骤闻此语，会须惊讶，以为"法律主治"（依本文所

用指意）何事？那能令英吉利制度专美？倘自今日政情观之，凡在文明
而又有秩序的国家内，这种政治几成普通习惯，似乎非英国所专有。虽
然今代欧洲大陆已尽被文明国家所占居，此类政象复不能谓为完全缺乏
于大陆；但即就现况观察，我们仍敢相信，用在这种狭义的"法律主治"
一事，实是英格兰所有别相。否则再推广言之，我们只可说这种别相唯
附丽于一切国家之曾传授英吉利传统思想者如合众国之类。此外国家之
散布于欧罗巴大陆者，行政院概具有大权，远过英国行政院所有。譬如，
关及逮捕、羁押以至驱逐出境等处分，大陆各国行政院实能运用极大的
裁夺威权；英国行政院必不能企及。试一考察欧罗巴政治，英国读者必
不禁得到一种感想，即是，大凡行政院能以裁决权能（discretion）。[①] 执
法，就中即不免有许多武断性（arbitrariness）。[②] 而在一民主国中，一如
在君主国中，行政院若有法律上之裁决威权，人民必至受不健全的法律
自由之累。

　　然而此固未可以概论。倘使我们专就 20 世纪的欧洲观察，我们似
须让步。这是要说，在几乎全数的大陆国家内，法治渐能确立，仿佛英
国。在此际假使个人不要牵入政治或只要能遵守法律，此人可以无须畏
惧政府，个人的自由不至受害。诚如是，我们推理所及，必至遇一件难
事，即是，法律主治既成普遍现象若此，然则一般外国政论家必欲以武
断权力的不存在为英宪的主要特性者何故？[③]

　　虽然，此非真难事也。假使我们能回顾百年以前情事，至于英宪

---

① 按，裁决权能在法律上为一专用名词。当应用于司法时，此名用以指裁判官当折狱之际不依
　法律的条文，而依本人的判断力以分别曲直。当应用于行政时，此名用以指官吏判断某项行
　为之是非，纯以己意行之，而不复受裁成于法律。两者均有许多流弊。关于前者所有流弊，
　参考雷译《法学肄言》第 23 页；关于后者所有流弊，本书反复言之至再至三。——原注
② 按，武断性在此地亦用如法律上之专名，其指意在了解明行政或司法人员所有不依法律规定
　之行事。——原注
③ 孟德斯鸠曰："自由是个人在法律所许可的范围中任意行事之权利。倘若一个公民竟能作法
　外行动，他就不能再有自由；因为即无法律以为界限，他人尽可效尤而任意行动，于是他的
　自由反被剥夺。"见《法意》第十一卷第三章。又曰："在现代中唯有一个民族，以宪法直接
　处理之故。能有政治自由。见上书第五章。"这个民族就是英吉利民族。——原注

最初被批评又被颂扬之际，这种迷督必可以焕然冰释。当在 18 世纪中，许多大陆政府本不是暴虐，然而在任一国中，无一个人能安居于武断权力以外。唯有英国在此际能卓然有所树立。试一考究它的特长所在，读者自见此项特长不是在于善政，复不是在于宽政，却是在于政制中之法律性。故当伏尔泰离去法兰西而游英格兰时，他所有最强大的情感是：他适才舍弃一个专制国家，复正在行入一所地方；这所地方所有法律尽管是严刻，然而当地人民只受治于法律，而不受治于人情好恶（caprice）。[①] 伏尔泰者法国文学家也，不但他的文学恰足以代表他的时代，而且他的感情亦足以代表他的时代。于是他尽有充分理由以抉出双方所有差异。试再就个人的身世所遭逢考之：在 1717 年伏尔泰曾因一首诗之故，被发放于巴士底狱中，不但伏尔泰未曾写这首诗，而且他不知作者谁氏，复不表同情于诗中所表情感。但一被诬陷，伏尔泰纵有口舌亦不能自辩。尤可异者，当时摄政处分此案实等于戏弄他人毫不经意。摄政谓此首讽刺诗既以"我未曾见"为题，他的作者即应受命入狱，庶几这个诗人"得见前此所未见"。于是伏尔泰遂不能不入狱矣。又在 1725 年，伏尔泰赴一位公爵之宴，饮食之际，伏氏忽被强奴迫令离席，复被鞭挞于这位公爵之前。当是时，伏尔泰的文名鹊起，在国内已有文豪之称；但不能取得一机会，以求申雪。后来因为他自不量力，尚以此次受辱为言，卒须重游巴士底狱一次。诚然，这次是他入狱的最后一次，但终此一生，他时常与武断权力相冲突，复相抗衡。因此，他的生命屡濒于险。[②] 幸而他的文名，他的聋耳，他的机变，与最后他的财富，尚能拯救这位诗人，使受罚不过

---

① 个人所有遭际既令伏尔泰不能不作避地之计，故随所至之地，伏尔泰极留意于当地制度。每遇武断权力不能施行之处，伏氏常流连不忍去，备极爱慕。在英国时，尝自言曰："在此地思想极自由，不受限制。"英国人民在国境内尽可以昂首阔步，不用顾虑他人敢毁伤他的一根头发，更不至忧惧皇帝以御旨逮捕放逐或无辜监禁。外人之来居者不但可以呼吸自由空气，而且能与本国人民同受安全保护。见 Desnoiresterres 所著 *Voltaire Lettre* 第 1 册，第 365 页。——原注

② 同上书，第 344—364 页。——原注

于暂时入狱。然则法国在当日所有政治，盖一味专尚武断若此；至于英国所有则何如？任何人倘欲灼见法律的至尊性在 18 世纪中之英格兰是怎样稀罕的一个政治现象，让他自读摩梨所著狄德罗传①。按本传，法国在那时只有一部百科全书②尚须费 22 年之磨折，方得完全出版问世，一般著名文学家由之方能得一机会以发泄积愫。即此一端，无论就抗争的困难着想，或就抗争的成功着想，俱可概见法兰西政府所有武断权力之大。

路易十五世（Louis the Fifteenth）在法兰西皇室中原属暴主，所以百科全书厄于御用特权，难于出版，当不足怪。不过此类跨越法律的皇家举动初不限于路易十五世，因为他只是法兰西行政系统的产儿。试观在路易十五世之后登位者实为路易十六世，其为人本非暴戾，然而武断权力仍时时运用如故。由此可见武断权力与法国政制原来两相系属，不可分离。唯其如是，倘若有人假设一类事实，谓法律主治早存在于 1789 年前之法兰西君主国家，如此设想只是谬误。读史者不尝见埃翁武士（Chevalier d'Eon）之待遇③乎？这人所受待遇的愚骇、屈辱及神秘发生于百年以往，恰如冒名欺骗以要索权利之举动发生于今日，足以耸动他人视听而作谈资。此类事实，自今日观之，至不足道，复不值追忆。但我们于此有必不能忘记者一节，即是，在 1778 年，即当约翰逊（Johnson）、亚当·斯密（Adam

---

① 按，狄德罗（Diderot）为法国著名思想家，批评家及艺术家。1746 年，狄德罗始主持百科全书之编辑事务，中间历 22 年，历尽困厄艰难，未尝稍锬以底于成。摩梨所著狄德罗传凡二巨册，可以参考。——原注

② 按，历史上有名之 18 世纪百科全书，为狄德罗及达朗贝（D'Alembert）所编纂。法语名 *L'Encyclopédie on Dictionnaire raisonne des Science, des Arts, et des Métiers*。是书开始于 1751 年，完成于 1771 年。当时法国知名之士，如伏尔泰、卢梭、孟德斯鸠、堵哥（Turgot）等均分任编撰。——原注

③ 按，埃翁尝受命于路易十五世，出使俄奥诸国。当在俄国时，埃翁尝被召入宫中，改穿女服，为俄罗斯女皇侍读。1774 年，法王新死，埃翁时已被遣往伦敦为驻英国大使，因受新政府疑为间谍之故，忽被召归国。埃翁既到巴黎，行将受罪，卒以埃翁须改御女装于大庭公众中为求赦之条件，法国新王路易十六世遂予免究。故云。——原注

Smith）、稷本（Gibbon）、考别（Cowper）、布雅克（Burke）及曼斯斐尔（Mansfield）等生存之日，即当亚美利坚独立战争尚在进行之时，又即当全国会议（The States General）开会前 11 年之期间，竟有一名武士及一个有名外交家，不知所犯何罪，不经审讯，复不经定谳，竟遭疑忌复受奇辱，而此类罚则与奇辱，虽在东方专制主义国家亦不敢创制及施行。①

虽然，读者慎毋因此一节，遂遽然想象在 18 世纪中法国政府当比其他大陆国家之政府，较为武断。设此假想只是误会大陆的政情。按实言之，法律与公意，在法国中，以视在西班牙中，在意大利小邦中，或在日耳曼市府国家中，尚能比较地见重。至于专制政体之弊害所有已经存在于法国者不特并行于上列各邦，而且为害更烈。正以太过刻毒之故，上列各邦之苛政，笔不胜书，口不能尽道；于是世人视听乃撇却上列各邦而移向法国。是故法兰西君主的权力，比诸散处欧洲二十许小霸王的蔑法行动，反受极严厉讥弹者，并非因为前者较后者为更暴虐；实因自世界眼光观察，一则以法兰西民族在 18 世纪之进步论，亟应取得大量自由；二则以传统思想论，法兰西自古素为专制政治之中心。唯是，巴士底狱的陷落遂博得全欧之同情。实则当那一堡垒被攻破时，在内囚犯不及 10 人。而在英国牢狱，负责囚徒之奄奄待毙者不下百数。顾英人在当日为感情所蔽，遂不能分别审察。乍见之际，他们庆贺法国革命成功的狂热，实为生在 20 世纪的英人所不能了解。但试详细玩味，则这种同情弥漫于文明世界间，横极东西，纵尽南北，自有缘故。巴士底狱非他物："它只是毫无法纪的权力之一种象征。所以它的陷落当足以惹起欧洲人士的感触（而且此项感触至属确当），以为这种捷报，实所以报知其他大陆国家，谓向来存在于英国中之法律主治，行将代武断

---

① 读者须知法国即在全国参政会议既开之后，法王尚不愿意完全抛弃以御旨逮捕或放逐人民的特权。此特权名为御用逮捕状（lettre de cachet），参考当时所发布的公文 Declaration des Intentions du Roi（君主意旨的宣示第 15 条载于 Plouard 法兰西宪法第 10 页）。——原注

权力而兴起。"①

第二目　普通法律与普通法院居优势

第二概念指明②，在英格兰四境内，不但无一人在法律之上；而且每一人，不论为贵为贱，为富为贫，须受命于国内所有普通法律，并须安居于普通法院的管辖权之治下。

法律平等的意思（这种意思，换一句话说，包含凡人皆受治于普通法律，而普通法律复执行于普通法院），被推行于英国中，盖已达于极大限度。所有在职官吏，自内阁总理以至巡士或征税差役，倘若违法，一律与庶民同罪。故当他们以个人资格行事而犯罪时，法院固然无所宽假；纵使他们不以私人资格犯罪，唯因执行公务而至于越权，法院仍责令赔偿损失。诸如此类之案件司法公报至多刊载。故有一殖民地总督③，一内阁部长④，陆军将士⑤以至一切属吏，虽则执行上司命令，然而必不能越权行事。倘若所行之事有为法律所不许，这个官吏，须自

---

① 如欲明白当时英吉利人民对于法兰西人民处在奴隶地位所怀情感，参考 Goldsmith《世界的公民》，第四封通信。如欲对勘英吉利贵族费列爵主（Lord Ferrers）之所以得死刑之由，纯与法兰西贵族因与君主有戚谊而免死之事实相反对，参考上书第 37 封信。又如欲明白欧罗巴全洲在此时所有感念，参考《笃奎尔全集》，第八册，第 57—72 页。法律主治的意思在此际并同时含有即使君主或官吏犯法亦与庶民同罪，必无幸免。试观《权利草案》（*Bill of Rights*）（今译《权利法案》。——编者注）序言第一则便明。参考 subbs《宪章选录》（第 2 版）第 523 页。又比较下列两成案：
　　（1）Miller v. Knox, 6 Scott, 1；
　　（2）Attorney-General v. Kissane, 32. L. R. Jr. 220.——原注
② 第一指意上文已论及。——原注
③ 殖民地总督一度越权即须负责，可以下列成案解证：
　　（1）Mostyn v. Fabregas, Cowp. 161；
　　（2）Musgrave v. Pulido, 5 App. Cas 102；
　　（3）Govemor wall's Case, 28 St. Jr. 51.——原注
④ 内阁部长一度越权即须负责，可以下列成案解证：
　　Entick v. Corrington, 19 St. Jr. 1030.——原注
⑤ 陆军将士一度越权即须负责，可以下列成案解证：
　　Phillips v. Eyre, L. R. 4 Q. B. 225.——原注

己负责任，一如私人或非官吏须对于自己行为负责任。诚然，兵士，或国立寺院僧侣的法律地位，在英国一如在他国，与寻常百姓的法律地位颇异，即是，前两者除受治于普通法律外，复各被管辖于一种特殊法律，这种特殊法律实未尝治理普通人民。因此之故，他们在某种特例中须求平反于不同普通法院的一种裁判所。这是要说，官吏有时在一定范围中受治于所谓"官法"（official law）。虽然，这件事实并不矛盾上列原则。（即是，凡人在英国内皆受命于本国普通法律。）诚以一个兵士，或一个僧侣，纵使因地位关系至于负荷寻常百姓所不负荷之法律责任，但并不以此之故便能抛弃普通国民的本分。

就一个英吉利人的眼光观察，他自然不免有一想象，以为法律主治，（依本文所用指意）只是任一文明社会通有的习尚。然而这种假设实属谬误。大概言之，欧洲在18世纪以前，贵族、僧侣，以致他种人物均能藐视法律；至18世纪之末，欧陆民族之大多数渐能脱离这一时期而演进。若以英格兰而论，贵族僧侣的无法时期，早于16世纪之末，经人民以流血解脱。但严格言之，虽在今时大陆国家中，若云，人人受治于同一法律；或云，法院在通国中为至尊，此节未见得可以完全证实。试以法兰西为实例。在法兰西中官吏——在此名词之下，所有服务于国家内之各种机关的人物应尽数包含——当在职时，于一定范围内，不但被撤开于普通法律以外，超越于普通法院的管辖权之上；而且有几时受治于官家所执行之官法。如此论断，骤闻之，未免惊人；细察之，却是丝毫不谬。

第三目　宪法的通则形成于普通法院的判决

第一第二概念既明，尚余第三概念必须探讨。法律主治，或法律精神的优势，用在第三概念时，亦可称为英吉利制度的专有德行。在此际，我们尽可断定英宪是完全被法律精神的优势浸淫弥漫。我们要下这一断语，自有确凿根据，即是，英宪的通常原理（譬如即以人身自由的权利或公众集会的权利为例）的成立缘由起于司法判决，而司法判决又起于民间讼狱因牵涉私人权利而发生。① 可是，在多数外国宪章之下，个人权利的保证只能形成（至少在外表上是如此）于宪章的通常原理。

这个法律主治的指意至足以解明时论所暗示之一件事实（至少是他的一部分），即是日常所谓"英宪未尝被造出，只自然生长"。这句话未免误人。倘若拘牵文义以求之，此项随感实不合于名理。是故穆勒（Mill）有言："政治制度（无论发言人在命意遣词时怎样不理会）是人工所造；他们须靠人类意志而产生，而存在。人们并不于夏天睡醒之后就看见这些制度涌起。况且他们并不是如树木一般，可以于一次栽植之后，虽当人们酣睡时，即在夜间生长。是故他们的存在，无论在哪一时期，纯赖人类的愿力：人类要他们怎样，他们便成怎样。"②

虽然，论理本应是如此，但我们须留意一句定训，即是，政体的生成与人民的生活煞有密切关系，以彼此关系如是密切，我们如必欲待遇政治制度，以人类愿力下之一类产品，似乎甚难。所以这句定训，虽是略近游移，到底能将一件事实提示。这件事实为何？就是许多政制，在其中英宪就为一显例，并不曾被人们以一口气造出，而且远非一次立法（依通常意义解释）所制定；反之，他们却是千百年来法院替私人权利力争而得到的结果。简约说：英宪只是一宗裁判官造成的宪章。在表面它附带着裁判官造成的法律许多善良或恶劣彩色。

因是之故，英格兰的宪法呈露许多异彩，确与外国宪法立异。试一一晓示之如下文：

第一，在英宪中我们不见有各种权利的宣言或定义；在外宪中，外

---

① 宪法的原理在英国中为法院判决之结果，可以下列成案解证：
　　（1）Calvin's Case, 7 Coke, Rep.1；
　　（2）Campbell v. Hall, Cowp. 204；
　　（3）Wilkes v. Wood, 19 St. Jr. 1153；
　　（4）Mostyn v. Fabregas, Cowtp. 161.
　　此外，巴力门的法律宣言，如《权利请求》（*The Petition of Right*）（今译《权利请愿书》。——编者注）及《权利草案》均与法院判决有连带关系。——原注
② 见穆勒《代议政治》第4页。——原注

国宪法家都视之等于金科玉律。而且这样原理，当研究英宪时你可以发现，实是在法院判决之下确立的准规。这些准规是从审判员的判案或随感中取材；或从巴力门因为应付及解免人间冤苦而建立的法案（在此际巴力门尽可视同高等法院，它的意见并可视同法律意见）中提要；随之以造成概断或通则。再用别的方式表示可得个人权利与宪法相互关系一节。英宪与外宪不同：在外国如比利时者之国中，宪法是立法行动的结果；而在英格兰之中，宪法本身是以法律的判决为根据。世上尽有许多国家，他们的宪法是一件慎思而发出的立法行为，比利时即是一个好榜样。是故就比宪而论，你可以真实地断定，谓个人对于人身自由的权利是从宪法产出，或被宪法保障。若在英国则不然。个人对于人身的自由权利所以成为宪法之一部者，只因为此类权利曾经法院以判决拥护之故；同时复因为出庭法案①整个的承认与推行之故。倘若名学的法式可被用以解答法律问题，比宪与英宪所有差别可以名理陈述之如下文：就是在比利时中，个人权利是从宪法的原理演绎出来之结论；在英格兰中所谓宪法原理是由法院涉及每个人所有权利的判决案归纳得到之通则。

这种别异自然是不过一种形式上的区别。若就实际上立论，倘若自由在比利时中，一如在英格兰中，只得到同样安全，则保证个人权利的主力或为宪法，或为四境内之普通法律，殊可以不必拘泥。虽然，有一问题于此，我们必须注意。这个问题是：人身自由的权利，或信仰自由的权利，究竟是否安全，必赖一个考究所得答案以为判断标准。这个考究的主旨是要问明制宪人物在制宪时所有着手功夫。至于答案可有两种：其一，制宪者可从权利的宣言或界说开首；其二，制宪者又可从所以卫护或强行权利的方法起始。两种着手功夫互异，他们所收效果随即

---

① 按，出庭法案，在英语称为 The Habeas Corpus Acts，为巴力门所通过之两宗法案：其一用以确定凡人受刑事控诉而入狱后所请求之出庭状权利；其二用以确定凡人受刑事以外的控诉而入狱后所请求之出庭状权利。

不同。试观外国制宪所为，他们大概自权利宣言着手。但试进一步而推求其故，此举之成立，一则因为时势激荡与要求，二则因为制宪者自己感觉，以为如此行动确是立法者所有本分。不幸外国宪法家只见其一，未见其二；所以他们徒劳心焦虑以规定权利，却不能留意于补救方法的筹备，使此类权利于宣告之后得以见诸实行。此等不幸事实凡有历史知识者谅能灼见。试以实例作证。例如，1791 年宪法即檄告全国以良心自由、出版自由、集会权利及官吏责任。[①] 但试一按之实事，从来个人权利之常被蹂躏一若宪法未尝存在者；稽之历史记录所及，当以法兰西大革命时所遭逢为最残酷。又如，即就今日情势而论，倘谓个人权利在法兰西民国之下，卫护周至，可以平比英吉利君国，任一旁观者骤闻此语，亦要怀疑。是何以故？则以法兰西民国实未设计权利受损害后之救济方法故。英国则大异是。故在它一方面，权利本身与强行权利的方法在英宪中常有不可分离的相互联属。所以古语称道，在有法律之地即有救济办法存在；[②] 如此准备至关重要，非仅同一种同义异字的言陈已也。试专就宪法运行方面着想，我们可以发现英吉利人民务求实际的倾向。当他们逐渐构成一套极复杂的法律与制度而称之为宪章之际，他们实努力于筹备所以实行某一种权利之策略。换言之，他们注意于救济侵权行为的损害，胜似宣示人的权利或英吉利人们的权利。譬如，出庭法案并不宣示何种原理，或规定何种权利；但此类法案的效实，在实用方面可当保证个人自由的宪法条文一百条。讨论至此，学者幸勿遽作假设，以为权利与救济方法的连属赖有弥漫于英吉利制度的法律精神方能成功。因之，此类连属遂与成文宪法的存在不相容；尤其与宣布人权的宪法不相容。试征实例：譬如合众国宪法与各邦宪法同是成文，又同含有权利

---

① 参考下列两书：

　　(1) *Plouard*，《法兰西宪法》，第 14—16 页。

　　(2) *Duguit et Monnier*，《法兰西宪法》（第 2 版）第 4—5 页。——原注

② 按，此语以拉丁语写成，其原文为"ubi jus ibi remedium"，故得汉译如上文。

的宣言；① 但美国政治家具有超越平凡的政治技能以筹谋所以救济侵权行为之善法。同时，法律主治又为合众国政制所有一个特殊色彩，无殊英国。

不宁唯是，这种事实，即是，在多数外国中，个人的权利（譬如对于人身自由的权利）靠该国宪法以存在，而在英格兰中，此类权利本先由法院替个人争得，然后由宪法以通则作概括地申明，更有一重要效果。是故权利可以宪法保证者，即可以法律暂时停止效力，此事在外国中常时惯见。即当在运行时，他们亦与普通法律不同途径，于是乃生法外有法之嫌。试以比利时所有情状作解证；譬如比利时制宪人物特于宪法中作人权宣言声明个人自由受确实保证，即不啻暴露他们对于个人权利的观察点大异于英吉利诸家所有观察点。原来同是权利，我们甚难以指出某项权利应比他项权利较受制宪者另以青眼看待。例如人民不受非法逮捕的自由及享用自己所有财产的权利；又如意见可以任意发表的权利，唯至于诽谤有据乃负赔偿责任；又唯至于煽乱或渎神证实乃受刑法处分。诸如此类之权利，自英吉利人们视之，似乎同建筑在一个基础之上，就是，同在普通法律之上。假如要说"宪法保证"某项权利过于他项，自英吉利人们闻之，直是一句非人情或无意识的说话。但在比利时宪法中这些字句却有一定指意。他们的指意含有除非以非常立法手续变

———————————

① 或者谓在英美两国公文中，《权利请求》《权利草案》，以及《权利宣言》，同以宣布自由大义为事。此类公文极类似外国制宪者所常称道的《人权宣言》，尤其类似 1789 年法兰西大革命所橄告之个人及公民之权利宣言（Declaration des Droits del'Homme et du Citoyen）。以文字论，两类公文固然极相类似；但以法意论，两类公文的相似点实不如双方彼此的互异点较足令人注意。试观《权利请求》及《权利草案》之用意，与其称之为对于人权的宣告，毋宁称之为对于君主特权或积威的否认。而且否认之余，两种著名公文均用一种司法判决的方法判定君权的滥用均作无效。是以在几及全数的条文中无一不要把假借特权以肆虐的行政加以否决。至于合众国宪法所载各项宣言甚类似大陆宪法所宣告之个人权利及自由，是诚无疑。他们同是 18 世纪盛行的学说下之产物，故有如此类似点。但试一就法律用意考察，美宪的宣言仍以控制国会的行动为职志，酷似英宪所抱目的。盖英格兰的人民在 17 世纪时所患者为君权太大，故有以议案否决特权的肆虐之举动；北美殖民地人民在 18 世纪所苦者为巴力门专政，故有以宪法条文束缚立法机关的立法之行为。然则英美两宪的用意只是一样，唯大陆宪法则大异是。大陆宪法的用意只在于以此项宣言希图作一种对于人权的普遍保证。——原注

更宪法，政府无从以法律侵害个人自由。虽然，此节指意尚非我们目前所有亟须解决之问题。目前所应注意者只有一点，即是，在个人权利受宪法特别保证之地，此际即有一个法律意思流露，复表示此类权利可被停止或被弃置。反之，在个人权利本以附着国内寻常法律之故而构成宪法本体之地，此类权利与国内寻常法律相终始。自非以革命手段，推翻国内所有制度与风习，此类权利必不任受破灭。由此观之，此类权利，以性质论，两地从同；而以地位论，高下悬绝。诚然，英国所谓"出庭法案的停止效力"颇近似外国所谓"宪法保证的停止效力"。但前者究竟与后者有分别。其实通常所谓以议案停止出庭法案一种举动，并不如公众所解释之严厉；这种举动不过能搁置所以保护个人自由的一件特殊救济办法而已。是故出庭法案纵被暂时弃置，英吉利人们仍能享用国民的权利如旧。是何以故？则以英吉利宪法本建筑于法律主治的大义之上；此大义苟不废弃，宪法下之权利必能永存故。如谓法律主治的大义竟可废弃，此等现象唯可出现于大革命。

第四目　总括上文法律主治的意义

由此观之，法律主治实构成英宪的基本原理，共含三个指意。换言之，法律主治可由三处观察点审视。

第一指意解作国法的至尊适与武断权力相违反。四境之内，大凡一切独裁，特权，以至宽大的裁夺威权，均被摒除。英吉利人民受法律治理，唯独受法律治理。一人犯法，此人即被法律惩戒；但除法律之外，再无别物可将此人治罪。

第二指意解作人民在法律前之平等。换言之，四境之内，大凡一切阶级均受命于普通法律，而普通法律复在普通法院执行。当法律主治用在此项指意时，凡一切意思之含有官吏可不受治于普通法律及普通法院者皆被摒除。因此之故，在英格兰中无一物可符合法国所谓"行政法"（droit administratif）或"平政院"（tribunaux administratifs）。诚以行政法有立于法律背后者一个观念，这个观念是：凡事涉政府，或案关公家仆役，应由具有多少官家性质的机关处理，唯其如是，英格兰的法律对于此项意思盖未尝前闻，它的传统思想与风习复与此项意思绝端反对。

　　第三指意表示一个公式，用之以解证一件法律事实。这件法律事实是：凡宪章所有规则，在外国中，皆构成宪法条文的各部分；而在英格兰中，不但不是个人权利的渊源，而且只是由法院规定与执行个人权利后所产生之效果。申言之：英吉利法院及巴力门常用法律行为，以测定元首及公仆所有地位，即以保障个人权利。由是归纳此类法律行为便得私法的各个原理，综合此类原理便得英宪的重要成分。然则宪法在英国中只是普通法律运行于四境内所生结果。

　　　　　　　　（选自［英］戴雪《英宪精义》第二篇：
　　《法律主治》，第四章第一节、第二节，雷宾
　　南译）

第二十三讲　法治是个人自由的保障

[英] 弗里德里希·冯·哈耶克

弗里德里希·冯·哈耶克（Friedrich August von Hayek. 1899—1992），20世纪最杰出的自由市场经济学家，也是最重要的政治哲学家之一。哈耶克出生在维也纳一个知识分子家庭，在维也纳大学获得博士学位，毕业后，哈耶克曾经在维也纳经济周期研究所和伦敦经济学院从事技术经济学研究。第二次世界大战期间，哈耶克转向政治经济学及政治、法律理论研究。其主要著作有：《通往奴役之路》（*The Road to Serfdom*, 1944）《个人主义与经济秩序》（*Individualism and Economic Order*, 1948）《感觉秩序》（*The Sensory Order: An Inquiry into the Foundations of Theoretical Psychology*, 1952）《科学的反革命——理性滥用的研究》（*The Counter-Revolution of Scienco*, 1952）《自由宪章》（*The Constitution of Liberty*, 1960）《法. 立法与自由》（*Law, Legislation and Liberty*, 1973—1979）和《致命的自负》（*The Fatal Conceit*, 1988）。1974年荣获诺贝尔经济学奖。

法治是个人自由的保障

[英] 弗里德里希·冯·哈耶克

【编者按：哈耶克首先阐述了法治乃是关于法律应当是什么的"元规则"，那么，法治下的法律应当是什么样的？哈耶克提出了三条标准：一般且抽象规则，公知且确定的，平等。接下来他讨论，这种法律旨在限制政府的权力，因而是个人自由的保障机制。】

就因这个微小的漏洞，每个人的自由都迟早会丧失。

——塞尔登（John Selden）

1. 经过先前章节的讨论，本章的任务在于努力将各种历史趋向汇总在一起加以分析，并系统地指出法治下的自由（liberty under the law）的基本条件。人类从长期且困苦的经验中习得，自由的法律（the law of liberty）必须具有某些属性。[1] 那么它有哪些属性呢？

首先，我们必须强调指出的是，由于法治意味着政府除非实施众所周知的规则以外不得对个人实施强制，[2] 所以它构成了对政府机构的一切权力的限制，这当然也包括对立法机构的权力的限制。法治是这样一种原则，它关注法律应当是什么，亦即关注具体法律所应当拥有的一般属性。我们之所以认为这一原则非常重要，乃是因为在今天，人们时常把政府的一切行动只需具有形式合法性（legality）^①的要求误作为法治。当然，法治也完全以形式合法性为前提，但仅此并不能包括法治的全部意义：如果一项法律赋予政府以按其意志行事的无限权力，那么在这个意义上讲，政府的所有行动在形式上就都是合法的，但是这一定不是法治原则下的合法。因此，法治的含义也不止于宪政，因为它还要求所有的法律符合一定的原则。

从法治乃是对一切立法的限制这个事实出发，其逻辑结果便是法治本身是一种绝不同于立法者所制定之法律那种意义上的法。无疑，宪法性规定（constitutional provisions）可以使侵犯法治变得更加困难，也可能有助于阻止普通立法对法治的非故意侵犯。^[3]但是，最高立法者（the ultimate legislator）^②绝不可能用法律来限制他自己的权力，这是因为他随时可以废除他自己制定的法律。^[4]法治（the rule of law）因此不是一种关注法律是什么的规则（a rule of the law），而是一种关注法律应当是什么的规则，亦即一种"元法律原则"（a meta-legal doctrine，亦可转译为"超法律原则"）或一种政治理想。^[5]然而需要指出的是，法治只在立法者认为受其约束的时候才是有效的。在民主制度中，这意味着除非法治业已构成了此社会共同体之道德传统的一部分（亦即那种为多数所信奉且毫无疑问地接受的共同理想），否则它就不会普遍有效。^[6]

正是这一事实使得对法治原则的持续抨击成了一种极为不祥的征

---

① 英语 legality，汉语世界一般通译为"合法性"或"法条主义"。前一种译法的主要问题在于：它一方面极易与 legitimacy（合法性）相混，另一方面又不能精到地传达此一术语的本质含义。而后一种译法，亦即"法条主义"，从含义上讲并无不妥，然而，这种译法却无法很好地传达此一术语背后的理论论争，故本书的译文根据哈耶克社会政治理论的理路而采用"形式合法性"，即指政府的行动只要符合一切具有立法机构颁布的法律（或制定法）形式的法规律令就具有的"合法性"，因此也是一种"形式"上的"合法性"。这种"形式合法性"只关注所符合的法律的权威渊源，而与所符合的法律的实质内容不涉。——译者

② 英语 the ultimate legislator（最高立法者），在哈耶克的理论中，意指成文宪法国家中的立宪机构，不成文宪法国家中的国会（或议会）机关。——译者

兆。更有甚者，对法治原则的诸多运用，乃是我们能希望极力趋近却根本不可能完全实现的理想，所以种种对法治原则的抨击所具有的危险也就更大了。如果法治的理想成了公共意见（public opinion）中的坚实要素，那么立法及司法就将越来越趋近于此一理想。但是值得我们注意的是，如果法治的理想被认为是一种不可行的、甚至是一种不可欲的理想，而且人们亦不再去努力实现此一理想，那么这一理想就会迅速地化为乌有。在法治理想缺失的境况中，社会将很快坠入专断暴政的状态，而这正是整个西方世界在过去两三代的时间中所持续遭遇的威胁。

当然，牢记以下这点也具有同等重要的意义，即法治所限制的只是政府的强制性活动。[7] 在我们看来，政府的活动远非只是强制性活动，即使为了实施法律，政府也要求拥有它所能够管理的人力及物质资源的机构。此外，还存在着一些只属于政府活动的领域，例如对外政策领域，在这些领域中，通常不会发生强制公民的问题。我们拟在后文中讨论政府的强制性活动与非强制性活动之间的区别。而就我们此处的讨论言，重要的是指出：法治只关注政府的强制性活动。

政府所能运用的主要的强制性手段乃是惩罚。根据法治，政府只能当个人违反某一业已颁布的一般性规则时，才能侵入他原受保护的私人领域，以作为对他的惩罚。"法无明文规定不为罪不惩罚"的原则，[8] 因此是法治理想的最为重要的结果。但是，此一原则的陈述初看上去虽似明确，然而如果我们追问此一原则中"法"（law）的确切的含义，那么我们就会发现，这样的一种陈述还有着一大堆难题尚待解决。当然，如果这个"法"只规定不论谁违背了某个官员的命令，他就将受到特定方式的惩罚，那么"法无明文规定不为罪不惩罚"的原则就显然不能令人满意。然而我们必须承认，纵使在最为自由的国度，法律也常常会规定这类强制性的惩罚行动。显而易见，一个人可以在某些特定情形中（如他不服从警察的命令）"实施公害""侵扰公共秩序"或"阻碍警察执行公务"而不遭受一定的惩罚，这样的国家很可能从未存在过。因此，如果我们不对那些综合起来方使法治成为可能的全部原则进行考察，那么我们就根本无法充分理解法治原则中的这个核心原则。

2．我们在前文中业已指出，法治的理想以人们对法之含义有着一种明确的界说为前提，而且并非立法机构所颁布的每一项法规都是此一意义上的法。[9] 就当下的情形而言，立法机构以适当形式赞成通过的任何文献，都教称为"法"。但是，在这些仅具有该词形式意义的法律中，[10] 只有一些法律——就今天来看，通常只有极小的一部分法律——是调整私人间关系或私人与国家间关系的"实质性"法律 [substantive（or "material"）laws]。绝大部分这类所谓的"法律"，毋宁是国家对其官员所发布的指令，其关注的主要问题是他们领导政府机关的方式以及他们所可以运用的手段。然而，在当今的各个国家，规定这类手段之运用方式的规则和制定一般公民必须遵守的规则，都属于同一个立法机构的任务。这虽说是一种久已确立的惯例，但毕竟不是一种必然的事态。据此，我不能不设问，防止混淆上述两类规则是否就不可能是一可欲之举？[11] 对此，我们所主张的解决方式是，一方面将制定一般性规则的任务和向行政机构发布命令的任务分别委之于两个独立的代议机构，而另一方面又将它们作出的决定都置于独立的司法审查之下，使它们彼此都不跨越各自的范围。总而言之，尽管我们希望这两类决定都能按照民主的方式加以制定，但是这未必意味着它们应当由同一机构进行制定。[12]

然而，当下的制度性安排则倾向于掩盖这样一个事实，即尽管政府必须管理或运用其所拥有的手段（包括被雇来执行其指令的人所提供的服务），但是这并不意味着政府也应当同样支配公民私人的活动。区别一个自由的社会与一个不自由的社会的判准乃是，在自由的社会中，每个个人都拥有一个明确区别于公共领域（public sphere）的确获承认的私域，而且在此一私域中，个人不能被政府或他人差来差去，而只能被期望服从那些平等适用于所有人的规则。在过去，自由者可以夸耀地说，只要他们处在众所周知的法律范围内，他们的行动就可以不需要征求任何他人的许可或服从任何他人的命令。然而当下的我们是否还能够作这样的宣称，已属疑问。

一般且抽象的规则，乃是实质意义上的法律；一如我们所见，这些规则在本质上乃是长期性的措施，指涉的也是未知的情形，而不指涉任何特定的人、地点和物。这种法律的效力必须是前涉性的（prospective），而绝不能是溯及既往的。法律应当具有这种特性乃是一项原则，而且已是一项为人们普遍接受的原则，尽管它并不总是以法律形式表现出来的；这便是那些元法律规则的范例：欲使法治维持效力，就必须遵守这类元法律规则。

3．真正的法律所必须具有的第二个主要属性乃是，它们应当是公知的且确定的。[13] 我们可以毫不夸张地说，法律的确定性（the certainty of the law），对于一自由社会得以有效且顺利地运行来讲，具有不可估量的重要意义。就西方的繁荣而言，可能没有任何一个因素比西方普行的法律的相对稳定性所作出的贡献更大。[14] 的确，法律的完全确定性，也只是一个我们须努力趋近却永不可能彻底达到的理想，然而这一事实并不能减损法律确定性对西方繁荣所具有的重要意义。然而我们需要指出的是，贬低法律在事实上所达到的确定性的程度，已成了当下的时尚；而那些主要关注诉讼的律师之所以倾向于持这种态度，也是可以理解的，这是因为他们处理的案件的结果往往是不确定的。但是，法律确定性的程度却不能够根据这些案件的结果加以评断，而必须根据那些并不导致诉讼的争议来判断，这是因为从符合法律的角度来考察，其结果实际上是确定的。正是这些绝不会诉诸法院的纠纷，而不是那些诉之于法院的案件，才是评估法律确定性的尺度。现代夸大法律不确定性的趋势，乃是反法治运动的一个部分。关于这一点，我们将在下文中予以考察。[15]

此处的关键要点在于法院的判决是能够被预见的，而不在于所有决定这些判决的规则是能够用文字表述的。坚持法院的行动应当符合先行存在的规则，并不是主张所有这些规则都应当是明确详述的，亦即它们应当预先就——用文字规定下来。实际上，坚持主张后者，乃是对一个不可能达到的理想的追求。有些"规则"永远不可能被赋予明确的形式。许多这类规则之所以为人们所承认，只是因为它们会导向一贯的且可预见的判决，而且也将被它们所指导的人视作一种"正义感"（sense of justice）的表达。[16] 从心理学的角度看，法律推理（legal reasoning）当然不是由明确的三段论（syllogisms）构成的，而且其大前提也常常是不明确的。[17] 结论所依据的许多一般性原则只是隐含于明确阐明的法律体系之中，且须由法院去发现。然而，这并不是法律推理所具有的特殊现象，因为我们所作出的各种一般性概括，很可能都依据于那些仍不为我们明确知道却支配着我们思维活动的更高的一般性概括。尽管我们会努力不懈地去发现那些构成我们决策依据的更为一般性的原则，但从这种工作的性质来讲，它极可能是一个永不可能完成的无尽的过程。

4．真正的法律的第三个要件乃是平等（equality）。它与上述属性具有同等的重要性，但在界定方面却要比它们困难。任何法律都应当平等地适用于人人，其含义远不止于我们在上文所界定的法律应当具有的一般性的含义。一项法律可能只指涉相关的人的形式特征，因而它在这个意义上具有充分的一般性，[18] 然而它却仍可以对不同阶层的人作出不同的规定。显而易见，即使在具有完全责任能力的公民中，进行这样的类分也是不可避免的。但是，在抽象意义上进行的这些类分，始终能够达到这样的程度，即经选择而确立起来的类或阶层事实上只是由人们所知的特定的一些人甚或单个人构成的。[19] 我们必须承认的是，尽管人们为解决这个问题作出了诸多切实的努力，但迄今为止人们尚未发现一个能完全令人满意的标准，亦即那种能告知我们何种类分是与法律面前人人平等的原则相符合的标准。一如人们通常所说的，那种宣称法律不得确立不相关的类分标准的说法，或者那种宣称法律不得根据与此一法律的目的毫无干系的理由将人作差别对待的说法，[20] 无异于对实质问题的回避。

虽说法律面前人人平等只是诸理想之一，它能指示方向却不能完全确定目标，从而也始终是我们的能力所不及者，但是这一理想不会因此而丧失它的重要意义。我们在上文已经论及了法律面前人人平等的原则必须满足的一个要件，亦即是说这种界分的合法性必须得到经选择而确立起来的某一群体中的人与此一群体之外的人的共同承认。我们可以追问我们是否能够预见到一部法律影响特定人的方式，这一点在实践中极为重要。然而，法律面前人人平等的理想，乃旨在平等地改善不确定的任何人的机会，它与那种以人们可预见的方式致使特定的人受损或获益的做法都是极不相容的。

人们有时指出，法治之法（the law of the rule of law），除了具有一般性和平等性以外，还必须是正义的。尽管毋庸置疑的是，法治之法若要有效，须被大多数人承认为是正义的，但颇有疑问的是，我们除了一般性及平等性以外是否还拥有其他的正义形式标准——除非我们能够判断法律是否与更具一般性的规则相符合：这些更具一般性的规则虽可能是不成文的，但是只要它们得到了明确的阐释，就会为人们普遍接受。然而，就法治之法符合自由之治（a reign of freedom）而言，除了法律的一般性和平等性以外，我们对于仅限于调整不同的人之间的关系而不干涉个人的纯粹私性问题的法律实没有其他判准。诚然，这样"一种法律可能是恶法（bad law）或不正义的法，但是这种法律所具有的一般的及抽象的特性，可以将这种危险减至最小。这种法律所具有的保护特性，亦即其存在的**唯一理由**，当可以从其一般性中发现"。[21]

人们之所以常常认识不到一般的和平等的法律可以为个人自由提供最为有效的保护，以抵抗来自于外部的侵犯，主要是因为人们习惯于默认国家及其代理人可以免受这些法律的管辖，或习惯于认定政府拥有权力赋予个人以豁免权。法治的理想，既要求国家对他人实施法律——此乃国家唯一的垄断权——亦要求国家根据同一法律行事，从而国家与任何私人一样都受着同样的限制。[22] 正是所有的规则都平等地适用于人人（也包括统治者在内）这一事实，才使得压制性规则（oppressive rules）不可能得到采用。

5. 除非制定新的一般性规则和将它们适用于具体案件这两项职能分别由不同的人或机构予以实施，否则想有效地分立这两项职能实为人力所不可能及者。因此，在权力分立原则中，至少这一部分 [23] 必须被视作是法治不可分割的一个部分。制定规则时，我们不能考虑具体的情形，同样，审判具体案件时，我们也不能依据任何其他原则，而只能依据一般性规则——尽管此种规则有可能尚未得到明确的规定，从而不得不有待法官去发现。要做到这一点，就必须有并不考虑任何政府即时性目的的独立法官在。这里的关键之点在于，在决定是否应当于一特定情形中使用强制之前，立法与司法这两项职能必须分别由两个独立而协调的机构加以执行。

一个更为棘手的问题是，在严格执行法治的境况下，行政是否应当被视作一种如此意义上的独特且分立的权力，而与立法及司法两权平等地进行协调。当然，在一些领域中，行政机构必须有自由根据它自己认为合适的方式行事。然而，在法治之下，行政机构可以在某些领域自由行事的事实，绝不意味着它可以对公民行使强制性权力。权力分立原则绝不能被解释成：当行政机构对待私人公民时，它可以始终不受由立法机构制定的并由独立的法院适用的规则的制约。我们必须指出，对这样一种权力的主张，无异于对法治的反动。尽管在任何可行有效的制度中，毋庸置疑的是，行政机构必须享有一些为独立法院所不能控制的权力，但是，这些权力当中显然不包括**"支配个人和财产的行政权力"**。法治要求，行政机构在采取强制性行动时，应当受下述规则约束，这些规则不仅规定了它可以使用强制的时间和场合，而且还规定了它可以使用强制性权力的方式方法。能够确使这种做法得到保障的唯一方式就是，使所有这类强制性行动都受制于司法审查。

约束行政机构的规则是否应当由一般的立法机构来制定，抑或此一职能是否可以委托于另一机构来实施。无论如何都是一个政治手段的问题。[24] 这与法治原则并不直接相关，却与以民主的方式控制政府的问题相关。这是因为委托立法（delegation of legislation）并不违背法治原则。显而易见，将制定这种规则的权力委托给地方立法机构，如省级议会或市政会议，无论从哪个角度来讲都是无从反对的。甚至将这种权力委托给某个非民选产生的权力机构，亦未必与法治相背离，只要这种权力机构在适用这些规则之前就将它们公布于众，从而使人们也能够以同样的方式要求该机构遵循这些规则。现代社会在广泛使用委托立法的方面所存在的困境，并不在于它所委托的是一种制定一般性规则的权力，而是在于行政机构实际上被赋予了一种毋需规则便可以行使强制的权力，因为它不可能制定出那些将明确指导其行使强制性权力的一般性规则。通常所谓的"立法权的委托"（delegation of lawmaking power），常常都不是制定规则权的委托（delegation of the power to make rules）——这可能是非民主的或政治上的不明智之举——而是赋予行政机构的决定以法律效力的权力的委托，所以这种具有法律效力的决定，就像立法机构制定的法律一般，也必须毫无疑问地为法院所接受。

6．上文所述将我们引入了一个在现代社会中至关重要的问题，亦即对行政自由裁量权（administrative discretion）施以法律限制的问题；而这就是那个"微小的漏洞"，如若处理不当，它将使"每个人的自由都迟早会丧失"。

关于这个问题的讨论，一直因"自由裁量权"（discretion）这一术语的意义含混不清而纷争不已。人们最初使用这个术语时，是指法官解释法律的一种权力。但是，这种解释规则的权力，并不是我们在这里所要讨论的那种自由裁量权。法官的任务在于从整个有效的法律规则体系的精神中，发现其间所蕴涵的各种意义，或在必要的时候，将那种先前并未得到法院明确陈述或先前并未得到立法者明确规定的原则当作一般性规则加以表述。尽管法官承担着解释规则的任务，但是这并不意味着法官拥有那种遵循自己意志去追求特定且具体目标的权力意义上的自由裁量权；关于这一要点，我们可见之于下述事实，即法官对法律的解释，通常来讲，还必须受制于某一更高级法院的审查。判断一项判决是严格遵循了规则，还是由法官根据自由裁量权作出的，最好的判断很可能是看该项判决之实质部分是否受制于另一个只通晓现行规则并了解该案事实的司法机构的审查。人们有可能对一项特定的法律解释发生争议，有时甚至不可能达致一个具有充分说服力的结论，但是，这并不能改变下述事实，即这种争议的解决必须诉诸规则，而绝不能凭据意志之专断。

另一种意义上的自由裁量权也同样与我们所指的自由裁量权无关，它所关注的乃是整个政府等级体系中委托人与代理人间的关系问题。从最高立法机构与各行政机关首脑间的关系直至以次各层官僚组织，每一层面都会发生这样的问题，即整个政府权力中的哪一部分权力应当委托给一具体的机构或一具体的官员的问题。由于这种将特定任务分派给特定机构的问题是根据法律决定的，所以个别机构有资格做何事的问题（亦即它被允许实施哪一部分政府权力的问题），也常被认为与自由裁量权问题相关。事实表明，首先，并不是所有的政府行为都必须受制于确定的规则；其次，在政府等级的每一个级别上，上级机构也都必须赋予下级机构以相当的自由裁量权。只要政府管理它自己的资源，它就具有极为充分的理由要求享有与任何商业企业在相同情形中所会要求享有的同样多的自由裁量权。一如戴雪所指出的，"政府在经营管理其自己的事务时，严格地讲，也需要有行动的自由，恰如每个个人在运作其自己的计划时必须拥有行动自由那般。"[25] 另一种可能的情况是，立法机构在限制行政机构自由裁量权方面常常会表现得过于积极，从而有可能阻碍行政机构的效率。这种情况在某种程度上讲可能是不可避免的；然而科层组织，较之商业活动，应当在更大的程度上受制于规则，这也很可能是必要的，因为行政机构并不具有商务活动通过利润而确立的那种效率标准。[26]

直接影响法治的自由裁量权的问题，并不是一个限制政府特定机构之权力的问题，而是一个限制整个政府之权力的问题。这是一个涉及整个行政范围的问题。任何人都不会否认这样一个事实，即政府为了有效地运用它所拥有的手段或资源，就必须行使大量的自由裁量权。但是需要重申的是，在法治之下，私人公民及其财产并不是政府行政的对象，也不是政府为了实现其目的而应加以运用的手段。因此，只是在行政干涉公民私域的时候，自由裁量权的问题才与我们的讨论相关。法治原则实际上意味着，行政机构在这方面不得享有任何自由裁量权。

的确，行政机构在法治下行事，也常常不得不行使自由裁量权，正如法官在解释法律时要行使自由裁量权一般。然而，这是一种能够且必须受到控制的自由裁量权，而控制方式便是由一个独立的法院对行政机构经由这种自由裁量权而形成的决定的实质内容进行审查。这意味着行政机构的决定必须能从法律的规则中推演出来，也必须能从法律所指涉的和能为有关当事人所知道的境况中推论出来。这就意味着，政府所拥有的专门知识、政府的即时性目的以及政府赋予不同的具体目标的特定价值（包括对不同的人所抱有的不同看法），都不得影响其决定。[27]

至此，读者如果想要理解自由在现代世界如何得以维续的问题，就还必须考虑法律上的一个颇为微妙的方面，因为它所具有的至关重要的意义常常为人们所不理解。在所有的文明国家中，都存在着这样的规定，即人们可以诉诸法院以对抗行政机构之裁定，但这通常仅指这样一个问题：行政机构是否有权作它已经作出的裁定。然而，一如上文所述，如果法律认为某个行政机构所做的每件事情都是合法的，那么法院对该机构的所作所为也就毫无约束可言。法治的要求却是，法院应当有权决定行政机构所采取的特定行动是否具有法律根据。换言之，在行政行动干涉个人私域的所有情形中，法院必须有权决定某一特定行动是否属于越权行动，而且还必须有权决定该项行政决定的实质内容是否符合有关法律的要求。只有当法院拥有这种权力的时候，行政自由裁量权才会被排除。

法治的这个要求，显然不能适用于行政机构力图运用其所拥有的手段以达致特定结果的行动。[28] 然而，私人公民及其财产，在这个意义上讲，不应当成为由政府支配的手段；这一点乃是法治的实质意义之所在。在强制只能根据一般性规则方得使用的场合，政府所采取的每一特定的强制行动的正当性，就必须源出于这样一种一般性规则。为了确保做到这一点，就有必要建立一个专门的机构：这个机构只关注规则的问题而不考虑政府的任何即时性目标，并且有权裁定另一个权力机构是否有权做它已做的事情，甚至还必须有权裁定该权力机构的所作所为是否符合法律的要求。

7．我们在这里所讨论的问题，人们有时也从立法与政策间的区别的角度加以讨论。如果政策这个术语能够得到确当的界定，那么我们就的确能够通过指出下述原则来表达我们的主要观点，即强制只有在其符合一般性法律时，而不是在其作为一种实现现行政策特定目标的手段时，才可以得到允许。然而，这样一种陈述方式，多少有些误导，因为"政策"这一术语还可以作更广义的使用。从此一术语的广义来看，所有的立法都可以被认为是政策。在这一意义上讲，立法乃是制定长期政策的主要手段，而所有适用法律的行为也都是对先已确定的政策的执行。

另一个容易引起混淆的根源乃是这样一个事实，即在法律自身的领域中，"公共政策"（public policy）一术语通常都被用来指称某些为人们广为接受的一般性原则；尽管这些原则通常都未被制定成规则，却被视作确认较为具体的规则之效力的原则。[29] 当人们说法律的政策在于保护善意或诚信（good faith）、维护公共秩序（public order）或不承认不道德的契约（contracts for immoral purposes）时，这里所指涉的规则，并不是根据行为规则加以陈述的规则，而是根据政府的某个长远的目的而加以陈述的规则。这就意味着，政府在其所被赋予的权力范围内，必须如此行事，方能实现它所设定的那个长远的目的。人们之所以在这些情形中使用"政策"这个术语，其原因似乎是他们认为，具体规定某个应予实现的目的乃是与视法律为一抽象规则的观念相冲突的。尽管这种观点可以解释实际情况，但显而易见的是，它却不无危险。

当政策意指政府对具体的且因时变化的目标的追求时，它便与立法构成了鲜明的区别。行政机构在很大程度上关注的正是对这种意义上的政策的执行。政府的任务就在于调动和配置其所掌管的资源，以服务于不断变化的社会需求。政府提供给公民的一切服务，从国防到道路维护，从环境卫生保障到维持社区的治安，都属于这类任务。为了使政府更好地履行这些任务，人们赋予了政府以一定的手段并允许它雇用由它自己支付工资的公务人员；此外，政府还必须始终一贯地就不断出现的紧急任务以及所应运用的手段作出决定。职业行政人员关注这类任务的取向，不可避免地会促使他们将其所能得到的一切资源或手段都用来服务于他们所追求的公共目标。在很大程度上讲，正是由于法治保护私人公民以对抗行政机构侵入私域这种日益发展的取向，所以法治才在当下具有了如此重要的意义。最后，这还意味着被委托执行这些特殊任务的机构，不能为了自己的目的而运用任何最高权力（德国人称其为"Hoheitsrechte"，即"主权"），而只能限于运用专门赋予它们的手段。

8. 在自由的统治下，一切未被一般性法律所明确限制的行动，均属于个人的自由领域。一如上文所述，人们发现，为了抵制行政权力机构的侵犯，保护某些较重要的私人权利是极为必要的；然而人们也深感担忧，因为宪法对一些权利的明确列举，可能被解释成只有这些权利才能享有宪法的专门保护。事实表明，这些担忧确有根据，绝非空穴来风。然而从整体上进，历史经验却似乎又证明了这样一个论点，即任何权利法案虽不可能穷尽所有应予保护的权利，但却对那些被认为易于受到侵损的权利提供了极为重要的保护。在当下，我们必须特别注意这样一个问题，即由于技术的发展不断对个人自由制造着新的潜在威胁，所以人们绝不应当视任何保护权利的法案业已穷尽了一切权利。[30] 在这个收音机和电视机的时代，自由获致信息的问题，已不再是出版自由的问题了。在这个药物或心理技术已能被用来控制人的行动的时代，自由支配自己身体的问题，也已不再是提供保护以抵制对人的肉体施以物理控制的问题了。当旅游者因其国家不同意向他们签发护照而无法出国旅游时，行动自由或迁徙自由（freedom of movement）的问题也都获得了新的意义。

　　当我们认识到我们还只是刚刚跨入这样一个时代（即用技术控制心智的可能性迅速增大而且那些初看上去对个人人身并无害处的支配力量将为政府控制的时代）的时候，上述问题就具有最为重要的意义，这是因为对个人自由的最大威胁很可能还在于未来。换言之，当权力机关为了自己的目的，能够通过在我们的饮用水中掺入一定的药物或通过其他与之类似的方法，来鼓舞或压抑、刺激或固化全体民众的思想的时候，这样的日子亦就不会太遥远了。[31] 如果欲使权利法案保有其意义，那么我们现在就必须清醒地认识到，权利法案的意图一定在于保护个人以反对一切对个人自由作出的重大侵犯，从而它们必须被推定载有一条保护个人在过去实际上所享有的那些豁免权以对抗政府干预的一般性条款。

　　最后，对某些基本权利从法律上作出的保障，只是宪政对个人自由所提供的一部分保障措施，而且这些措施为反对从立法上侵犯自由的做法所能提供的保障，也不可能大于宪法本身所能提供的保障。一如我们所见，它们所能防阻的只是那些草率的且不明智的即时性立法行动，然却无力防阻最高立法者经由审慎思考而对权利进行的侵犯。能够抵抗这种现象的唯一保障，就是公共舆论明确意识到这类危险的存在并对之保有高度的警省。这类法律上的保护性规定之所以重要，主要是因为它们能使公众牢牢记住这些个人权利的价值，而且还能够使这些权利成为民众即使未充分理解其意义亦会起而捍卫的政治纲领的一部分。

9．我们在上文对个人自由诸种保障措施所作的讨论，可能会给读者留下这么一个印象，即我们似乎将这些个人自由视作了不可侵犯的绝对权利（absolute rights）。事实上，这些保障措施只是意指，社会的正常运行是以它们为基础的，而且任何侵犯这些权利的做法都要求有充分的特殊理由。然而，甚至连一个自由社会的最为基本的原则有时候也不得不作出暂时的牺牲，例如，当（但也仅仅是当）长期维持自由已成为问题的时候，比如说战争时期。关于政府在这类情形中运用这种非常时期的权力（emergency powers）的必要性（以及防止这些权力被滥用的必要性），人们已经达成了广泛一致的意见。

我们需要进一步考虑的并不是那些通过中止人身保护状（habeascorpus）或宣布戒严状态（a state of siege）以暂时取消某些公民自由（civil liberties）的必要性问题，而是个人或群体的特定权利偶尔因公共利益而需加以干预的某些条件。毋庸置疑的是，甚至诸如言论自由（freedom of speech）这样的基本权利，在"明显而急迫的危险"状态中也可能不得不被剥夺，或者政府为了强制购买土地而不得不行使征用权（the right of eminent domain），等等。但是，如果要维持法治，那么我们就必须指出，首先，这类行动必须是由规则所界定的例外情形，从而对这些行动的证明就不能立基于任何权力机关的专断性决定，而应当受制于独立的法院的审查；第二，还有必要指出的是，绝不能使那些受这些行动影响的个人因他们所具有的合法期望受挫而遭到伤害，而应当对他们因这种行动所蒙受的损失给予充分的补偿。

"无正当补偿便不能剥夺"(no expropriation without just compensation)的原则，在任何实行法治的地方都得到了承认。然而，人们并不总是能够认识到，这项原则实际上是法律至上原则(the principle of the supremacy of the law)的不可分割且不可或缺的一部分。当然，这项原则也是正义的要求所在；但是更为重要的一项保障措施则是，只有在公共收益明显大于个人因正常期望受挫而蒙受的损害的情形中，才能允许对私域予以上述必要的干预。主张对损失进行完全补偿的主要目的，乃在于对这类侵犯私域的行动施以制约，并提供一种手段，以使人们能够确定某个特定目的是否已重要到了足可以证明为实现这个目的而对社会正常运行赖以为基础的原则进行破例为正当。由于对政府行动所具有的常常是无形的助益进行评估甚为困难，又由于专职行政人员明显倾向于高估即时性特定目的的重要性，所以采取下述做法就极为可欲，即私有财产的所有者应当始终被假定为是无辜的(the benefit of the doubt)，而且对侵害的补偿应当被确定得尽可能的高，以堵塞滥用剥夺权力之门。综而言之，如果要对一正常的规则施以例外，那么相关的公共收益就必须是显见的，且在实质上大于其所导致的损失。

10. 在上文的讨论中，我们业已列举了综合起来方能构成法治的一些基本要素，却还未考虑那些程序性的保障措施，例如人身保护状、陪审团制度等措施；然而，在盎格鲁—撒克逊诸国，这些措施则被大多数人视作个人自由的主要基础。[32] 据此，英美的读者很可能会认为我是在本末倒置，只关注小节而忽略了根本。然而，我必须指出，这是我经过深思熟虑的结果。

我无意以任何方式轻蔑这些程序性保障措施的重要意义，而且它们在保障自由方面的价值也绝非什么夸大之词。但是，需要指出的是，尽管人们已经普遍认识到了这些措施的重要性，然而他们却并没有理解，这些程序性保障措施的效力实是以接受本书所界定的法治为前提的；这即意味着，没有法治，任何程序性保障措施的价值亦将不存在。诚然，很可能正是对这些程序性保障措施的尊重，才使得英语世界能够将中世纪的法治观念维持下来。然而，我们却不能够因此而证明说，在对约束权力当局一切行动的抽象法律规则的基本信念发生动摇的时候，自由还将得到维持。司法程式所旨在确保的乃是法院必须根据规则而不能根据特定目的或价值的相对可欲性来进行判决。所有的司法程序规则，即所有旨在保护个人和确保司法公允（impartiality of justice）的原则，亦都是以下述原则为前提的，即个人之间的每一争议或个人与国家之间的每一争议，只能通过适用一般性法律进行裁定。这些司法程序规则的目的，在于使一般性法律得以普遍适用，但是在法律刻意将审判交由权力机关自由裁量的场合下，它们却无力保障公允。只有在根据法律进行审判的情形下——这意味着只有在独立的法院具有最终裁定权的场合下——程序性保障才是对自由的保障。

我在这里之所以将主要关注点集中在那种被种种传统制度设定为前提的基本的法律观念上，实是因为在我看来，那种认为遵循司法程序的外部形式就足以维持法治的观念，实是对法治维续的最大威胁。我并不怀疑，而毋宁是希望强调，对法治的信奉与对司法程式的尊重结合起来方能产生作用，二者相依相伴，缺一不可，否则任何一方都不可能有效。但是，当下受到主要威胁的乃是法治观念，而且正是那种认为法治能够经由严格遵循司法程式而得到维续的幻想，构成了威胁法治观念的主要渊源之一。"将司法程序的形式和规则置于它们并不应当归属的地方，实不可能拯救社会。"[33] 在缺乏司法审判之基本条件的地方，却用司法形式作为装饰，或者赋予法官以权力去审判那些并不能够通过适用规则加以审判的问题，根本不可能有助益于维续法治观念和司法程序信念，相反，只能摧毁人们对它们的尊重，甚至在应当尊重它们的场合亦无例外。

原注：

本章篇首的文字，引自塞尔登（John Selden）的演讲稿（"Proceedings in Parliament Relating to the Liberty of the Subject，1627—1628"），载于 T. B. Howell，*A Complete Collection of State Trials*（London，1816），III，170。

[1] 晚近讨论法治含义的文献极多，我在这里仅能开列一些较重要的参考文献：C. K. Allen，*Law and Orders*（London，1945）；Ernest Barker，"The 'Rule of Law'"，*Political Quarterly*，Vol，I（1914），重印于其所发表的论集：*Church, State, and Study*（London，1930）；H.H.L.Bellot，"The Rule of Law"，*Quarterly Review* Vol. CCXLVI（1926）；R. G. Collingwood，*The New Leviathan*（Oxford: Oxford University Press, 1942），chap. 39; John Dickinson，*Administrative Justice and the Supremacy of Law in the United Statse*（Cambridge: Harvard University Press, 1927）；C. J. Friedrich，*Constitutional Government and Democracy*（Boston，1941）；Frank J. Goodnow，*Politics and Administration*（New York，1900）；A. N. Holcombe, *The Foundations of the Modern Commonwealth*（New York 1923），chap, 11；Harry W. Jones. "The Rule of Law and the Welfare State"，*Columbia Law Rcview*. Vol. LVIII（1958）；Walter Lippmann，*An Inquiry into the Principles of the Good. Society*（Boston，1937）；H.H. Lurton，"A Government of Law of a Governmeot of Men"，*North American Review*, Vol. CXCIII（1911）；C.H.Mcllwain，"Government by Law"，*Foreign Affairs*, Vol. XIV（1936），重印于其所发表的论集：*Constitutionalism and the Changing World*（Cambridge; Cambridge University Press, 1939）；F. L. Neumann，*The Democratic and the Authoritarian State*（Glencoe，IIII.，1957）；J. R. Pennock，*Administration and the Rule of Law*（New York, 1941）；Roscod Pound. "Rule of Law"，*E. S. S.*，Vol. XIII（1934），和 "The Rule of Law and the Modern Social Welfare State"，*Vanderbilt Law Review*, Vol. VII（1953）；F. G. Wilson, *The Elements of Modern Politics*（New York，1936）；又请参阅：*Rule of Law; A Study by the Inns of Court Conservative and Unionist Society*（London: Conservative Political Centre，1955）。

M. Leroy, *La Loi: Essai sur la thcorie de l'autorite dans la democatie*（Paris，1908）；A. Pioot，"L'Etat fonde sur le droit et le droitpenal"，*Actes de la Societe Suisse de Juristes*（Basel，1944）；M. Waline *L'lndividualisme et le droit*（Paris, 1949）。

Cart Schmitt 在希特勒政权统治下的所作所为，并没有变更这样一个事实，即在现代德国学者讨论这个问题的文献当中. 他的论著依旧是最具学识且最富洞见力的；尤请参见其所著 *Verfassungslehre*（Munich, 1929）和 *Der Huter der Verfassung*（Tubingen, 1931）。就纳粹国家诞生以前的思想而言，下述文献亦具有同等重要的意义：H. Heller，*Rechisstaat oder Diktatur*？（Tubingen，1930）和 *Staatslehre*（Leiden，1934）；和 F.Darmstadter，*Die Grenten der Wirksamkeit des Rechtsstaates*（Heidelberg，1930），以及 *Rechisstaat oder Machtstaat*？（Betlin，1932）。请参阅 John H.Hallowell, *The Decline of Liberalism as an Idcology*（Berkeley: University of Califomia Press，1943）。关于战后的德国文献，尤请参见 F.Bohm，"Freiheitsordnung und soziale Frage"，in *Grundsatzfragen der Wirtschaftsordnung*（"Wirtschaft-swis-senschaftliche Abhandlungen"，Vol. Il [Berlin. 1954]）；C.F.Menger，*Der Begriff des sozialen Rechtsstaates im Bonner Grundgesetz*（Tubingen，1953）；R.Lange，*Der Rechtsstaat als Zentralbegriff der neuesten Strafrechtsentwicknung*（Tubigen. 1952）；*Recht, Staat, Wirtschaft*, ed. H. Wandersleb（4vols.; Stuttgart and Colognè，1949-1953）；以及 R.Marcic，*Vom Gesetzesstaat zum Richterstaat*（Vienna. 1957）。

在主要讨论民主与法治国关系的方面，具有特殊重要意义的是瑞士学者在这一领域所做的重大贡献。他们在很大程度上受 F. Fleiner 和他的学生及继承者 Z.Giacometti 的影响。这种影响始于 Fiener 所著 *Schweizerisches Bundesstaatsrecht* [Tubingen, 1923；new ed. by Z.Gicaometti (1949)] 以及 *Institutionen des deutschen Verwaltungsrechts* (8th ed.；Tubingen. 1928). 请参见 Z. Giacometti, *Die Verfassungsgerichtsbarkeit des schweizerischen Bundesgerichtes* (Zurich，1933)，以及专门献给他的那一卷书：*Demokratie und Rechtsstaat* (Zurich. 1953)，尤其是由 W.Kagi 所撰的论著；R. Baumlin, *Die rechtsstaatliche Demokratie* (Zurich，1954)；R. H. Grossmann, *Diestaats und rechtsideologischen Grundlage der Verfassungsgerichtsbarkeit in den U. S. A. und der Schweiz* (Zurich, 1948)；W. Kagi, *Die Vcrfassung als rechtliche Grundordnung des Staates* (Zurich, 1945)；以及 *Die Freiheit des Burgers im schweizerschen Recht*, by various authors (Zurich. 1948)。又参阅 C. H. F. Polak, *Ordening en Rechtsstaat*(Zwollh, 1951)；L. Legaz y Lacambra, "El Estado de derecbo"，*Revista de administration publica*，Vol. VI (1951)；F.Battaglia, "Stato etico estato di diritto"，*Rivista internazionale difilosofia di diritto*, Vo1. XII (1937)；以及 *Internationa Commission of Jurists, Report of the International Congress of Jurists*，Athens 1955 (The Hague, 1956)。

[2] 晚近对真正自由的制度中这一基本原则做出较为明确论述的文字，见之于 *Neurnana*，上引书，p. 31："干涉个人所保有的权利，除非根据一般性法律，否则绝不能允许，即使根据个别性法规也不行；而这正是自由主义最为重要且可能最具决定意义的要求"；他在同一著作的第 166 页中又指出，"因此，自由的法律传统所依据的乃是一极为简单的原则，即只要国家能够根据一般性法律证明其主张为正当，它就可以干涉个人权利；所谓一般性法律，则是那些可以调整在未来发生的不确定的任何案件的法律；这种一般性法律并不包括溯及既往的法律，而且还要求将立法职能与司法职能相分立"。又参阅本书第十三章注释 [12] 中的引文。如果我们将前一世纪下半叶的两种典型论点加以比较，那么我们就能明确发现侧重点的变化；因为随着法律实证主义的兴起，前此的原则便失去了效力。A. Esmein, *Elements de droit constitationnel francais et compare* (1896) (7th ed. rev. by H. Nezard [Paris, 1921], I. 22)，认为自由的实质在于通过 "des regles fixes, connues d'avance. qui, dans le cas donne, dicteront au souverain sa decision" 这一原则而对权力施以限制。然而，对于 G. Jellinek 来讲，*System der subjektiven offentlichen Rechte* (Freiburg, 1892)，"alle Freiheir ist einfach Freiheir von gesetzwidrigem Zwange" 在前一种陈述中，这种强制只有根据法律的要求才是被允许的，然而在第二种陈述中，法律并不禁止任何强制！

[3] H.Stoll, "Rechtsstaatsidee und Privatrechtslehre"，*Iherings Jahrbucher fur die Dogmatik des burgerlichen Rechts*, LXXVI (1926)，尤其是 193—204。

[4] 请参阅培根（Francis Bacon）的观点，"最高和绝对的权力，并不会自行终止；而且从权力的性质来讲，只要这种权力是可以撤回的，那么它就是不确定的"（转引自 C.H.Mcllwain, *The High Court of Parliament* [New Haven：Yale University Press，1910]）。

[5] 参见 G.Jeilinek, *Die rechtliche Natur der Staatenvertrage* (Vienna, 1880), p.3 和 Hans Kelsen, *Hauptprcbleme der Staatsrechtslehre* (Tubingen, 1911), pp.50 以下；参阅 B.Winkler. *Principiorum juris libri V* (Leipzig, 1650)；"In tota jurisprudentia nihil est quod minus legaiter tractari possit quam ipsa principla"。

[6] 请参阅 F. Fleiner, *Tradition, Dogma, Entwicklung als aufbauende Krafte derschweizerischen Demokratie* (Zurich, 1933)，重印于 *Ausgewahlte Schriften und Reden* (Zurich, 1941)；以及 L . Duguit, *Traite de droit constitutionnel* (2d ed.；Paris, 1921), p.408。

[7] 似乎正是对这个问题的误解，使得 Lionel Robblns（"Freedom and Order"，载 *Economics and Public Policy*，Brookings Lectures，1954，Washington，D C.，1955，p.153）颇感忧虑，从而认为，"我们应当否弃这样一种政府观，而对之不予考虑，因为这种观点离题太远，毫不着边际；这种政府观竟然主张，应对政府严加限制，使其只能实施众所周知的法律，而且还必须放弃其主动创制和自由裁量的职能，尽管对于这种职能，不可能不存在争议和误解"；Robbins 的这种观点显然是对我们立场的简单化处理，并将我们的立场置于一种啼笑皆非的境地。

[8] 请参阅 S.Glaser，"Nullum crimen sine lege"，*Journal of Comparative Legislation and International Law*，3d Ser.，Vol.XXIV（1942）；H.B.Gerland，"Nulla poena sine lege"，载 *Die Grundrechte und Grundpflichten der Reichsverfassung*，Vol. I（Berlin，1929）；J.Hall，"Nulla poena，sine lege"，*Yale Law Journal*，Vol.XLVII（1937-1938）；De la Morandiere，*De la regle nulla poena sine lege*（Paris，1910）；A.Schottlander，*Die geschichtliche Enlwicklung des Satzes: Nulla poena sine lege* ["Strafrechtliche Abhandlungen"，Vol.CXXXII（Breslau，1911）]；and O. Giacchi，"Precedenti canonistici del principio 'Nullum crimen sine proevia lege penali'"，载 *Studi in onore di F.Scaduio*，Vol.I（Milan，1936）。关于将这一原则视作法治之首要条件的观点，请参见 Dicey，Constitution，p.187。

[9] 尤请参见 Carl Schmitt，*Unabhangigkeit der Richter*，*Gleichheit vordem Gesetz und Gewahrleistung des Privateigentums nach der Weimare Ver fassung*（Berlin，1926）和 *Verfassungslehre*。

[10] 关于这种区别，请参见 P.Laband，*Staatsrecht des deutshen Reiches*（5th ed.；Tubingen，1911-1914），54-56；E.Seligmann，*Der Begrtiff des Gesetxes immateriellen und formellen Sinn*（Berlin，1886）；A.Haenel，*Studien zum deutschen Staatsrechte*，Vol，II；*Gesetz im formellen und materiellen Sinne*（Leipzig，1888）；Duguit，上引书，and R.Carre de Malberg，*La Loi：Expression de la volonte generae*（Paris，1931）。

仅就这一问题而言，一系列美国宪法案例也具有极为重要的意义，但是囿于篇幅，我在这里只能引证其中的两个案例。最为著名的观点很可能是由 Mathew 法官在 *Hurtado v.California*（110 U. S.，p. 535）一案中提出的，"并不是每一项具有立法形式的规定，都是法律。法律也不只是那种作为具有强力的条例（acts of power）而加以实施的意志。法律并不是那种针对某一特定的人或某一特定的情形的特殊规则，而是，套用 Webster 先生所提出的定义，'一般性法律，亦即那种先受理案件然后才判案、先进行调查并只在审理案件之后才做出判决的法律'，因此，'每个公民将在治理社会的一般性规则的保护下，保有其生命、自由、财产和豁免权'，从而也将所有不符合法律的正当程序的条件和规定都排除在一般性法律之外，它们包括：剥夺公民权利的法案、关于特别处罪的议会制定法案（bills of pains and penalties）、没收法令、推翻判决的法令和直接将一人的财产给予另一人的法令、立法性判决和敕令（legislative judgmenls and decrees），以及其他类似的在立法形式下对特殊的、有失公允的和专断的权力的行使。专断性权力绝非法律，因为它强行实施律令而损害了人民的福利或财产，而不论这类律令是由君王个人颁发的，还是经由非人格的多数表决颁布的。更有甚者，由我们的宪法性法律所规定的对联邦政府或州政府行动的种种限制，对于维护公权和私人权利来说都是至关重要的，尽管我们的政治制度具有着代议性质。根据司法程序而实施这些限制性措施，乃是自治的社区为了保护个人的权利或少数的权利的工具，以对抗多数的权力，或对抗超越合法权力限度的公共机构的暴力，甚至当它以政府强制的名义或运用政府的强制时也是如此。"又请参阅法官于晚近在 *State v.Boloff* 一案（*Oregon Reports*138，1932，p. 611）中所做的论述，"一项立法性条例之所以能创造出一项适用于所有人的规则，乃是因为它不是针对某个个人所发布的命令或指令，它是一种恒久的，而不是一种暂时的规则。法律的适用也是普遍的，因此它不是针对或涉及某个特定个人的即时性命令。"

[11] 参见 W. Bagehot. *The English* Constitution（1867），载 *Works*，V. 255-256，他在这本书中指出，"的确，有一大堆立法，用法理学的语言来说，实际上根本不是立法。一项法律乃是一种适用于许多种情形的一般性命令。充斥于法典且令议会专门委员会颇感烦恼的'特殊条例'，却只能适用于一种情形。例如，这些特殊条例并不规定铁路建设所须依据的一般性规则，而只是规定从此处到彼处建造一条铁路，而且亦不调整任何其他事务。"在今天，这种趋势已极为兴盛，致使一位杰出的英国法官不能不追问，"我们是否已经到了这样一个时代，即我们必须为'制定法'（statute law）寻找另一个名称，而不再称其为'法律'（law）？我们或许可以称其为'依附法'（para-law），甚或'次级法'（sub-law）"（Lord Radcliffe，*Law and the Democratic State*，Holdsworth Lecture，Birmingham：University of Birmingham，1955，p.4）。又请参阅 H. Jabrreisss，*Mensch und staat*（Cologne，1957）. p.15："我们应当好好考虑一下，今后，我们是否应当仅仅把这类准则和支撑这类准则的惩罚威胁纳入'法律'这个令人敬畏的名称之下。这些准则和威胁能使每个人都意识到法律的存在。人们认为只有这些准则才是法律！其他的一切规定——这些真正的法律的技术方面的细节，或者那些独立的临时法规——即使它们是立法机关制定的，也应该从形式上归入另一名称，比如说属于'制定令'或充其量是一种不具刑事裁判特点的制裁。"

[12] 设想这样一种发展方案，颇有意思：即一方面下议院能够有效地主张对公共开支的排他性控制，从而在实际上对行政进行控制，而上议院则能有效地获致制定一般性法律（其中包括对私人课税所赖以为基础的诸原则）的排他性权力。根据这一原则而将两个立法机构的职能做如此的划分，不曾有过任何尝试，但却完全值得考虑。

[13] 参见 H. W. Wade，"The Concept of Legal Certainty"，*Modern Law Review*，Vol. IV（1941）；H. Jahrreiss，*Berechenbarkeit und Recht*（Leipzig，1927）；C. A. Emge，*Sicherheit und Gerechtigkeit*（"Abhandlungen der Preussischen Akademieder Wissenschaften Phil. -hist. Klasse"，No. 9［1940］）；以及 P. Roubie，*Theoriegenerale du droit*（Paris，1946），尤其是 pp. 269 以次。

[14] 请参阅 G. Phillips，"The Rule of Law"，*Journal of Comparative Legislation*，Vol. XVI（1934），以及其中所引证的文献。然而也请参见 Montesquieu，*Spirit of the laws*，VI，2，以及 Max Weber 所做的广泛的讨论：*Law in Economy and Society*，ed. M. Rheinstein（Cambridge：Harvard University Press，1954）；又参阅 Neumann，上引文，p.40。

[15] 令人困惑不解的是，正是那些强调法律之不确定性的人，也常常将司法审判之可预见性视作法律科学的唯一目的。如果法律一如那些论者有时指出的那般不确定，那么根据他们自己的观点，便根本不存在什么法律科学了。

[16] 请参阅 Rosooe Pound，"Why Law Day？" *Harvard Law School Bulletin*，X，NO. 3（December, 1958），4，"法律之根本且恒久的部分，存在于它的原则——推理的出发点——之中，而并不存在于其规则之中。相对而言，原则维续于恒定，或者说依恒定路线而发展。相对而言，规则只适用于一时。它们一般不会发展，它们会随时被废除，并为其他规则所替代。"

[17] 参见 E. H. Levi, *An lntroduction to Legal Reasoning* (Chicago: University of Chicago Press, 1949)。

[18] 请参阅 R. Bruner, *Le Principe d'egalite en droit francais* (Paris. 1910)；M. Rumelin, *Die Gleichheit vor dem Gesetz* (Tubingen, 1928)；O. Mainzer, *Gleichheit vor dem Gesetz, Gerechtigkeit und Recht* (Berlin, 1929)；E. Kaufmann and H. Nawiasky, *Die Gleicheit vor dem Gesetz im Sinne des Art*, 109 *der Reichsverfassung* ["Veroffentlichungen der Vereinigung deutscher Staatsrechtslehr", No. 33 (Berlin, 1927)]；G. Leibholz, *Die Gleichheit vor dem Gesetz* (Berlin, 1925)；Hans Nef, *Gleichheit und Gerechtigkeit* (Zurich, 194)；H. P. Ipsen, "Gleichheit", 载 *Die Grundrechte*, ed. F. L. Neumann, H. C. Nippendey, and U. Scheuner, Vol, II (Berlin, 1954)；以及 E. L. Llorens, *La Igualdad ante la Ley* (Murcia, 1934)。

[19] G. Haberler 在其所著 *The Theory of International Trade* (London, 1936, p. 339) 一书中给出了另一领域的一个范例：根据一般性的规定，可以规避"无差别待遇规则"（non-discrimination rule）；这个领域就是 1902 年的德国关税法（该法在 1936 年仍旧有效）。为了规避最惠国的义务，此税法规定了一种特殊的税率。

[20] 请参阅 Art. 4 of the Swiss Federal Constitution："立法者必须就他所提出的差别待遇提供客观的根据，这就是说，它们必须以对事物本质所做的理性的和认真的理解为根据，或者说，立法者只有通过这种类分，方能正确评价有关的生活关系的内在目标和内在秩序。"

[21] L. Duguit, *Manuel de droit constitutionnel* (3d ed.；Paris, 1918). p. 96.

[22] 这个观点深入触及了另一个问题，即欧洲大陆法律赋予"公"法以一种完全不同于"私"法性质的性质，这是否与盎格鲁-撒克逊意义上的法治下的自由相容。尽管欧洲大陆法律这样一种界分从某种角度上讲颇有作用，但是它却促使调整个人与国家间关系的法律具有了完全不同于调整个人间关系的法律的性质，然而法治的实质意义则似乎认为这样一种性质应当在公法和私法领域完全相同。

[23] 参见 W. S. Holdsworth 对 A.V. Dicey 所著 *Constitution* 一书第九版所做的评论，载于 *Law Quarterly Review*. Vol. LV (1939)；这项评论可以说是英国学者于晚近对传统法治观念所做的权威论述之一，颇值得做详尽的研究，但是囿于篇幅，我们在这里只能引证其中的一段文字，"法治，无论是在过去还是在今天，都极具价值，因为法治意味着，法院须确使行政官员的权力和掌管政府的官方机构的权力不得超越权限，也不得被滥用；它还意味着，法院须确使公民的权利得根据制定法和不成文法来进行裁定。法院的管辖权一旦被取消，而同时又赋予了官员或官方机构以一种纯粹行政的自由裁量权（a purely administrative discretion），那么法治也就荡然无存。但是，如果官员或官方机构被赋予一种司法或准司法的自由裁量权（a judicial or quasi-judicial discretion），那么法治便不会被废止，尽管适用规则的机构并不是法院机构。"又参阅 A. T. Vanderbilt, *The Doctrine of the Separation of Powers and Its Present-Day Significance* (Omaha: university of Nebraska Press, 1953)。

[24] 参见 C. T. Carr, *Delegated Legislation* (Cambridge: Cambridge University Press, 1921)；Allen, 上引书；以及收集在 *Die uebertragung rechtssetzender Gewalt im Rechtsstaat* (Frankfort, 1952) 一书中的不同学者所做的研究。

[25] A. V. Dicey, "The Development of Administrative Law in England", *Law Quarterly Review*, XXXXI (1915) 150.

[26] 参见 L. von Mises. *Bureaucracy* (New Haven：Yale University Press. 1944)。

[27] 参见 E. Freun, *Administrative Powers over Persons and Property* (Chicago？University of Chicago Press, 1928), pp. 71 以次；R. F. Fuchs, "Concepts and Policies in Anglo-American Administrative Law Theory", *Yale Law Journal* Vol, XLVII (1938)；R. M. Cooper, "Administrative Justice and the Role of Discretion", *Yale Law Journal* Vol. XLVII (1938)；M. R. Cohen, "Rule versus Discretion", *Journal of Philosophy*, Vol. XII (1914)，重印于 *Law and the Social Order* (New York, 1933)；F. Morstein Marx, "Comparative Administrative Law：A Note on Review of Discretion", *University of Pennsylvnia Law Review*, Vol. LXXXVII (1938-1939)；G. E.Treves "Administrative Discretion and Judicial Control", *Modern Law Review*. Vol. X (1947)；R. von Laun *Das freie Ermessen und seine Grenzen* (Leipzing and Vienna, 1910)；P. Oertmann, *Die staatsburgerliche Freiheit und das freie Ermessen* ("Gehe Stiftung", Vol JV) (Leipzig, 1912)；F. Tezner, *Das freie Ermessen der Verwaltungsbehorden* (Vienna, 1924)；C. F. Menger, *System des verwaltungsrechtlichen Rechtschutzes* (Tuibingen, 1954)；以及本书第十三章注释 [14] 中所引证的 P. Alexeef 的论文。

[28] 参见 E. Bodenheimer 在其所著 *Jurisprudence* (New York and London, 1940, p.95) 一书中就法律与行政关系所做的极富洞见力的讨论，"法律所主要关注的是权利，而行政所主要关注的是结果。法律有助益于自由和安全，而行政则增进效率和加速决策。"

[29] 关于这个问题，请参见 D. Lloyd, *Public Policy* (London, 1953)；又参阅 H. H. Todsen, *Der Gesichtspunkt der Public Policy im englischen recht* (Hamburg, 1937)。

[30] Z. Giacommetti. *Die Freiheitsrechtskataloge als Kodifikation der Freiheit* (Zurich, 1955)；又参阅 M. Hauriou, *Precis de droit constitutionnelu* (2d ed.；Paris, 1929), p. 625, 以及 F. Battaglia, *Le Carte dei diritti* (2d ed.；Florence. 1946)。

[31] 对那些在我们看来颇为惊恐的事态，有一些人却并不感到太过悲观，请参见 Aldous Huxley, *Brave New World* (London, 1932), 和 *Brave New World Revisited* (London, 1958)；更令人惊讶者（因为它并不旨在给出警告，而是试图阐释一种"科学的"理想），请参见 B. F. Skinner, *Walden Two* (New York, 1948)。

[32] 请参阅 A. T. Vanderbilt, "The Role of Procedure in the Protection of Freedom", *Conference on Freedom and the Law* ("University of Chicago Law School Conference Series", Vol. XIII [1953])；又请参阅 Mr. Justice Frankfurter 常为人们所引证的说法，"自由的历史，在很大程度上乃是一遵守程序性保障的历史" (*McNabb v. United States*. 318 U. S. 332, 347 [1943])。

[33] Lord Radcliffe, *Law and the Democratic State*，一如上文注释 [11] 中所引证者。关于美国的情形，请参见 R. G. McCloskey 所撰的重要论文："American Political Thought and the Study of Politics", *American Political Science Review*, Vol. LI (1957). 尤其是第 126 页上对美国法院的考察；他指出，美国法院"普遍关注程序的精确性，同时对自由的实质性限制却给予相当大的容忍。……美国人对程序性权利的关注，远较其对实质性自由的关注更为深切和执著。的确，就这种趋势的扩展而言，事实上也表明，从显见的自由的意义言之（在这里，自由乃指思想、言论和行动无阻碍），它们在美国的政治价值序列中，并不占有最重要的地位"。但是，人们似乎也越来越清醒地意识到了这种危险，关于这个问题，请参见 Allan Keith-Lucas 的精彩讨论：*Decisions about People in Need：A Study of Administrative Responsiveness in Public Assistance* (Chapel：Hill：University

of North Carolina Press. 1957），p. 156，他在该文中指出，"仅依靠程序以达致正义，乃是现代自由主义的谬误。而正是这种谬误使希特勒那种全权性政权获得形式合法性具有了可能。"

（选自 [英] 弗里德里希·冯·哈耶克《自由秩序原理》第十四章，邓正来译）

第二十四讲　法治需要什么样的法律？

[意] 布鲁诺·莱奥尼

布鲁诺·莱奥尼（Bruno Leoni，1913—1967），意大利古典自由主义政治哲学家和律师。自 1942 年起至去世，一直任教于 Pavia 大学，曾主编 *Il Politico*，也担任过全球自由主义知识分子的组织——朝圣山学社的秘书和主席。其最著名的著作是《自由与法律》（*Freedom and the Law*，1961），为法官造法辩护，批评当代人把法律等同于议会立法的观点，这一观念也对哈耶克产生了影响。他也被认为是法律经济学的创始人之一。

法治需要什么样的法律?

[意] 布鲁诺·莱奥尼

【编者按:莱奥尼提出了一个十分深刻的问题:君主专制时代破坏法治的经常是君主的专断意志,在民主时代,则经常是议会的多数意志。很多法律的目的是增进一个群体的利益,不惜为此牺牲另一个人的利益。这样的立法,当然不合乎法治原则。】

古希腊人所持有的法律的确定性概念,说的是成文法的确定性。我们这儿尽管不直接涉及历史研究问题,但古希腊人,尤其是较早时期的古希腊人也曾经持有习惯法或更一般意义上的未成文法的观念,这一点是相当有意思的。亚里士多德本人就曾谈到过后一种法律。不应该把这些法律概念与晚近以来的法律概念混淆,近人认为,法律就是成文规章的总和,而在公元前 5 世纪和前 4 世纪,"法则"(nomos)一词所呈现的,正是这种意思。然而,古希腊人在其历史鼎盛时期,也曾一度厌烦过下面的想法:法律就是由雅典公民大会之类的立法机构起草和颁布的法律。

就这一问题而言,古希腊的例子特别切题,这不仅因为他们是后来西方国家所实行的政治制度的始创者,也因为绝大多数古希腊人,尤其是雅典人,真诚地热爱政治自由,而他们所说的政治自由,我们完全能够理解，与我们的政治自由概念完全一致。举例来说，修昔底德让伯里克利在其纪念伯罗奔尼撒战争中死难的雅典将士、水手的仪式上发表的著名的《葬礼演说》(*Funeral Oration*) 中所说的话，后来被杰斐逊、托克维尔、约翰·斯图亚特·密尔、阿克顿勋爵、斯宾塞等近代鼓吹自由的政治理想的代表人物一字不动地再三重述。对于修昔底德为复述伯里克利的讲话而利用的历史材料的真实性，人们一直争论不休。然而，即使我们承认，这篇讲话并非出自伯里克利之口，而是修昔底德本人杜撰的，如果考虑到雅典人的情感和他那个时代的环境，则我们也得承认，修昔底德的权威性，丝毫也不下于伯里克利。在克劳利 (Crawley) 的英文译文中，修昔底德记载说，伯里克利用下面的词句来描绘公元前 5 世纪中叶雅典的政治、社会制度：

> 我们的政体 (constitution) 不是照搬邻国的法律。相反，他人倒是将我们看作模仿的榜样。我们的政体保护多数而不是少数，正因为此，它被称为民主制度。看看我们的法律，在私人发生争执的时候，对所有人一律公正相待；在我们的社会中，决定一个人在公共生活中的地位的，是他的能力是否出众，我们不允许阶级因素妨碍我们按功行赏。贫穷不再能挡住一个人上进之路。如果一个人有服务国家的才干，那么，境遇再恶劣也不能妨碍他。我们在治理城邦时所享有的自由，也扩展到我们的日常生活中。在这里，我们绝不会彼此小心戒备，互相监视，我们绝不会因为我们的邻人按自己的意愿行事，甚至做一些看起来可能伤害他人、我们不能不讨厌的事而火冒三丈，当然，他们会因此而遭受不轻的惩罚。然而，在私人生活中这样的自由自在，并没有使我们作为公民时无视法律。相反，恐惧是我们的主要卫士，它教导我们要尊敬执法官 (magistrates)，遵守法律，尤其是那些涉及保护受害人的法律，不管这些法律是不是明明白白地写在法令公文上或者属于法典，即使不成文的法律，如果有人违反，他

也会成为千夫所指。[①]

体现在伯里克利讲话中的古希腊人的这种自由观念，与我们当代的自由观念十分相近，我们认为，自由，就是最大限度地不受他人，包括政府，对我们的私人活动施加的强制之约束。库朗热（Fustel de Coulanges）等学者一直认为，古代希腊人赋予"自由"一词的含义，不可能具有我们今天赋予该词的含义。不过，这种想法近来已经得到成功的修正。比如，一本出自加拿大学者哈夫罗克教授之手，题为《希腊政治中的自由神殿》（Eric A.Havelock, *The Liberal Temper in Greek Politics*, 1957）的书，其宗旨就是证明，很多比柏拉图和亚里士多德名气要小的古希腊思想家，对于与"奴役"（bondage）一词相对立的政治自由之理念的发展，作出了值得高度赞赏的贡献。这本书得出的一个结论是：古希腊人所说的自由，并不是"免于匮乏的自由"，而是免于他人强制之自由。德谟克利特在一段残篇中说过的一段话一直保存到今天："在民主制度下的贫穷，也要比寡头制下的富裕更可取，因为自由优于奴役。"在这一价值排序中，自由和民主居于首位，财富要排在其后。恐怕没有多大疑问，这也正是雅典人的价值排序。当然，也是伯里克利和德谟克利特的价值排序。在《葬礼演说》中，我们也读到下面的句子，战死疆场的雅典人应当被其同胞视为楷模，他们"认为幸福只能来自自由，而自由来自勇气，所以他们从来不怕战争的危险"[②]。

制定法律是民众普遍参与的立法大会的事，由这些立法大会以成文形式颁布的普适的规则是与暴君变幻无常的指令截然不同的。然而，古希腊人，尤其是雅典人，到了公元前5世纪下半叶和前4世纪就逐渐认识到这种造法过程非常不便，用这种手段制定法律，所有的法律都是确

---

① Thucydides, *The History of Peloponnesian, War*, Ⅱ, 37-39, tr. By R. Crawley (London: J. M. Dent & Sons), p. 93.——原注

② Thucydides.——原注

定的（也就是说，都是以成文法规的形式精确表述的），**但却没有人能确定，今天有效力的法律，明天还有没有效力**。公元前5世纪末塞拉麦涅斯（Theramenes）对雅典政体的改革，就为我们提供了一个补救这一漏洞的例证，当代政治学家和政治家们如能对此予以反思，也会从中获益。当时雅典开始实行一套严格而复杂的程序，以控制立法创新。公民（在雅典的直接民主制度下，每个属于全民立法大会的人都有资格提出法案，而在罗马，只有选举产生的执法官能提出法案）提出的每一法律提案，都必须交由一个特别的执法官（nomotetai）委员会进行深入研究，他们的职能正是保证以前的法律不受新提案的冲击。当然，为了寻求大众支持自己的提案，提案人可以选择在全民立法大会上与执法官进行辩论，从而整个讨论必须更多地基于对新、旧法律的比较，而不是仅仅发表一通支持新法律的演说就了事。

这还没完。即使法律提案最终被立法大会通过，提案人也仍然对该提案负有责任。如果另一位公民，在这里相当于与提案人相对立的原告，在该法律提案已被立法大会通过成为正式法律之后能够证明，新的法律具有某些严重的缺陷，或者与在雅典仍然具有效力的旧法律发生无可弥补的冲突，那么，提案人也要承担责任。此时，提案人可能会受到司法审判，可能面临严重刑罚，甚至是死刑；不过，一般情况下，提案人都是交付罚金了事。这种制度绝不仅仅是神话传奇。狄摩西尼①曾经指控过一位名叫Tymocrates的不幸的法案提案人，我们就可知这是历史事实。如果我们认为民主制度指的是一种政治制度，在这种制度中，人民是至高无上的，而如果我们承认，至高无上并不意味着不负责任——历史上恰恰有很多人作出这种解释——那么，这套惩罚提出不恰当的法律的人士的制度，与民主原则并没有背道而驰。

据此我们可以推断，公元前5世纪末和前4世纪雅典的民主制度显然对下面的观念不再满意：法律的确定性完全就是指法律要以书面文本

---

① Demosthenes（公元前384—前322），雅典雄辩家，民主派政治家。——译者

的形式、用精确的词句表述。

经过塞拉麦涅斯的改革，雅典人终于发现，仅仅遵守法律，他们并不能免于政治权力的侵害。他们也必须能够预见到，根据明天的法律，他们的行为会带来何种后果。

事实上，这就是下述观念的根本局限所在：法律的确定性就简单地等同于用精确的词句表述成文的规则，不管其是否普适。

不过，在西方政治和法律制度史上，并不仅仅只有上面提到的法律的这种确定性，它也一直具有另外一种含义。

法律的确定性，如果指的就是书面表述非常精确，那么，不可避免地就会形成这样一种状态：现有的法律不断地被后来的法律所取代。造法的过程越密集、越高速，现有的法律还能生效多长时间就越不确定。而且，也无法避免出现下面的情况：一部法律，确实完全具有上面所说的确定性，但谁也无法预料，这部法律何时会被一部同样"确定"的法律所取代。

据此，这一意义上的法律的确定性，或许可以称为法律的短期确定性。事实上，在我们这个时代，经济政策领域中的种种短期行为，与相应制定出来以保障其执行的法律的短期确定性，两者间似乎有惊人的相通之处。从这个角度看，我们可以概括地说，与历史上古典时代的长期的制度相比，当今时代几乎所有国家的法律和政治制度都可以说是短期化的制度。凯恩斯爵士晚年说过一句名言："长远来看，我们都要死去"，未来的历史学家完全可以拿这句话作为我们这个时代的箴言。也许是因为我们已经越来越经常地期望，从技术手段和科学理论取得的巨大而空前的进步中，可以立刻看到眼前的结果，使我们以物质手段履行各种各样的职能，获取各种各样的成果。毫无疑问，正是这一事实，使很多人忽视了，或者故意视而不见这一领域与那些根本就不取决于技术和科学的进步的领域的区别，而在这样的领域，我们依然期望立刻就能看到结果。

我想起一件事，我曾跟我国一位种植树木的老人聊过一次天。我向他订购一棵大树，准备栽在我的花园中，他回答说："现在，人人都想要大树。人们想立刻就让树长高；他们根本就不管，树是慢慢长大的，要耗费很长时间，要花费精力去侍弄。而今，每个人都猴急猴急的。"他最后神情黯然地说："我不知道这是怎么啦。"

凯恩斯爵士或许可以告诉他理由：人们都觉得，从长远看，他们都会死去。基督教信仰一般所强调的，不是现世的生活，而是未来的生活。而现在的人们越来越不相信未来世界了，所以他们也就越来越执著于现世生活，他们相信，个人的生命是短暂的，他们的欲望总是永难餍足。这种心态就造成了在当代，不管是西方还是东方，宗教信仰都世俗化了，即使是像佛教这样根本不关心现世的宗教，也被其某些信徒赋予世俗的"社会"含义，而这个词实际上是具有"社会主义的"含义的。美国当代学者瑞恩斯在其论述沉思的著作中说："教会已经放弃了与神的沟通，而转向了书评和政治。"①

这或许有助于解释，为什么现在的人们几乎不去关注长远意义上的法律的确定性，事实上，不关注与人的行为关联的一切长远意义。于是，人们搞出了神奇的充分就业政策，制定了某些前所未闻的法规，为装点自己的花园直接买进大树。然而，这并不能说明，就实现人们所欲追求的目标而言，短期化的制度真的就比长期制度更有效率。

不过，如果我们有足够的耐心发掘隐含在种种制度下面的原则，就会发现，在西方国家的政治、法律制度史上，短期化的法律的确定性概念并不是唯一一种对法律的确定性的理解。

古代社会就不是如此。尽管历史学家在一定程度上将古希腊描写为实行成文法的国家，但这种论断是否适用于古罗马则大成疑问。我们可能都习以为常地认为罗马的法律制度就是《查士丁尼法典》，也就是说，是成文法典，因此，我们就没有能真正把握罗马的法律究竟是如何

---

① Dagobert D. Runes, *A Book of Contemplation* (NewYork: Philosophical Library, 1957), p. 20。——原注

运作的。罗马法中的大部分规则，不是通过任何立法程序形成的。在罗马共和国和罗马帝国的绝大多数历史时期，罗马私法，即罗马人所说的民法（jus civile），实际上一直不属于立法者立法的范围。后来的几位著名学者，比如，意大利的罗通蒂（Rotondi）教授、鲁伊兹（Vincenzo Arangio Ruiz）教授和英国法学家巴克兰（W. W. Buckland）都一再指出："罗马法的根本原则和普遍的结构，必须到民法中去寻绎，这是一套几个世纪中逐渐演进形成的原则，并由法院判决予以不断细化，几乎没有受到立法机构的干涉。"①可能是依据罗通蒂教授的研究，巴克兰还评论说："在文献记录的数百部成文法令中，可能只有40来部对私法有较大影响。"因此，至少在罗马法的鼎盛时期，"在涉及私法的领域中，成文法令只占有微不足道的位置"②。

显然，这绝不是因为罗马人欠缺炮制成文法令的技巧。他们曾经制定过各种各样的成文法规，比如 leges（法律、公法）、plebiscita（平民表决通过的法律）、Senatus Consulta（元老院法令），分别由平民或元老院通过，他们也曾经制定过好几种类型的公法，比如 leges imperfectae、minusquamperfectae、plusquamperfectae 等等。然而，罗马人一般都将成文法规仅仅限制在立法机构有资格直接干涉的范围内，也即公法、quod ad rem Romanam spectat 范围内，与政治性大会、元老院、执法官员有关的领域，也就是说，与政府官员有关的领域。在罗马人那里，成文法规主要是宪法或行政法（以及刑事法），这些与公民的私人生活和私人事务只有间接的关系。

这就是说，罗马公民如果对一份合同中自己的权利或义务出现分歧，很少会根据成文法规来主张自己的权利，也就是说，他们几乎不依靠以精确词句表述的成文规则，也即希腊意义上的确定性或短期的确定

---

① W. W. Buckland, *Roman Law and Common Law* (2nd ed., revised by F. H. Lawson; Cambridge University Press, 1952), p. 4. 本书对这两种法律体系进行了引人入胜的对比。——原注
② 同上，第18页。——原注

性。因此，当代最著名的罗马法学和法律史专家弗里茨·舒尔茨（Fritz Schulz）教授曾经指出：罗马民法是无所谓确定性的（短期意义上的）。但这绝不意味着，罗马人根本无法确定其行为可能导致的法律后果，并据以制定计划。大家都知道罗马经济是如何发达，在这里，恐怕不需要引用罗斯托维采夫（Rostovtzeff）关于这一问题撰写的令人叹服的著作了吧。

另一方面，舒尔茨教授也指出，所有研究罗马私法的人都知道，"希腊式的自由主义（hellenistic liberalism）的个人主义也使私法的发展建立在自由和个人主义之上"[①]。事实上，当代欧陆大多数国家的法典，比如法国、德国、意大利法典，都是依据记录在《查士丁尼法典》中的罗马法的规则起草的。有些社会主义改良主义者给其贴上了"资产阶级"的标签。当今欧洲各国要进行所谓的社会"改良"，首先必须修改或者放弃通常可以追溯到古代罗马私法中的那些规则。

因此，罗马人所拥有的法律，完全能够使其公民自由而充满信心地制定未来的计划，而这种法律并非成文法，也就是说，不是类似于成文法规中包含的、用精确词句表述的整套规则。罗马法官是一类科学家，他从事研究的目标是为公民提交给他的案子提出解决方案，相当于今天的工业家请求物理学家或工程师解决他们的工厂或生产过程中碰到的某项技术难题。因此，罗马私法是某种有待描述或有待发现的东西，而不是有待制定颁布的东西——就是说，东西已经在那儿了，构成它的就是所有罗马公民的共同遗产。这当然不是说就没有变化，而是说不会出现这种情况：人们晚上上床的时候根据现有的规则制定了一个计划，一觉醒来却发现，立法机构心血来潮颁布的法规却废止了该规则。

我们可以说，罗马人所接受并实施的法律的确定性概念的含义就是：法律永远不会在谁也预料不到的情况下突然改变。而且，一般情况

---

① Fritz Schulz, *History of Roman Legal Science*（Oxford: Clarendon Press, 1946），p. 84.

——原注

下，法律也永远不会受制于某次立法会议或某个人（包括元老或国家的其他执政者）的随心所欲或专断权力。这就是长远意义上的法律的确定性，或者，如果你乐意，也可以称之为罗马人的法律确定性概念。

对于罗马人在商业及所有私人生活领域中所享有的自由而言，这种法律确定性概念当然是至关重要的。从某种程度上说，这种确定性对于公民间的法律关系的重要性，十分类似于自由市场对于公民间的经济关系的重要性。法律，作为一个整体，其使公民免于强制的作用，不下于自由市场。事实上，如果一个市场不是根植于可以使公民免于权力当局或他人之专断（即突然、不可预测）干涉的法律制度，则我实在无法设想该市场会是自由的。

有人可能会反驳说，罗马的法律制度必然是建立在罗马的宪法之上的，因而，罗马人在商业及其他私人生活领域所享有的自由，实际上间接甚至直接就建立在成文法令的基础之上。这些人士会说，归根到底，这套制度要受制于元老或者 comitia（平民会议）、concilia plebis（平民政务会）之类的立法机构的专断意志，更不要说被苏拉①、马略②或恺撒等大人物玩弄于股掌之上了，他们轮番出现，控制了一切，因而，也拥有颠覆宪法的真正权力。

然而，罗马政治家和政客在利用自己的权力干涉公民私生活时却非常慎重。即使是苏拉这样的独裁者，在这方面也极为谨慎，在他们看来，颠覆民法之类的想法太荒唐了，就相当于现代的独裁者也会觉得颠覆物理学规律过于离奇一样。

苏拉之类的人物确实曾经竭尽全力试图从多个方面改变罗马政体。苏拉本人曾让罗马立法大会颁布法律，突然剥夺阿瑞底姆（Arretium）、沃拉特里（Volaterrae）等城镇居民的罗马公民权（jus civitatis）及相应

---

① Sulla（公元前138—前78），罗马统帅，独裁官，加强元老院权力，实行军事独裁统治。——译者

② Marius（公元前155—前86），古罗马统帅，7次担任执政官，战功显赫，实行军事改革，与苏拉进行激烈的权力斗争。——译者

的种种特权，以报复以前帮助过他的主要对手马略的人士和这些城镇。从西塞罗代表塞西纳（Cecina）在罗马一家法庭发表的讲话中，我们可以知道确有其事。不过，我们也知道，西塞罗打赢了这场官司，他论证说，苏拉所颁布的法令是不合法的，因为立法大会不能以成文法规剥夺任何一位罗马公民的公民权，它当然也不能以法规剥夺罗马公民的自由。苏拉制定颁布的法律，形式上是由人民通过的成文法令，罗马人一般称这种法令为 lex rogata，也即它是某位经选举产生的执政官依据正当程序提出并已经得到平民会议审议通过的法规。而西塞罗则告诉我们，所有获得审议通过成为正式法律的法律草案中都包括一个后人不大容易理解的条款，其含义是，该法律草案的内容，即使在成为正式法律后，也完全有可能被视为不合法。（执政官对罗马平民组成的立法大会说："如果在我请求你们审议的法案中存在某些不合法的东西，那么，即使你们批准了它，也应当视为我未曾提请审议过。"）

这一点似乎可以证明，有一些法令是与法律相悖的，比如说剥夺公民的自由或公民权的法令，罗马法庭是不会承认其为合法的。

如果西塞罗是正确的，我们就可以得出结论：罗马法受到了合法性概念的约束，与戴雪所揭示的英国"法治"惊人地相似。①

按照贯穿于整个普通法发展过程中的英国法治之原则，规则绝不是某个人行使其专断意志的产物。它们是普通法院（courts of judicature）进行不带偏见的探究的结果，同样，罗马法的规则也是罗马法学家对诉讼当事人提交他们审议的案件进行不带偏见的研究的结果。现在还坚持要求法庭法官就像查尔顿·肯普·艾伦爵士在其非常著名而有启发性的著作《正在形成中的法》（*Law in the Making*）中所指出的那样，去记录或者发现解决案件的正确方案，似乎有点老古董了。当代所谓的现实

---

① 我对罗马法律制度的这一评论及后面的若干看法，受益于 V. Arangio Ruiz 教授，他的论文 la règle de droit dans l, antiquité classque 非常渊博而富有启发性，由作者收入 *Rariora*（Rome：Ed. di storia e letteratura, 1964），p.233。——原注

主义学派，自认为已经揭示了这一发现过程的全部缺陷，他们过于匆忙地得出结论说，普通法法官所发现的规则，比起立法者颁布的规则来说，很不客观，现在依然不够客观，不过不是那么明显而已。对这一问题，确实需要给予更深入的探讨。但我们恐怕不能否认，普通法法官对其案件的判决依据（rationes decidendi，也即作出判决的根据）的心态，与立法者的心态之不同，就相当于试图揭示事物真相的学者与企图改造事物的学者的心态的差异。我不想否认，普通法法官有时也会在其裁决中，以引述本国法律中的一条现有规则为幌子，刻意掩饰他们自己的私欲。英国最著名的普通法法官爱德华·柯克爵士恐怕也不能排除这种嫌疑，我斗胆断言，美国最著名的法官——马歇尔首席大法官与其生活在17世纪英国的著名前辈一样，不能免俗。

我想强调的仅仅在于，在英国，普通法法院不可能轻易按自己意志制定颁布专断的规则，因为它们从来就无法直接这样去干，它们根本无法像立法者那样，可以经常性地、心血来潮地、广泛而专横地制定规则。而且，在英国，有那么多普通法法院，它们互相嫉妒，直到相当晚近，它们都不能不公开承认，谨守判例这一著名原则是有效的。同时，在当事人将案件呈上公堂之前，这些法官们不能决定任何事情。最后一点，提起诉讼请求他们对案件作出裁决的人数量相对较少。结果，在造法过程中，法官更多的是观众，而不是演员，而且还是不能看到舞台全景的观众。公民个人在舞台上表演，而普通法基本是公正的，人们普遍认为它就是法律。在这里，全体公民都是真正的主体，就好像在语言的形成过程中他们是真正的主体一样。在一定程度上，在西方国家的经济交易中，他们也是真正的主体。而阐释语言规则的语法学家或记录一国市场上商品交换之价格和数量的统计学家，与其说是为其同胞制定语言或经济方面的规则的人，毋宁说仅仅是其周围发生的事情的旁观者。

当代，不管是在欧洲大陆，还是在英语国家，立法过程的重要性日见增加，不可避免地遮蔽了一个事实：法律不过是有关普通人行为的规则之综合而已。我们没有理由认为这些行为规则与另外一些政府很少或者从来没有干预过的领域的行为规则有多大区别。当今这个时代，语言可能是唯一一种还由普通人自行维系、未遭遇政治干涉的东西，起码在西方尚算如此。在某些东方国家，比如土耳其，政府已经成功地进行了这样的干预。于是，在很多国家，人们几乎完全忘记了，比如，并非只有政府的银行才能发行钞票，私人银行也曾经发行过钞票。现在，也很少有人知道，在其他时代，铸币是私人业务，政府的职能仅仅在于证明其真伪及所使用的金属的成色，以保障公民不受假币之害。公众舆论对于政府经营的企业的态度，也同样引人注目。在欧陆各国，铁路和电信早就被政府垄断，即使是在受过教育的人士中，现在，也很少有人能想象，本国的铁路、电信可以跟电影、旅馆、餐馆一样由私人经营。我们已经越来越习惯于将造法看成是跟立法会议有关的事，而跟大街上的普通人没有什么关系了。我们也越来越倾向于认为，法律可以由某些个人根据自己的想法来制定，只要他们在某个可以这么做的职位上即可。造法的过程，从本质上说就是涉及持续数十代、延续数百年的无数普通人的私人事务，然而，即使是在受过教育的精英阶层，对这一事实也几乎无人知晓了。

有人说，罗马人的历史学和社会学研究很没有品位。但他们对于我上面提到的事实具有非常清晰的认识。举例来说，根据西塞罗的记载，监察官伽图强烈主张捍卫罗马传统的生活方式不受异族（也即希腊人）文化的冲击，他曾经说过：

> 我们的政治制度优越于所有国家的制度的原因就在于：其他国家的政治制度是按照某些个人的提议实行某些法律或制度而创造出来的，比如克里特岛的米诺斯，斯巴达的莱克格斯，而在雅典，政治制度也曾经数度交易，并出了很多这样的人物，包括泰西尤斯、德拉古、梭伦、克莱塞尼兹……与之相反，我们的国家则不是由一个人独力创建的，而是由很多人共同创建的；她不是在具体某一个人的有生之年建成的，而是通过若干代人在几百年间建成的。

他指出，在这个世界上，没有谁会聪明到可以洞悉万物，即使我们将所有人的智慧都集中到某个人的头脑中，但由于他不具有从漫长的历史实践获得的经验，也不可能一劳永逸地解决所有问题。[①]

顺便提一下，这段话让我们回想起柏克在论证其保守主义的国家理念时所说过的更为著名但不是很响亮的话。不过，柏克的话多少有一些神秘气息，而在古罗马政治家冷静的话语中，我们是看不到这种神秘色彩的。伽图仅仅是指出一个事实，而并不是在说服人民，而他所指出的事实，无疑值得一切了解历史的人士给予高度重视。

伽图指出，造法的过程，绝不是某个具体的个人、某个集中了一切人的智慧的人（brain trust）、某个时代或某代人所能完成的。如果你竟然认为能够完成，那我上面的那些话算是白说了。看看古希腊城邦的命运，将它与我们的命运进行一番比较。这是一位政治家给我们的教训——不，我想说，这是传达给我们的一个信息，而关于这位政治家[②]，我们在学校中所学到的仅仅是，他是个脾气暴躁的家伙，他一直要求杀光迦太基，荡平他们的城市。

指出下面一点是饶有趣味的：当米塞斯等当代经济学家依据权力当局不可能计算公民的真实需求和真实潜力的认识，而批评中央计划经济的时候，他们所采取的立场让我联想到这位古罗马政治家的观点。在计划经济体制中，中央计划当局在制定其经济计划的时候，缺乏有关市场价格的知识，这一点完全是下列事实的结果而已：中央权力当局对于在不同时间、在各个层面互动的无数社会成员和要素缺乏足够的了解。权力当局永远无法确定他们所做的事情，哪些是人们希望他们做的。同样，如果权力当局欲指导国家的整个造法过程，人们就永远无法确定，他们怎样做才不会遭到权力当局的干涉。

---

① *Cicero de republica* ii 1，2. ——原注
② 指伽图。——译者

即使是那些最出色地捍卫自由市场免受权力当局干涉的经济学家，也常常忘记提到相关的一点：自由市场绝不可能与权力当局集中控制的造法过程相容。有些经济学家所接受的法律确定性概念，就是指成文法的规则，也即用精确词句表述的规则，然而，这样的法律规则既不能与自由市场的规则相容，归根到底，也不能与自由的规则相容，因为我们所理解的自由，就是不存在包括权力当局在内的他人对于每个个体之私人生活和商业活动所施加的强制。

在自由市场的某些支持者看来，规则是由立法机构颁布的，还是由法官宣示的，似乎是无关紧要的，有人甚至一方面支持自由，一方面又倾向于认为，立法机构颁布的规则要优于历代法官所阐述的不是那么精确的"判决依据"（rationes decidenci）。然而，如果我们探讨一下历史上自由市场与自由的造法过程之间的紧密关系，就能够清楚地看到，自由市场在英语国家鼎盛之时，也正是普通法实际上是调整私人生活和商业活动的唯一法律之时。像今天出现的政府频繁干预市场的现象，总是与成文法的增长，及英国人所说的司法权力"规范化"（officialization）联系在一起。毫无疑问，当代的历史再次证明了这一点。

如果我们承认，个人从事商业的自由，也即自由市场，是我们所说的免于包括政府在内的他人之强制的政治自由的本质特征之一，我们也就必然得出结论：对涉及私法的问题进行立法，与上面所说的个人自由根本是不相容的。

如果"法律的确定性"是古典意义上的"法治"的本质特征之一的话，那么，法律的确定性之观念，就不应该建立在立法之法的观念之上。因此，我认为，戴雪下面的看法是完全说得通的：法治的含义就是指，司法裁决是英国宪法的根本基础所在，与之相对立的，就是奉行相反原则的欧洲大陆，其法律和司法活动的基础是立法通过的宪法所宣示的抽象原则。

当戴雪说下面的话的时候，他或明确或隐含地提到的正是法律所具有的这种长远意义上的确定性。他曾经说过，欧洲大陆宪法向其公民所提供的有关其权利的种种保证，也完全可以由某种居于该国普通法律之上的权力所中止或剥夺，而在英国，"宪法乃是建立在法治之上的，中止宪法，甚至仅仅设想这种情形，就意味着……不亚于一场革命"①。

这场革命目前正在进行，这一事实不能驳倒戴雪的理论，反而更加证实了他的理论。英国也正在发生这样的革命，政府一步一步地用成文法规推翻原来的法律，使法治变形扭曲，越来越像欧洲大陆的état de droit，也即一大套规则。人们之所以认为它们是确定的，仅仅因为它们是成文的，人们之所以认为它们是普适的，并不是因为公民们普遍地相信它们，而是因为它们是由一小撮立法者颁布的。

换句话说，英国非人格化（impersonal）的法律正在越来越明显地被置于当局的命令之下，而这正是霍布斯、晚年的边沁及奥斯丁所鼓吹的，他们的观念与他们同时代的英国法学家们的想法正相对立。

马修·黑尔爵士（Sir Mathew Hale）是爱德华·柯克爵士的杰出弟子，并在柯克爵士之后出任首席法官（Chief Justice）。17世纪末，他撰文捍卫乃师，反驳霍布斯在其不怎么有名的著作《普通法对话录》中对普通法提出的批评。霍布斯以其典型的科学方法坚持认为，法律不是"人为理性"（artificial reason）的产物——这个稀奇的词出自柯克之口——霍布斯认为，每个人，只需运用所有人共有的平凡的理性，即可确立普适的法律规则。霍布斯说："确实，没有一个人生来就会运用理性，但所有人都可以逐渐学会运用理性，与法律人不相上下。如果他们将自己的理性运用于法律事务……就可以像柯克爵士本人那样对司法活动应付自如、胜任愉快。"②非常令人惊奇的是，霍布斯认为，这一点与他的下属断言并无矛盾："没有谁能够造法，但他可以具备立法能力。"这场争论

---

① Dicey, *Introduction to the Study of the Law of the Constituthon* (8th ed., London: Macmillan, 1915). ——原注

② Thomas Hobbes, *Dialogue between a Philosopher and a Student of the Common Law of England* (1681) in Sir William Molesworth, ed., *The England Works of Thornas Hobbes of Malmesbury* (London: John Bohn, 1829—1845), Ⅵ, 3—161. ——原注

的一方是霍布斯，另一方是柯克和黑尔，霍布斯把法学家的工作与物理学家或数学家等人士的工作相提并论，由此引出了非常重要的方法论问题，这一争论具有深刻意蕴。马修·黑尔爵士在反驳霍布斯时指出，把法律之科学比作"数学科学"之类的其他科学，是无益的，因为，为使"社会井然有序，为了判断对错"，我们不仅要掌握正确的一般性概念，还需要将这些概念正确地运用于具体案件中（这正好就是法官努力在做的事情）。黑尔论证说：

> 有些人自我陶醉于下面的想法，只要有足够的证据，找到足够的共同点，他们就可以搞出一套一贯正确的法律和政治制度［这正是我们所说的成文宪法或立法之法］，然后，就像欧几里得证明其结论后一样，可以适用于各种状况［即各种环境］；他们这是自欺欺人，当他们碰到具体案件的时候，就会发现，这一套根本不灵。①

黑尔作出的一个评论则表明，他和柯克爵士都已经意识到，法律要具有长远的确定性，需要某些前提条件：

> 不管是谁，如果自己觉得，自己可以造出一种更好的制度，而去对制度百般挑剔，或者期望找到数学式的证明以论证该制度的合理性或从中找到不证自明之理，那将是一件愚蠢透顶、不切实际的事……在普通法传统中最足以称道的，几乎可以肯定地说，就是其法律的确定性，它内部始终保持一致，每个时代和每个法庭说的是同样的东西，尽可能地遵循着统一的法律规则；否则，各个地方、各个时代的法律内部将一直互相争斗，如果对法官及辩护士的

---

① Mathew Hale, "Refleclions by the Lord Chief Justice Hale on Mister Hobbes; His Dialogue of the law", published for the first time by Holdsworth, *History of English Law* (London: Methuenn & Co., 1924), Vol. V, Appendix, p.500.——原注

理性不予以限制，则用不了多长时间，就会丧失法律的确定性，就不可能避免法律的随意和越轨。除非人们深入地研究、解读历代法官所作出的判决书、裁决、判定和解释，否则，就不可能将法律保持在其应有的范围和限度内。[①]

恐怕没有谁能说出比这更清楚、更深刻的话，将法律的确定性的概念与不同时代的规则的前后统一联系在一起，将法律的延续性概念与普通法法院中庸而受到限制的活动——而非立法机构的活动——相提并论。

这正是法律的长远确定性的含义，归根到底，它是与把法律等同于立法所意含的短期确定性截然对立的。

前者也是罗马人所说的法律的确定性。不少著名学者都已经注意到，罗马法学家缺乏个性。萨维尼称其为"可以互换的人"（fungibale personalities）。这种缺乏个性，其实正与他们对自己所研究的私法秉持个人主义观念相反相成。在他们看来，私法是罗马全体公民的共同遗产。因此，谁都没有资格随意变更它。如果确实要作变动，那也仅仅是因为法学家认识到他们的环境已经发生了变化，而绝不是法学家本人刻意要改造它。由于同样的理由，罗马法学家跟其现代的继承者——英国法官——一样，从来都对抽象的原则不感兴趣，相反，用上面所提到的马修·黑尔爵士的话说，他们所关注的始终是"具体案件"。进一步而言，罗马法学家之缺乏个性，在马修·黑尔爵士看来，是再自然不过的事，他说：

> 我宁可一个王国四五百年间一直由一部法律治理，也不愿冒着丧失王国之幸福与和平之险，实践我自己的某种新理论，在我看来，这才是理性的。[②]

[①] Hale，前引书，第505页。——原注

[②] Hale，前引书，第504页。——原注

本着同样的精神，罗马法学家厌恶抽象的理论，也厌恶古希腊思想家津津乐道的关于法律的种种烦琐哲学。罗马法学家（同时也是位政治家）奈拉提乌斯（Neratius）在公元 2 世纪时写道："Rationes eorum quae constituntur inquiri non oportet, alioquin multa quae certa sunt subvertuntur."［"我们绝不能去探究我们的宪法的逻辑依据（rationale），否则我们就会丧失其确定性，就会将其颠覆。"[1]］

简单概括一下，不管是在古代还是在现代，都有很多西方国家认为，个人自由的理想（即包括政府在内的他人所施加之强制的不存在）是其政治和法律制度的本质所在。而这一理想的显著特征一向包括法律的确定性。然而，对于法律的确定性，却存在两种看法，而这两种看法可能是不相容的：第一种看法认为，确定性就是指立法者颁布的成文法文本之精确；第二种看法是，尽可能地允许个人根据几个世纪、数代人形成的一整套规则制定长远计划，这套规则是民众自发采行，而由法官揭示出来的。学者们很少，甚至从来没有明确地区分过这两种"确定性"概念。不管是在欧洲大陆，还是在英语国家，一般人所秉持的"确定性"一词的含义依然相当含糊。这一点能够解释，为什么人们那么轻易地将欧洲的宪法与英国宪法相提并论，为什么欧洲的政治学家会以为，他们已经将英国的宪法模仿得惟妙惟肖了。他们从来没有考虑，我们所说的普通法的独具一格的造法过程，一直以来对于英国宪法所具有的重要意义。

如果没有这种造法过程，戴雪所阐述的法治一词之经典的英国含义，也许是不可想象的。另一方面，如果没有这种立法的造法过程，大陆法律体系也不会是现在这个样子。

当代，由于英语国家也形成一种趋势，强调通过立法造法而忽视法官造法，"确定性"和"法治"等词的含义混乱日益严重。

---

[1] Dig. I, 3, 21.——原注

　　这种混乱的明显后果已经开始在政治自由和商业自由观念中显现出来。语义混乱再次成为很多麻烦的根源。我并不是说，我们面临的种种困境都是语义混乱造成的。但政治学家及经济学家的一项十分重要的使命就是分析英语国家和欧陆国家赋予"自由"及"法律的确定性"和"法治"等词汇的不同甚至相反的含义。

　　　　　　　　　　　（选自 ［意］布鲁诺·莱奥尼等《自由
与法律》第四章，秋风译）

第二十五讲　法律的标准

[美] 朗·富勒

朗·富勒（Lon Luvois Fuller，1902—1978），美国著名法哲学家，曾长期担任哈佛大学法学教授。他反对法律实证主义，曾在《哈佛法学评论》上与另一位法学家 H. L. A. 哈特进行辩论。他最主要的著作是 1964 年出版的《法律的道德性》（*The Morality of Law*）。

法律的标准

[美] 朗·富勒

【编者按：实证主义者主张，主权者的命令就是法律。富勒反对这种说法，他提出，法律必须合乎某些标准，否则就不能算法律。】

一部人不可能服从或无法依循的法律是无效的，并且不算是法律，因为人们不可能服从前后矛盾（的规则）或依其行事。

——首席法官沃恩（Vaughan, C. J.）在托马斯诉索雷尔（Thomas v. Sorrell）一案（1677 年）中的判词

我们博学的律师们最好能够为我们解答这样一些接踵而来的疑问……当我们的全体国民（Commonwealth）选择议会制度的时候，他们是否赋予了议会一种超然于法律之上的无限权力，允许议会在正式废除自己先前制定的法律和规章之前随意作出与这些法律和规章相矛盾的举动？

——利尔伯恩（Lilburne）《为英国人民与生俱来的权利而辩》（*England's Birth-Right Justified*），1645 年

这一章将以一则相当长的寓言作为开端。这则寓言涉及一位不快乐

的君主，他有着一个十分便于记忆却缺乏想象力，甚至听起来缺乏帝王气派的名字：雷克斯。

造法失败的八种形式

雷克斯是怀着改革家的热忱登上王位的。他认为先王们的最大失败是在法律领域。数代以来法律系统一直未曾经历过根本性的改革。审判程序十分繁琐，法律规则用另一个时代的古老语调来言说，法官懒散懈怠，有时甚至腐败。雷克斯决心矫正所有这些弊端，并且作为一位伟大的立法者而名垂史册。这一野心的落空是他的不幸命运。实际上，他失败得十分惨烈，因为他不仅未能成功地引进所需要的改革，而且甚至未能成功地创造出任何法律，无论是好的还是坏的。

不过，他的第一项正式举措是大刀阔斧和锐气十足的。因为他需要一块白板，好在上面书写自己的新篇章，所以他向自己的臣民宣布立即废除所有的现行法律，不论这些法律属于什么类型。然后他开始着手起草一部新的法典。不幸的是，由于他过去是作为一位孤独的王子而接受特殊的训练，他所受的教育是很有缺陷的，尤其是他发现自己没有能力进行最简单的概括。虽然在裁断具体争议方面他并不缺乏自信，但为任何结论给出明确理由的努力都会令他的能力接受严峻的考验。

由于逐渐意识到自身的局限，雷克斯放弃了起草一部法典的计划，并且向他的臣民们宣布：从此以后他将亲自裁断臣民们之间发生的任何纠纷。他希望：通过这种方式，在各种具体案件的刺激下，他的作出概括总结的潜在能力能够被开发出来，他可以借此逐渐提炼出一套规则体系，并且最终将它们整合到一部法典之中。不幸的是，他的教育背景的缺陷远比他自己所认识到的情况还要深重。这项冒险也以失败而告终。虽然他的的确确亲自作出了上百项裁决，但无论是他自己还是他的臣民都无法在这些裁决中辨识出任何范式（pattern）。在他的意见中所体现出来的这种进行概括总结的尝试只是加重了混淆，因为它们往往背离他的主旨，并且使他本来就很贫乏的判断能力在此后的案件中无法得到平衡发挥。

经历这次惨败之后，雷克斯认识到有必要重新开始，他的第一步是接受一系列概括总结方面的训练。随着他的智识能力得到加强，他重新恢复了起草一部法典的工作，并且在经过了长期的独自劳作之后，成功地起草出一份相当冗长的文件。不过，他仍然不敢确信自己已经完全克服了先前的缺陷。因此，他向臣民们宣布：他已经拟定了一部新的法典，从此之后将根据它来裁断案件，不过，在未来不确定的一段时期之内，这部法典的内容将被作为一项正式的国家机密，只有他和他的代笔大臣（scrivener）才知道它的内容。令雷克斯甚感惊讶的是，这一通情达理的安排引起臣民们的深切反感。他们宣称任由某人的案件依凭某项人们无从知道其内容的规则来处理是一件令人十分不快的事。

受到臣民们强烈反对的惊吓，雷克斯开始认真反省自己的强项和弱点。他认识到，生活已经给他上了清楚明了的一课，那就是：与其试图预见和控制未来，不如借助事后聪明来决断事务。后见之明不仅使对案件的裁断变得更加容易——这一点对于雷克斯来说是无比重要的。雷克斯决定好好利用一下这一洞见，于是想出了这样一个计划。在每一年度开始的时候，他将着手裁断上一年度中臣民们之间发生的所有争议。他会详细阐述自己作出每一项判决的理由。当然，这里所给出的理由应当被理解为不能左右来年的判决，因为，如果允许它们对来年判决发生控制作用的话，这项新安排的整个目的就会落空，因为这项新安排旨在利用后见之明的好处。雷克斯信心十足地向臣民们宣布了这项新计划，表示自己将公布判词的全文，并在其中列明自己所适用的规则，从而平息对上一个计划的最主要抱怨。雷克斯的臣民们默默地领受了这一公告，然后平静地通过他们的领袖们向雷克斯解释：当他们说他们需要规则的时候，他们的意思是需要事先知道规则，以便按照这些规则来调整自己的行为。雷克斯含含糊糊地嘟囔了些什么，大概意思是说："你们早该把这点说清楚"，但同时他也表示会看看能做些什么。

雷克斯现在认识到颁布一部法典来宣告适用于未来纠纷的规则已经成为一项无可逃避的任务。在继续接受概括能力方面的培训的同时，雷克斯勤勉地致力于草拟修订版的法典，并且最终宣布这部法典很快就会公诸于世。臣民们怀着满意的心情接受了这一宣告。因此，当他的法典终于出台，而臣民们发现它的确可以称得上是晦涩难懂的"极品"的时候，他们倍感沮丧。法律专家们在研究之后宣布，这部法典中没有任何一个句子是普通公民或者专业法律人所能够理解的。愤慨之情很快在臣民之间散布，一群示威者聚集在王宫前面，高举着这样一幅标语："规则如果无人懂，守法如何行得通？"

这部法典很快就被撤回了。雷克斯第一次认识到自己需要协助，于是任命了一个专家小组来负责修改法典。他指示专家们不得更改任何实质性的内容，只能从头到尾澄清其中的表述。经过这样处理的法典成了表达清晰的典范，但稍加研究就会发现：它新近获得的清晰性只是使其中所充斥的矛盾变得显而易见而已。据可靠报道，这部法典中没有任何一项条文没有被另一项与之相矛盾的条文抵消掉。示威群众再次出现在王宫前面，他们所举的标语上写着："国王终于说清楚，忽而指西忽指东。"

这部法典再次被撤回来进行重新修订。不过，这时的雷克斯对他的臣民们失去了耐心，他再也难以容忍他们对自己试图为他们做的所有事情表现出来的否定态度。他决定给他们一个教训，并且令他们的吹毛求疵到此为止。他指示他的专家们清除法典中的矛盾之处，但与此同时大幅度收缩其中所包含的每一项要求，并且增加一系列新的罪名。于是，以往应召面圣的公民有 10 天的时间来报到，而修改后的法典将报到时间缩减为 10 秒。在国王面前咳嗽、打喷嚏、打嗝、晕倒或跌倒都构成犯罪，处以 10 年监禁。不理解、不相信或不能正确表述进化论的、民主的救赎学说构成叛国罪。

当新的法典颁布的时候，它差点儿引发一场革命。公民领袖们公开宣布了嘲弄法典条文的意图。有人在一部古书中找出了这样一个看起来很切题的段落："令人行不可能之事者不是在立法，而是在毁法，因为无法遵循的命令唯有导致困惑、恐惧和混乱。"这段话很快就被引用到提交给国王的上百份请愿书中。

这部法典再一次被撤回，并且由一个专家小组来进行修订。雷克斯给专家们的指示是：每当他们遇到一项要求不可能之事的规则时，就应该对之进行修改，从而使对它的服从成为可能。随后发生的情况表明，为了实现这一结果，法典中的每一项条款都不得不在很大程度上重新拟定。不过最后出来的成品还是代表着高超的法律起草技艺的胜利。它清楚明了，内部逻辑一致，并且没有要求臣民为不可能之事。它被印制出来，并且在街头巷尾免费发放。

不过，在这部新法典的生效日来临之前，人们发现对雷克斯的原始草案进行的持续不断的修改已经耗费了太多的时间，其间发生的许多事件已经使这部法典的内容严重滞后。自从雷克斯登基以来，普通的法律程序就一直处在暂停适用的状态，这导致这个国家在经济和制度方面发生了重大的改变。要适应这些改变后的情况，就要求对法律进行大量实体上的修改。因此，新法典从正式生效的那一天起就必须天天得到修正。民众的不满再次高涨起来，一份匿名的小册子流传于坊间，其中有恶意取笑国王的漫画，还有一篇主打文章，题目是"一部天天更改的法律比无法状态还要糟糕"。

在较短的时间内，这种引发不满的根源开始随着法典修正步伐的逐渐放慢而进入自我疗伤的阶段。不过，在这一过程尚未发展到任何引人注目的程度之前，雷克斯又宣布了一项重要的决定。在反思了自己统治期间的种种不幸之后，他总结出：有许多麻烦是由于自己从专家那里接受了糟糕的建议所致。于是他宣布自己将重新亲自行使司法权。通过这种方式，他可以直接控制新法典的适用，并确保他的国家不致陷入另一场危机。他开始将几乎所有的时间都用来审理和裁断新法典颁布以后所发生的案件。

随着国王着手履行这项任务，他的未能得到充分开发的概括能力似乎终于像迟开的花朵一般成熟起来了。实际上，当他巧妙地区分自己先前的判决、展示他赖以行动的原则并且为处理将来的争议确立准则的时候，他的司法意见开始展示出一种自信的，甚至可以说是非凡的鉴别力。对于雷克斯的臣民们来说，一个新的时期似乎即将来临，他们似乎终将可以按照一套一以贯之的规则体系来安排自己的行为。

但这个希望很快就破碎了。随着雷克斯判决汇编的公布以及对它们所作的细致研究的发表，他的臣民们惊讶地发现：在这些判决与它们声称适用的法律之间不存在任何可以辨识出来的关联。就其在对争议的实际处理方式中所起的作用而言，新法典就好像根本不曾存在过。然后，在几乎每一份判词中，雷克斯都会再三宣布这部法典是他的王国的基本法。

公民领袖们开始召集秘密会议来讨论除了公开造反之外有什么办法可以使国王离开审判席而专心去处理他的朝政。在这些讨论正在进行之中的时候，由于过分操劳而早衰，同时又对自己的臣民们深感失望的雷克斯突然驾崩。

新君雷克斯二世继位后所做的第一件事情就是宣布他要将政府权力从法律人手中收回，而交给精神病医生和公关专家们去行使。他解释说，通过这种方式，人民就可以在没有规则的状态下幸福地生活。

造法失败的后果

雷克斯作为立法者和法官的不幸生涯生动地说明，创造和维系一套法律规则体系的努力至少会在八种情况下流产，或者说，就这项事业而言，有八条通向灾难的独特道路。第（1）种，也是最明显的一种情况就是完全未能确立任何规则，以至于每一项问题都不得不以就事论事的方式来得到处理。其他的道路包括：（2）未来将规则公之于众，或者至少令受影响的当事人知道他们所应当遵循的规则；（3）滥用溯及既往性立法，这种立法不仅自身不能引导行动，而且还会有效破坏前瞻性立法的诚信，因为它使这些立法处在溯及既往式变更的威胁之下；（4）不能用便于理解的方式来表述规则；（5）制定相互矛盾的规则，或者（6）颁布要求相关当事人做超出他们能力之事的规则；（7）频繁修改规则，以至于人们无法根据这些规则来调适自己的行为；以及最后一种（8）无法使公布的规则与它们的实际执行情况相吻合。

这八个方向中任何一个方向上的全面失败都不仅仅会导致一套糟糕的法律体系，它所导致的是一种不能被恰当地称为一套法律体系的东西，除非我们是在匹克威克式的意义上来使用"法律体系"这个词，就好像说一份无效的合同仍然可以称得上是某种合同一样。可以肯定的是，我们找不到任何理性的根据来主张一个人负有道德义务去遵守一项不存在的法律规则，或者一项对他保密的规则，或者一项在他已经行动完之后才颁布的规则，或者一项难以理解的规则，或者一项被同一体系中的其他规则相抵触的规则，或者一项要求不可能之事的规则，或者一项每分钟都在改变的规则。一个人或许并不是没有可能去遵循一项为负责执行该规则的人所无视的规则，但这样的守法在某一刻必定会变得徒劳无益——实际上，这就像投出一张不会被计算在内的选票一样徒劳无益。正像社会学家齐美尔所指出的那样，政府与公民之间在遵循规则方面存在一种互惠互利的关系（reciprocity）。[①] 政府实际上向公民保障："这些是我们期待你遵守的规则。如果你遵守它们，我们就会保证它们就是将适用于你们的行为的规则。"当这根互惠互利的纽带被政府彻底地、完全地割断的时候，公民们遵循规则的义务就成了无源之水、无本之木。

如果在任何方向上都不曾发生总体性的失败，合法性（1egality）本身却发生了全面的、严重的败坏，就像在希特勒治下的德国所发生的

---

① 《格奥尔格·齐美尔的社会学》（*The Sociology of Georg Simmel*），1950 年，沃尔夫（Wolff）译，§4，"'法律'观念中的互动"（Interaction in the Idea of "Law"），第 186—189 页；也可参见第四章，"依循原则的服从"（Subordination under a Principle），第 250—267 页。齐美尔的讨论值得那些关注于界定"法治"理想赖以实现之条件的人们去研究。

情况那样，公民们的困境就会进一步恶化。[①] 例如，让我们设想这样一些情况，在其中，有些法律得到公布，而其他的法律——包括最重要的法律——却不予公布。虽然大多数法律从效果上看都是前瞻性的，但是对溯及既往性立法的利用是如此的随便，以至于任何法律都不能避免事后的更改，这样做能够满足当权者的便利。为了审判涉及对政权是否忠心的案件，特殊的军事法庭成立起来，而这些军事法庭可以为了方便而无视本应控制他们决策的规则。政府的主要目标似乎越来越变成不是为公民制定引导其行为的规则，而是通过恐吓而使公民无所作为。当这样一些情况发展起来的时候，公民们所面对的问题就不是像一位选民确定地知道自己的选票不会被计算在内那么简单了。这更像是一位投票者知道成败得失全系于自己选票是否被计算在内，而如果这张选票被纳入了计算，它很可能被算到他实际上投票反对的那一方名下。一位处在这种困境之中的公民不得不自行决定是否继续留在这种制度之中，并且继续投票，以此作为一种表达对好日子的希冀的象征性行动。这正是希特勒政权下的德国公民所面临的情况，他们不得不考虑自己是否有义务遵守纳粹恐怖的魔爪尚未横加蹂躏的那一部分法律。

　　在这样的情况下，我们无法找到任何简单明了的原则来检验公民忠实于法律的义务，也找不到任何这样的原则来检验他们参与总体性革命

---

① 我在我的一篇文章中已经讨论论过这种恶化状态的一些特征：朗·富勒，《实证主义与忠实于法律》（Positivism and Fidelity to Law），《哈佛法律评论》（*Harvard Law Review*）第七十一卷，第 648—657 页，1958 年。这篇文章并没有尝试全面考察战后德国司法判决中与希特勒政权下发生的事件相关的部分。后期的有些判决并未以所适用的制定法无效为由来宣告希特勒时代的法院判决无效，而是以纳粹法官错误地解释了他们自己的政府所制定的法律作为理由。参见：帕普（Pappe），《论纳粹时代司法判决的效力》（On the Validity of Judicial Decisions in the Nazi Era），《现代法律评论》（*Modern Law Review*），第二十三卷，第 260—274 页，1960 年。在我看来，帕普博士过分强调了这种区别的重要性。难道我们可以说，当战后德国法院用他们自己的标准而不是通行于纳粹政权下的完全不同的标准来解释纳粹法律的时候，他们使纳粹法律的效力得到充分实现？进一步说，对于像这样的其间充斥着模糊表达和无限制的授权的制定法而言，煞费苦心地钻研他们的解释问题好像有点儿不合时宜。

的权利。不过，有一件事情是清楚的，一项单纯的对当政权威的尊重不能被混同于忠实于法律。例如，雷克斯的臣民们在他漫长而失败的统治时期内一直保持着对作为国王的他的忠心。他们并非忠实于他的法律，因为他没有创设出任何法律。

（选自 ［美］ 富勒《法律的道德性》第二章第一节、第二节，郑戈译）

选文书目

《十三经注疏·尚书正义》（标点本），北京大学出版社（1999）

《十三经注疏·礼记正义》（标点本），北京大学出版社（1999）

《圣经》（和合本），中国基督教协会印刷（1998）

《政治学》[古希腊] 亚里士多德著，吴寿彭译，商务印书馆（1965）

《汉书》（简体字本）[汉] 班固撰，[唐] 颜师古注，中华书局（1999）

《国家篇　法律篇》[古罗马] 西塞罗著，沈叔平、苏力译，商务印书馆（1999）

《阿奎那政治著作选》[意大利] 托马斯·阿奎那著，马清槐译，商务印书馆（1963）

《论英格兰的法律与政制》[英] 约翰·福蒂斯丘著，[英] 谢利·洛克伍德编，
　　袁瑜琤译，北京大学出版社（2008）

The selected writings and speeches of Sir Edward Coke，edited by Steve Sheppard，
　　2003 Liberty Fund

《论法的精神》（上册）[法] 孟德斯鸠著，张雁深译，商务印书馆（1959）

《道德原则研究》[英] 休谟著，曾晓平译，商务印书馆（2001）

《亚当·斯密关于法律、警察、岁入及军备的演讲》[英] 坎南编，陈福生、陈
　　振骅译，商务印书馆（1962）

《英国法释义》[英] 威廉·布莱克斯通著，游云庭、缪苗译，上海人民出版社
　　（2006）

……论》［英］柏克著，何兆武、许振洲、彭刚译，商务印书馆（1998）

……克人文集》［美］汉密尔顿、杰伊、麦迪逊著，程逢如、在汉、舒逊译，

……商务印书馆（1982）

……外国法制史参考资料汇编》由嵘等编，北京大学出版社（2004）

《论国家的作用》［德］威廉·冯·洪堡著，林荣元、冯兴元译，中国社会科学

出版社（1998）

《美国宪法评注》［美］约瑟夫·斯托里著，毛国权译，上海三联书店（2006）

《财产、法律与政府》［法］弗雷德里克·巴斯夏著，秋风译，贵州人民出版社

（2003）

《论美国的民主》［法］托克维尔著，董果良译，商务印书馆（1988）

《英宪精义》［英］戴雪著，雷宾南译，中国法制出版社（2001）

《自由秩序原理》［英］弗里德里希·冯·哈耶克著，邓正来译，生活·读书·新

知三联书店（1997）

《自由与法律》［意］布鲁诺·莱奥尼等著，秋风译，吉林人民出版社（2004）

《法律的道德性》［美］富勒著，郑戈译，商务印书馆（2005）